죽음과 고통, 그리고 생명

Θάνατος

타나토스 총서

04

성서적이고 복음적인 신학은 생명을 위해 고통이나 죽음을 배제하고 **퇴치**해야 할 것으로 여길 것이 아니라 그것을 포용하고 다스리는 지혜를 제공해야 한다. 세상의 모든 생명들이 하나님의 긍휼 또는 사랑의 대상이라면 그 생명들이 겪는 고통과 죽음에 민감한, 즉 고통에 함께 참여하고 고통받는 생명들과 결속하고 연대하는, 좀 더 고통을 포용할 줄 아는 신학을 추구해야 할 것이다.

죽음과 고통, 그리고 생명
신학적 이해

박형국 지음

도서출판 모시는사람들

※ 이 저서는 2012년 정부(교육부)의 재원으로 한국연구재단의 지원을 받아 수행된 연구임(NRF-2012S1A6A3A01033504).

저자의 말

생명들이 아프다! 생명이나 죽음은 언제나 다른 그 무엇보다도 본질을 꿰뚫어보는 사유와 실천이 요청되는 주제가 아닐까? 그러나 그런 사유와 실천은 늘 너무 늦게 우리에게 다가오는 듯하다. 이 책을 쓰면서 절감하게 되는 이치다. 미리 사유하고 충분히 실천하면서 쓰기는 힘든 것일까. 또한 모조리 사유하고 실천한 후에 쓰려고 하면 못 쓰게 되는 것이 아닐까. 사유와 실천의 모자람을 무릅쓰고 쓰는 가운데 또 쓰고 난 후에야 쓴 내용에 대해 다소 생각하게 되고 실천하게 되는 법을 다시 배우게 된다. 그리고 자꾸 써야겠다는 용기를 내어본다.

하나님의 생명의 영인 성령은 온 생명살림을 위해 오늘도 교회들을 세상으로부터 불러내서 다시 세상 속으로 보낸다. 하나님의 생명 사랑과 존엄의 정신이 성서의 무수한 문자들의 숲 속에 증언되어 있다. 그 증언의 중심에 생명을 위한 하나님과 그분의 나라의 역사가 있다. 고통과 죽음을 이기고 부활하신 그리스도를 만난 바울의 회개의 고백과 생명복음의 증언이 그가 쓴 것으로 알려진 서신들의 문맥 도처에 아로새겨져 있다. 바울에게도 본질에 대한 자각과 실천이 그다지 일찍 다가온 것 같지 않다. 어느 철학자도 비슷한 통찰을 표한 바 있다. 바울에게는 사유와 실천의 본질이 바로 예수 그리스도를 통해 주어진 생명의 갱신이었다. 오늘날 고통과 죽음의 세계화-지역화의 증후들이 지구촌 도처에서 출몰하는 듯하다. 이 시대의 사유와 실천을 통해 추구해야 삶의 본질이 무엇일지를 생각해보게 된다. 이 시대의 고통과 죽음의 현실에서도 생명에 대한 비전과 사명은 모두를 위해 여전히 유효한 사유와 실천의 본질이 아닐까 생각한다.

생명의 미래를 위한 희망의 길을 추구해나가야 한다. 이 책은 전반적으로 오늘날 우리 사회의 생명과 죽음 문화, 특별히 죽음 이해와 실천의 성격을 비판하고 성찰하는 내용을 담고 있다. 오늘날 생명이 총체적 위기에 처했다. 실로 생명의 탄식 소리가 여기저기서 들려온다. 이것은 결코 과장이 아니다. 우리 사회뿐 아니라 지구촌 도처에서 연일 벌어지는 서글픈 폭력적인 죽음의 현상들을 통해 들려오는 탄식이다. 그러나 생명의 미래를 위한 희망의 표징을 도무지 발견하기 어렵다. 왜 그럴까? 생명의 미래를 열기 위한 희망을 호흡할 수 있는 정신과 사유의 공간이 닫혀 있기 때문이다. 그러면 어떻게 희망을 호흡할 수 있는 사유와 정신의 공간으로 통하는 문을 활짝 열수 있을까? 고통과 죽음의 현실을 성찰과 긍휼의 변증법으로 접근하는 것이 하나의 길이 될 수 있을 것이다.

책을 쓰면서 생명이 매우 중요한 주제라는 것을 다시 확인하게 된다! 저자는 비록 늦은 감이 있지만 이 주제에 이르게 된 것을 퍽 감사하게 생각한다. 비록 부족하기 짝이 없지만 이 주제를 생각하고 또 어설프지만 이렇게 글로 옮기게 된 것에 퍽 감사한다. 우리가 앞으로 이 주제에 대해 더 많이 씨름해야 한다고 믿는다. 그러나 이 책에서 다루어진 주제들의 선택에서는 만족스럽지 못한 점들이 있다. 한편으로는 무엇이 중요한 주제인지를 미처 깨닫지 못한 저자의 우둔함과 더불어 다룬 주제들에 대한 숙고가 미숙하기 그지없기 때문이다. 마땅히 마음에 담아 충분한 되새김이 필요한 주제들임에도 깊이 우려내지 못했다. 이런 부족함은 앞으로 보완할 생각이니 많은 격려를 바란다.

이 책은 저자의 첫 저술이다. 비유로 말하자면 더 깊은 우물물을 길어 오르기 위한 마중물과 같은 것이어서 잘 쓰고 싶었다. 허나 쓰고 나니 볼품이 없다. 잘 쓰기에는 잉태의 시간이 너무 짧았다는 사실을 쓰면서 절감했다. 생각과 실천의 담금질이 부족하다. 부끄러운 마음이 앞선다. 그럼에도 앞으로 보완하면 되지 생각하면서 감히 내놓는다.

한림대 생사학연구소는 2012년부터 「한국적 생사학 정립과 자살예방 지역 네트워크 구축」이라는 연구 과제로 인문 한국 프로젝트(Humanities Korea Project)를 수행하고 있다. 이 책은 생사학 총서의 하나로 기획되었다. 연구소와 연구단의 책임자인 오진탁 교수께 감사한다. 그는 지난 십여 년 넘게 우리 사회가 가장 금기시하는 죽음이라는 주제와 씨름해 왔다. 그의 죽음 연구와 자살예방에 대한 집념은 배울 바가 많다. 그리고 출판을 위해 애써 주신 도서출판 모시는사람들의 관계자들의 노고에 감사한다. 이 책이 우리 사회의 죽음과 고통에 대한 정신과 사유의 공간을 넓혀서 더 성숙한 공동체사회를 이루어가는 데 다소나마 기여하고, 무엇보다도 이 시대의 '가난한 사람들', 곧 망각의 세계로 사라져 가는 무고한 어린 생명을 가슴에 묻고 괴로워하고 아파하는 이웃들에게 아무쪼록 다소나마 위로와 희망이 되기를 바랄 뿐이다.

생명의 갱신을 기대하면서
2015년 봄 봄내에서
저자

차 례

죽음과 고통, 그리고 생명

서론

질문과 논제

죽음이 문제다! 죽음의 역사를 되짚어 볼 때 아주 이상적이고 평화로운 죽음을 전혀 발견할 수 없다고 말하기 어려울 것이다. 그러나 실상을 보면 매우 드문 것도 부인하기 어렵다. 오히려 오늘뿐만 아니라 어제에도 그리고 모레 글피에도 죽음은 생명에게는 여전히 마주하기 고통스러운 현실임에 틀림없다. 하버드의 사회의학자의 "고통의 세계화"[1]라는 용어는 실로 이 시대 지구촌의 고통과 죽음의 현실을 전체적으로 또 국지적으로 표현하는 데 결코 과장된 표현이라는 생각이 들지 않는다. 물론 이 표현은 지구촌의 국지적인 고통이 급속하게 세계 전체로 소통되는 현상을 가리키기 위해 사용된 것이다. 비록 각별한 숙고를 담아 테제의 형식으로 제시하지는 않았지만 이 시의적절한 표현이 하버드의 의사의 입에서 나온 사실을 매우 고무적인 표징으로 생각한다. 다만 이 표현은 고통의 소통 차원을 넘어 지구촌 도처의 고통스러운 죽음의 현실을 가리키는데 적절하다고 여겨진다. 아울러 고통의 지역화(localization)라는 대칭적인 표현과 나란히 사용되는 것이 더 적절하다고 생각한다.

왜 고통의 지역화인가? 20세기 전반기의 양차 세계대전은 세계적으로 전개된 대재난이었다. 그러나 핵무기로 무장한 21세기에 그러한 세계 수준의 대전이 다시 일어난다면 그것은 필시 파국적인 대재앙이 될 것이다. 따라서 세계 강대국들은 적절한 타협으로 그런 대전을 통제할 수밖에 없다. 그렇다고 21세기에 재난이 줄어들었다고 보기 어렵다. 오히려 21세기에는 재난이 국지적 범위에서 다발적으로 다양하게 전개되는 양상을 보인다. 재난의 양상도 국지적인 전쟁, 아시아와 아프리카 지역과 선진국 안의 주변부 지역에서의 기아와 빈곤, 정치·사회적인 폭력, 암을 포함한 온갖 질병과 에볼라 같은 전염병, 그리고 환경 재앙에 이르기까지 실로 다양하다.

바야흐로 재난과 고통이 과거 종교나 실존주의의 울타리를 벗어나 공적인 주제로 부상한다는 느낌을 받는다. 과거에는 재난과 고통이 정치와 경제의 국외자들의 주변부의 담론 주제였다면 21세기 세계화의 시대에는 보편적인 담론의 주제로 이행하고 있다는 인상을 받는다. 따라서 우리는 이제 과거 회귀적으로 고통의 당파적인 연대가 아니라 미래 지향적으로 고통의 포용적인 연대를 이야기할 수 있는 상황이 되었다고 생각한다. 고통은 고고학이나 역사학의 대상이 아니라 여전히 지금 현실의 학제 연구 대상이다. 고통은 인간의 역사가 지속되는 한 껴안고 살아야 할 현실이 아닐까 생각한다. 따라서 21세기 고통을 대하는 태도는 고통을 단선적으로 배제하는 입장, 즉 고통에서 자유와 해방보다는 고통을 적절하게 포용하는 입장, 곧 고통을 적절히 다스리는 자유와 해방을 추구해야 하는 것이 아닐까 생각한다.

오늘 우리 사회를 포함해서 지구촌에는 화해하지 못한 고통과 죽음(unreconciled suffering and death)의 의식과 무의식의 층이 너무 두텁게 쌓여 있다는 인상을 받는다. 사실 고통과 죽음을 망각하고 그 두려움의 망령을 쫓

아내려 하지만 이런 화해하지 못한 고통과 죽음의 의식과 무의식의 기억의 층은 우리 정신을 옥죄고 생명의 미래를 위한 희망을 호흡할 수 있는 공간으로 통하는 문을 아예 닫아 버린다. 그야말로 화해하지 못한 고통과 죽음의 망각은 고스란히 또 다른 고통의 부메랑이 되어 돌아오는 것이다.

이 시대의 생명살림의 경륜은 실로 막중하다 하지 않을 수 없다. 그러나 도대체 어디에서부터 생명의 위기의 실마리를 풀어 가야 할지 또 어디에서 생명살림의 희망의 창을 찾아야 할지 참으로 막막하다. 다만 생명의 미래를 희망할 수 있는 정신적 공간을 창출하기 위해 고통과 죽음의 사회적 경험의 의미를 캐물을 것을 제안해 본다. 어느 시대나 고통이 보편적인 주제로 여겨지지 않은 적은 없다. 고통과 죽음은 인간의 본성적이고 보편적인 조건으로 특별히 종교의 영역에서 아주 오랜 세월 동안 중요하게 탐구되었다. 그것은 또한 지난 세기 실존철학을 구축한 지성인들이 개인의 문제로도 결코 가볍게 다루지 않았다고 할 것이다.

그런데 이 오랜 주제가 탐욕으로 병든 자본주의, 특별히 신자유주의 경제 체제의 일방적이고 단선적인 성장의 이념으로 절대 다수가 몸살을 앓고 있는 지구촌의 현실에서 인문학은 말할 것도 없고 심지어 사회과학과 생물학과 의학 등의 학제적 협력을 요청하는 중요한 연구 주제로 부상한다는 사실은 의미심장하다. 비록 때 늦은 감이 들지만 이런 움직임은 그나마 고무적이라고 하지 않을 수 없다. 그러나 오늘날 종교조차도 고통과 죽음을 부정하고 경원시하는 현실을 고려해 볼 때 그것은 또한 아이러니라 하지 않을 수 없다. 다만 사회과학자나 의학자는 신학자나 종교철학자와 달리 고통과 죽음을 악의 현실과 연관해서 설명하지는 않는다.

사실 필자는 책의 모두(冒頭)에서 이 책의 전체 방향을 그려 주는 생명에 관한 테제들을 먼저 제시해 보려고 구상했었다. 그러나 아쉽게도 그렇게 하지 못했다. 그 이유는 생명의 본질을 파악하고 그 전망을 제시하기에는 내 사유와 실천이 턱없이 부족함을 깨달았기 때문이다. 그러나 생각을 깊고 넓게 한 후에 다시 시도해 보고 싶다. 다만 오늘 내가 발을 딛고 선 자리에서 사회적으로 문제가 되는 고통과 죽음의 문제를 중심으로 해서 오늘날의 생명의 위기를 성찰해 보고 생명의 미래를 열기 위한 긍휼의 실천의 방도를 제시해 볼 따름이다.

생명이 중요하다! 생명살림을 위한 신학의 과제가 실로 막중하다. 신학은 고통의 세계화와 지역화의 증후의 맥락과 대화하면서 지구촌과 국지의 수준에서 생명의 복음을 더욱 숙고하고 실천해야 할 선교의 과제에 직면하고 있다. 한국사회가 '돌진적 근대화'가 추구한 일방적인 경성사회(hard society)의 비전을 지양하고 고통과 죽음에 좀 더 감수성을 보여주는 연성사회(soft society)의 비전을 포용해서 보다 균형 있는 갱신과 화해와 일치를 이루는 공생과 공동체의 사회를 이루어가는 데 기여하기 위해 고통과 죽음에 대한 성찰과 긍휼의 변증법에 바탕을 둔 생명신학과 생명공동체의 사유와 실천을 생각해보았다. 이 글은 고통의 세계화-지역화의 증후의 현실에서 성찰과 긍휼의 변증법에 기초해서 생명의 미래를 열어내기 위한 작은 신학적 시도이다. 앞으로 이 주제를 더욱 심화·확대하고 싶다.

내용과 구성

고통과 죽음의 현실을 성찰하고 생명의 미래를 위한 하나님의 긍휼에 대한 신학의 성찰을 담을 요량으로 모두 4부 열 한 장을 마련했다.

먼저 1부 〈죽음의 담론과 실천에 대한 성찰〉은 모두 세 장으로 이루어져 있다. 오늘날의 죽음 문화와의 대화의 중요성을 부각한다는 의미에서 죽음 이해와 실천을 비판적으로 조명하고 성찰하는 내용을 담고 있다. 1장「오늘날의 축소지향의 죽음 이해와 실천에 대한 비판적 성찰」에서는 우리가 발을 딛고 사는 현대사회의 죽음 이해와 문화에 대한 조명이 무엇보다 시급하고 죽음 이해와 실천의 변화가 중요하다고 생각해서 그 문제점과 바람직한 방향을 제시해보려고 했다. 죽음 이해와 그에 대한 대응에서 현저하게 나타나는 축소지향의 문제를 짚어보았다. 이는 많은 문명비평가들이나 생사 연구자들이 공감하고 제시하는 문제다. 새롭게 모습을 드러내고 있는 생사학의 개척자들의 죽음에 대한 견해들을 담아보려고 했다. 2장「죽음의 부정과 불안에 대한 성찰」에서는 현대의 죽음에 대한 이해와 실천의 하나의 전형으로 두루 제기되는 죽음 부정과 망각의 문제를 비판적으로 조명하고 성찰했다. 생명과정의 한 부분을 구성하는 죽음이 삶과 관련해서 논의되지 못하고 금기시되고, 부정되며 점점 망각되어가는 오늘날의 죽음 문화에 대한 근본적인 성찰이 요구되는 것이 아닌가 생각한다. 죽음 부정의 전형에 대한 인문학의 테제들, 곧 현대 문학, 역사학, 그리고 철학의 세 방면을 중심으로 살펴보면서 죽음의 이해와 실천의 패러다임 전환을 제안해 보았다. 3장「죽음의 공포와 격리에 대한 성찰」에서는 죽음의 부정과 배제의 문제를 분석하고 조명하는 정신분석학과 사회학의 두 테제를 살펴보았다. 정신분석학자인 어네스트 베커의 테제는 죽음에 대한 공포를 억압하려 하는 인간들의 건강하지 못한 심리적 기제의 문제를 밝힌다. 사회학자인 엘리아스는 현대인들이 죽음의 병동에서 사회로부터 격리된 채 쓸쓸하게 최후를 맞이하는 서글픈 현실을 조명한다. 오늘날의 죽음의 부정과 망각과 배제의 풍토를 바꾸기 위해 반드시 성찰해야 할 테제들이라 여긴다.

2부 「예수의 죽음에 대한 이해와 실천의 성찰」은 두 개의 장으로 이루어져 있는데, 예수의 죽음에 대한 이해와 실천에 비추어 기독교의 죽음 이해와 실천의 특징들을 조명해 보았다. 4장 「삶과 죽음의 변증법에 대한 성찰」에서는 우리 시대의 고통과 죽음 이해와 실천, 그리고 고통과 죽음 문화의 특성을 비판적으로 조명하면서 고통과 죽음의 위기와 희망을 동시에 보여 준 예수의 수난과 죽음에 대한 이해와 실천을 성찰함으로써 생명의 존엄에 대한 이해와 실천을 모색해 보았다. 예수 죽음의 사실과 의미의 통전적 이해, 삶과 죽음의 변증법, 그리고 죽음에 대한 반복적 회상의 강조 등을 고찰했다. 5장 「죽음 부정과 수용의 변증법에 대한 성찰」에서는 죽음 부정과 수용의 변증법의 관점에서 죽음의 존엄성의 문제를 생각해 보았다. 죽음의 두려움, 죽음의 폭력성, 준비된 죽음, 그리고 대속의 죽음에 대한 재성찰을 통해 우리 시대의 고통과 죽음 이해와 문화의 갱신을 전망해 보았었다.

3부 「죽음의 정의(正義)에 대한 신정론/반신정론의 성찰」도 모두 세 개의 장으로 이루어져 있는데 죽음, 특별히 부조리하고 고통스러운 죽음의 문제, 말하자면 죽음 정의(正義)의 문제를 신정론의 관점에서 고찰하였다. 이는 고통스러운 죽음에 대한 종교철학의 이해에 해당한다고 할 수 있다. 6장 「고통과 죽음의 정의에 대한 물음」에는 졸저에 동력을 부여한 주제가 담겨 있다. 바로 세월호의 죽음을 회상하면서 한국사회 자화상을 좀 더 거시적으로 차분히 생각할 수 있는 장을 마련해 보고자 했다. 진작 다루어야 한다는 당위는 느끼고는 있었지만, 감히 엄두를 내지 못했다. 좀 더 깊이 생각하고 성찰한 후에 다루려고 미루어 두었다. 그래서 초고가 거의 마무리되는 시점까지도 이 장을 포함시킬 생각을 하지 못했다. 본래는 사후생에 관한 주제를 포함시켰다. 그러나 초고가 거의 마무리되어 가는 시점에서 세월호 참사를 한국사회의 자화상에 비추어 성찰할 필요가 있다는 강한 동인을 느꼈다. 물론 세월호특별법의 표류와 그것을 둘러싼 사회의 극심한 분열이 영향을 미쳤다. 세월호 참사를 수습하는 과정에서 드러난 갈등과 대립은 화해와 일치를 위한 우리 사회의 정신과 사유의 공간이 얼마나 협소한지를 보여주었다. 이런 고통스러운 죽음의 참사에 직면해서도 고통당하는 생명들과의 연대와 일치를 보여주지 못하는 사회 지도층의 빈곤한 정신의 자화상을 바라보며 희망의 징표를 찾기 어렵다는 생각을 했다. 우리 사회가 일치와 연대의 생명 사회로 나아가기 위해서는 정신과 사유의 공간을 깊게 하고 넓혀야 한다.

세월호 참사를 한국사회의 '돌진적 근대화'의 맥락 속에 설정하면서 신학적인 성찰을 시도해 보았다. 우리사회는 '돌진적 근대화'의 후유증과 1997년 경제위기 이후 세계화의 충격이 맞물림으로 인해 야기된 많은 병리들을 앓고 있다. 오늘날 사회과학자들을 포함해서 학제적인 관심사로 부상하는 고통의 세계화 - 지역화의 증후에 신학이 좀 더 감수성을 가지고 주목해야 한다고 생각한다. 비로소 신학의 목소리가 사회과학자들이나 사회의학자들에게 들려질 수 있는 시대가 도래하는 것 같다. 최근 몇 년 동안 우리 사회는 과거부터 누적된 고통과 그 기억을 치유하기 위한 갈망을 분출해 왔다. 긍정심리학과 정신분석학에 기반을 둔 상담 기법들을 포함해서 온갖 자구적인 기법들이 적용되지만 치유에 대한 갈망이 그리 만족스럽게 충족되는 것 같지 않다. 생명살림을 위한 화해와 치유의 신학을 깊고 넓게 전개할 필요를 느낀다.

7장 「부조리하고 고통스러운 죽음에 대한 변신론/신정론의 성찰」에서는 먼저 부조리하고 고통스러운 죽음에 대한 형이상학적 변신론의 한계들을 조명하면서 우리의 시각과 사유를 넓혀 보고자 했고 아울러 성서의 신정론을 살펴보았다. 8장「부조리하고 고통스러운 죽음에 대한 반(反)변신론의 성찰」에서는 신의 정의에 대한 회의와 저항의 목소리들을 담아 보았다. 근대 저항의 무신론과 레비나스의 무한책임의 윤리형이상학의 도전을 살펴보았다. 생명살림의 신학을 고찰하기에 앞서 반드시 경청해야 할 목소리라고 생각한다.

4부「생명을 위한 하나님의 긍휼」은 세 개의 장으로 이루어져 있다. 고통스러운 죽음에 대한 고전신학의 섭리론의 접근과 현대신학의 하나님 이해의 접근을 살펴보았다. 9장「고통과 죽음의 섭리론에 대한 성찰」에서는 고전신학의 섭리 이해를 대표하는 아우구스티누스의 변증적 섭리론과 칼뱅의 주권적 섭리론을 비판적으로 고찰했다. 10장「생명의 고통에 참여하는 긍휼의 하나님」에서는 '하나님은 사랑'이라는 성서의 증언에 대한 20세기 서구신학의 혁신적인 재성찰을 담았다. 생명의 고통에 연대하기 위해 스스로 낮추시는 하나님과 하나님의 자유로운 사랑에 대한 20세기 전반기의 신학자들의 복음적 성찰을 확인할 수 있다. 11장「생명의 고통에 연대하는 하나님의 긍휼과 정의」에는 20세기 후반의 생명살림을 위한 하나님의 긍휼과 정의에 대한 신학의 성찰이 담겨 있다.

제 **1** 부

죽음의 담론과
실천에 대한 성찰

1장 | 오늘날의 축소지향의 죽음 이해와 실천에 대한 비판적 성찰

무엇이 문제일까?

오늘날의 죽음 이해와 실천의 문제점은 무엇일까? 오늘날의 죽음 이해와 실천의 몇 가지 중요한 성격을 비판적으로 성찰할 필요가 있다. 먼저 오늘날의 죽음 문화의 특성을 살펴보아야 한다. 결론을 먼저 제시하자면, 오늘날의 죽음 문화는 죽음의 현실을 축소해서 해석하고 실천한다. 해석과 실천의 축소지향은 심각한 문제라고 하지 않을 수 없다. 왜 그럴까? 그것은 생명 의미의 빈곤을 낳고 결국에는 생명살림의 초라한 실천으로 귀결되기 때문이다. 어떤 의미에서 '축소 지향'인가? 그것은 세 가지 측면에서 규정할 수 있다. 첫째는 삶과의 관계에서의 축소 지향이다. 말하자면 죽음이 삶으로부터 잘리었다. 오늘날 삶과 죽음의 분리는 부정, 배제, 격리, 그리고 망각 등의 가치 평가를 담은 개념들을 통해 반성되고 있다. 생명은 삶과 죽음의 변증법이라고 할 수 있다. 곧 생명은 삶과 죽음의 상호작용에 의해 창출되어 가는 창조적인 과정으로 이해될 수 있다는 것이다. 또한 우리는 누구나 생명이 존엄함을 받아들일 수 있다. 그렇다면 당연히 삶도 존엄한 것이고 죽음도 존엄한 것임을 수긍해야 한다. 그러나 삶의 존엄성은 당연시하면서도 죽음의 존엄성에 대해서는 그다지 깊이 공감하지 않는다. 그 까닭은 생명을 삶 일변도로, 생명의 존엄성을 삶의 존엄성 일변도로 생각하는 이 시대 정신의 건강하지 못한 흐름 때문이다. 삶과 죽음에 대한 단선적이고 치우친 생각과 실천을 교정해야 할 것이다. 생명의 존엄성을 삶과 죽음의 존엄성으로 변증법적으로 이해하고 실천해야 한다는 뜻이다.

둘째는 죽음의 사실과 의미의 축소 지향이다. 오늘날의 죽음 이해가 근대 과학과 무신론적인 세속 철학의 영향으로 너무 물리 또는 물질 중심으로 축소되어 있다는 것이다. 오늘날 모든 분야에서 정신이나 가치의 실재는 물질로 환원되고 축소되고 있다. 이러한 일방적인 흐름은 물질주의와 맞물려 심각한 혼란을 초래하고 있다.

셋째는 죽음이 임종 중심으로 축소되어 있다. 오늘날 죽음은 삶 속에서 깊고 넓게 이해되고 실천되지 못한 채 오직 임종과 관련된 생의학과 생명윤리학의 영역에서 주로 다루어지는 경향이 강하다.

사실 인간은 죽음을 의식하기 시작한 이래 죽음에 대해 양가적 태도를 취해 왔다고 할 수 있다. 죽음에 대한 양가적 태도는 죽음의 존재론에서 일종의 개시와 은폐의 변증법으로 나타난다. 인간은 한편으로는 죽음을 부단히 탐구하면서 존엄한 죽음을 실천해 왔다. 죽음에 대한 탐구는 다음 두 질문을 중심으로 전개되었다. 죽음이란 무엇일까? 죽음을 결정하는 기준은 무엇일까? 종교와 철학은 이 두 질문과 관련해서 가장 오래되고 두터운 죽음 담론을 형성해 왔다. 죽음이란 무엇인가는 존재론과 더욱 밀접하게 관련되는 질문이다. 그것은 죽음의 사실을 밝히는 과제를 포함하기도 하지만 죽음의 의미를 밝히는 데 더욱 큰 관심을 둔다고 할 수 있다. 그러나 근현대에 이르러 후자가 더욱 큰 관심을 받았다. 근대 이후 과학적 사고와 세계관이 발전하면서 죽음의 존재론은 현저히 축소되었다. 오늘날 사람들은 죽음이 무엇인지, 죽음의 의미가 무엇인지 묻기를 꺼려한다.

죽음과 관련된 실천도 마찬가지다. 전통 종교들은 말할 것도 없고 고대 그리스 철학에서도 소크라테스와 플라톤은 철학을 죽음의 연습으로 규정하기까지 했다. 죽음의 실천을 철학함의 근본 동기로 삼은 것이다. 중세에도 사람들은 '죽음의 기예'(ars moriendi)라는 장르를 통해 죽음을 삶 속에서 실천했다. 그런데 오늘날 죽음에 대한 존재론적 의미 추구와 죽음의 실천이 쇠락하게 된 것은 죽음의 문제를 단지 죽음을 결정하는 기술적 질문의 추구로 환원하는 경향과 맞물려 있다. 이러한 경향은 오늘날의 생의학, 생명윤리, 그리고 법의 영역에서 추구되는 죽음의 판정과 관련된 기술적인 질문에 대한 집중에서 현저하게 나타나고 있다. 이것은 현대의 시대정신이 요구하는 실제적인 필요를 반영하기는 하지만 죽음 이해의 심각한 축소라고 하지 않을 수 없다. 아울러 병원에서의 죽음이라 명명되는 오늘날의 임종에 국한된 죽음 문화는 죽음 실천의 심각한 빈곤을 야기하고 있다.

다른 한편 인간은 죽음의 필연성을 분명히 의식하면서도 죽음에 대해 묻는 것을 매우 꺼려하기도 했다. 오랜 시간 동안 대다수의 사회에서 죽음은 건드려서는 안 되는 금기로 여겨졌다. 어떤 것이 금기로 여겨진다 함은 그것이 두려움과 공포의 대상이라는 뜻이다. 그래서 사람들은 죽음을 공개적으로 입에 올리기를 망설인다. 죽음을 그저 마지못해 당해야 할 것으로 생각하는 것이다. 그리고 죽음을 빨리 잊어버리는 편이 낫다고 생각하는 것이다. 죽음을 금기시하면서 삶 속에서 망각하고 배제하고 격리하는 태도로 인해 죽음에 대한 존재론적 탐구와 죽음 실천의 층은 더욱 얇아져 버렸다. 오늘날에는 죽음에 대한 존재론적 탐구와 실천을 주도해 온 종교와 철학조차도 사람들에게 죽음에 대한 관심을 그다지 상기시키지 않는다. 죽음의 문제에 그 기원을 둔 종교와 철학이 오히려 '삶의 기술'(ars vivendi)을 가르치기에 여념이 없는 것이다. 사람들이 죽음이라는 주제를 별로 좋아하지 않기 때문이다. 그러나 이런 접근은 매우 근시안적이다. 죽음의 망각과 그 의미 추구의 빈곤은 결국 생명의 위기라는 부메랑이 되어 돌아오고 있다.

오늘날 생명을 탐구하고 다루는 생명과학과 의학의 놀라운 발전에도 불구하고 생명에 어두운 그림자가 드리워져 있다. 물리적이고 양적인 약진에도 불구하고 생명은 가치의 측면에서나 질의 측면에서 오히려 총체적 위기를 맞고 있다. 사람이 태어나서(낙태) 살아가며(폭력과 자살) 죽어 가는 모든 과정(질병과 안락사)에 폭력의 어두운 그림자가 만연하다. 오직 물리적이고 계량적인 삶의 찬가만을 불러대며 죽음에 대해 쉬쉬하면서 죽음을 기피하고 부정하는 시대정신도 생명의 위기를 조성하는 데 크게 한 몫을 해 왔다. 생명의 위기를 극복하기 위해서는 죽음에 대한 사실적인 이해와 실천뿐만 아니라 그 심층적이고 포괄적인 의미론적 이해와 실천의 층을 두텁게 만들어 가야 한다. 왜 죽음 이해와 실천의 보편적인 의미와 실천 담론이 중요할까? 그 가장 중요한 이유는 죽음 이해와 실천이 인간, 나아가 온 생명체의 본질과 정체성에 관련되어 있다는 점에서 찾을 수 있다. 생명의 미래를 위해 죽음을 더 잘 이해하고 실천하기 위한 길을 추구해야 한다. 죽음은 생명 과정을 구성하는 필수적인 부분이기 때문이다. 생명의 위기를 돌파하기 위해 죽음을 마땅히 이야기해야 한다. 그것도 축소의 이해와 실천이 아니라 포괄적이고 통전적인 이해와 실천의 담론이 요청된다. 생명이 존중되고 발양되는 문화를 창출하기 위해서 생명과학의 죽음 이해뿐만 아니라 인문학의 죽음 이해를 포함하여 죽음에 대한 포괄적이고 통섭적인 이해가 대단히 중요하다.

현대의 죽음 문화에 만연한 생명 경시 풍조는 죽음을 부정하고 기피하면서, 죽음의 전체상을 온전히 이해하고 실천하지 못한 것과 밀접하게 관련되어 있다. 현대의 죽음 문화는 전통문화에 비해서 죽음을 더욱 너 금기시한다. 현대인들은 죽음을 환상인 양 망각하고 산다. 톨스토이가 죽음의 전형으로 묘사하는 이반 일리치의 죽음과 같이 현대인들은 삶 속에서 죽음을 망각하고 부정하면서 살다가 어느 날 갑자기 죽음 앞에 서 있는 자신의 초라한 몰골을 들여다보고 소스라치게 놀란다. 갑작스러운 죽음을 맞이해서야 비로소 죽음이 나하고는 상관없는 환상이 아님을 깨닫게 되는 것이다. 죽는다는 것은 필연적인 사실이다. 모두가 예외 없이 죽는다. 이는 만고불변의 이치다. 그러나 그 만고불변의 이치가 삶이 한창일 때는 나와 전혀 관련이 없는 것으로 여겨지다가 삶과 죽음의 넉넉한 의미도 음미되지 못한 채 삶의 황혼기의 어느 날 갑자기 고독한 죽음이 찾아오게 된다.

현대인들은 왜 이 부정할 수 없는 이치를 잊고 살아갈까? 이 모든 것이 생명에 대한 통전의 이해와 실천, 곧 삶과 죽음에 대한 온전한 이해와 실천을 결하고 있기 때문에 생기는 문제이기도 하다. 특별히 현대의 생명 경시 문화는 죽음에 대한 숙고된 담론을 낯설게 생각한다. 죽음을 깊이, 넓게, 온전히 이해하고 바르게 실천하지 못하기 때문에 오늘날의 생명 상실과 파괴의 시대정신이 더욱 문제가 되는 것이다. 현대인들은 죽음에 대한 맹목적인 두려움과 공포, 죽음을 부정하고 금기시하는 태도, 그리고 죽음을 망각하고 배제하는 태도를 지닌다. 오늘날 우리 사회에 만연한 이러한 죽음에 대한 그릇된 태도뿐만 아니라 존엄하지 못한 불행한 죽음들과 높은 자살률 등으로 나타나는 죽음의 문제가 모두 죽음에 대한 그릇된 이해와 이해의 부재와 관련이 있다.

자살 문제를 예로 들어보자. 한국 사회는 지난 10여 년 동안 경제개발협력기구(OECD)에 속한 국가들 가운데 연속해서 자살률 1위를 기록하고 있다. 계속 이어지는 높은 자살률이 커다란 사회 문제가 된 지 이미 오래다. 그러나 그 이면을 자세히 들여다보면, 높은 자살률과 많은 자살자도 문제이지만, 더욱 심각한 문제는 자살을 삶의 문제의 최종적 해결책으로 여기거나 자살할 권리에 대해 그릇되게 이해한다거나, 스스로 목숨을 끊으면 현실의 모든 고통에서 해방된다고 보는 그릇된 죽음 이해와 실천에 있음을 알 수 있다. 생명 경시 문화의 뿌리에 놓인 죽음에 대한 오해 또는 존엄한 죽음 이해와 실천의 부재의 문제를 풀지 않고는 생명의 존엄, 즉 삶의 존엄과 죽음의 존엄을 이룰 수 없다. 죽음에 대한 온전한 이해와 실천을 포함한 성숙한 죽음 문화의 조성이 생명을 경시하는 죽음과 죽임의 문화를 갱신하는데 가장 근본적인 처방이라는 주장은 타당하다.

고무적이게도 오늘날 죽음에 관심을 가지고 연구하는 학자들이 점점 늘어나고 있다. 21세기에 들어 이러한 흐름은 더욱 뚜렷하게 확인된다. 오늘날의 죽음 정의를 포함한 죽음 이해에 대한 죽음 연구자들의 문제제기를 경청해야 할 것이다. 그들도 한결같이 오늘날의 죽음 이해와 실천이 너무 축소되어 있고, 환원되어 있다고 입을 모은다. 그들은 특히 현대 과학의 영향으로 죽음을 지나치게 물리주의와 생물학주의로 환원해서 이해하고 실천하는 시대정신의 흐름을 비판적으로 성찰해야 한다고 목소리를 높이고 있다. 그들의 지적대로 이 시대의 죽음 문화를 갱신하기 위해 무엇보다 죽음의 축소 지향 이해와 실천을 지양하고 그 전체상에 대한 통전의 이해와 실천이 절실히 필요하다.

죽음 이해와 실천의 갈등: 물리주의와 근사체험

현대 사회의 죽음 정의와 이해와 실천을 검토하는 것은 존엄한 삶과 죽음을 가능하게 할 생명문화의 형성을 위해 매우 중요하다. 현대의 죽음 이해와 실천의 패러다임에 대한 비판적 반성이 광범위하게 이루어지고 있다. 죽음의 시각에서의 현대성에 대한 비판이라고 할 수 있겠다. 앞에서도 언급했듯이 비판의 초점은 죽음 이해와 실천의 환원성 또는 축소성에 맞추어지고 있다.

그동안 서구의 근대 계몽주의 이후 전개된 과학 문명이 지나치게 물리주의 원리를 중심으로 하는 환원을 지향하고 있다는 비판이 전반적으로 제기되어 왔다. 이러한 환원 지향성이 생명 자체 또 생명을 구성하는 삶과 죽음에 대한 접근에도 그대로 나타나고 있다. 오늘날의 죽음 문화는 죽음의 두터운 의미를 깊이 추구하지 않는 방향으로 점점 더 나아가고 있다. 다시 말하면 죽음의 존재론적인 의미를 추구하는 데 별로 관심이 없다는 것이다. 아래에서는 오늘날의 죽음 연구자들이 제기하는 현대의 죽음 이해와 실천을 포함하는 죽음 문화에 대한 비판적 성찰들을 살펴볼 것이다.

오늘날의 죽음 이해와 실천, 도대체 무엇이 문제인가? 먼저 죽음 연구의 개척자인 퀴블러-로스(Elisabeth Kübler-Ross)의 주장에 귀를 기울여보자. 그는 임상의로서 오랫동안 죽어 가는 사람들을 관찰하고 그들의 고통과 죽음에 참여하면서 현대인들의 죽음에 대한 정의 또는 이해와 관련해서 심각한 문제를 확인하게 되었다. 그에 따르면 죽음이 진정 문제가 되는 것은 "죽음에 대한 참된 정의를 갖고 있지 못하기 때문"이라는 것이다.[1] 퀴블러-로스가 말하는 죽음에 대한 참된 정의의 부재는 죽음에 대한 축소적인 정의를 가리키는 것이다. 그의 주장이 옳다. 현대 사회와 문화는 지극히 피상적이고 축소적인 죽음 이해와 실천을 조장해 왔다.

그러면 현대 사회의 죽음 이해와 실천의 축소와 환원은 어떤 방식으로 이루어지고 있는가? 그것은 주로 물리주의 또는 생물학주의의 방식으로 진행되고 있다고 할 수 있다. 현대 과학의 발전과 물리주의 철학의 뒷받침을 받아 물질 중심 또는 육체 중심의 죽음 정의가 더욱 커다란 세를 형성해 나가고 있다. 물질 또는 육체 중심의 죽음 이해와 실천은 왜 문제가 되는 것인가? 먼저 물질 또는 육체 중심의 죽음 정의가 무엇인지 살펴보자. 오늘날 물질주의 죽음 이해를 규정하는 입장을 '육체 관점'이라고 부른다.[2] 물리주의가 내세우는 육체 관점에서 죽음이란 도대체 무엇인가? 육체 관점에서 죽음의 본질은 오직 육체의 기능에 의해서만 설명될 뿐이라고 한다. 어떤 한 사람의 육체적 조직이 파괴되어 제대로 기능을 하지 못할 때를 의미한다. 오늘날 극단적인 심령주의를 주장하는 소수의 사람들 외에 대부분의 사람들은 이런 육체적인 죽음을, 적어도 임종의 기준으로 부정하지는 않을 것이다.

그러면 육체 관점의 죽음 정의가 왜 문제가 되는가? 문제는 죽음에 대한 정의나 개념을 오직 육체를 기준으로 환원하면서 다른 방식의 정의나 개념을 부정하고 배제하는 데 있는 것이다. 오직 육체 관점을 내세우는 물리주의자들은 육체의 죽음이 '죽음에 관한 전부'라고 강변한다. 그것이 죽음의 전부라고 이해하고 살아간다면 우리의 삶이 어떻게 되겠는가? 물론 육체 관점의 죽음 정의나 개념은 반드시 필요하고 또 매우 중요한 의미를 지니고 있다. 그러나 그것만이 유일의 정의와 의미가 된다면 우리의 삶과 죽음은 매우 초라해질 것이 불을 보듯이 분명하지 않은가? 오늘 이 시대의 죽음 문화와 관련해서 문제가 되는 것은 이러한 물질 또는 육체 중심의 죽음 이해와 실천이 그 바탕에 깔려 있다는 사실이다.

현대 죽음 이해와 실천의 축소나 환원이 가장 두드러지게 나타나는 것을 어디에서 확인할 수 있을까? 이 질문에 대한 답을 구하기 위해서는 죽음과 관련된 물음에 대한 관심을 확인하면 될 것이다. 오늘날 죽음의 이해와 실천은 앞서 제시한 죽음과 관련된 두 질문 가운데 죽음을 결정하는 기준이 무엇인가에 집중하는 경향을 보인다. 죽음의 이해와 실천이 생물학과 의학, 그리고 생명윤리학의 영역으로 축소되고 있는 것이다. 죽음의 문제가 단지 '죽어감'의 지극히 짧은 시공간의 문제로 축소되고 있는 것이다. 이는 죽음을 삶 또는 생명의 전체 국면 속에서 이해하고 실천하는 것을 가로 막는다. 죽음이 삶과 관련해서 전체 삶의 관심으로 이해되기보다는 단지 삶의 마지막 국면, 즉 병원에서의 임종의 문제로 제한되는 것이다. 오직 의료비용의 부담이나 장기이식 등과 같은 생명 연장과 관련된 실용적인 이유들을 고려하여, 죽음을 결정하는 기준의 문제를 중심으로 죽음을 이해하고 실천하게 되는 것이다. 이런 죽음 이해와 실천이 관행이 될 때 사람들은 죽음에 직면하기 전까지 죽음이 무엇인지 성찰하거나 또 삶을 통해 죽음을 준비하고 실천할 기회를 좀처럼 얻을 수 없게 될 것이다. 그리고 점점 더 죽음을 삶의 문제로 관심을 기울이지 않게 될 것이다. 죽음이 삶을 위해 지닌 깊고 넓은 의미가 제대로 추구되지 못할 것이다. 이는 심각한 반성이 요청되는 문제이다. 죽음의 문제는 삶의 마지막을 다루는, 의사와 간호사를 포함한 의료 종사자들이나 종교 종사자들만의 관심으로 축소될 수 없다. 또한 그것은 소수의 학문과 직업의 종사자만이 다룰 문제가 아니라 그 이상의 문제이다. 죽음은 인간의 보편적인 관심사이다. 그것도 가장 중차대한 관심사이기도 하다. 그것은 삶의 문제이고, 그러므로 생명의 문제이기도 하다.

사실상 의료 현장에서 이루어지는 생명의학, 생명윤리학, 그리고 법학의 죽음 정의와 이해를 살펴보면 그 바탕에 물리주의가 깊이 영향을 미치고 있음을 알 수 있다. 오늘날 물질 중심의 지극히 축소적인 죽음 정의와 이해가 생물학이나 의학, 그리고 법학 분야에 만연되어 있다. 근대 이후 서구 과학의 사유는 모든 것을 자연주의적 이해로 축소하는 흐름 속에 놓여 있는 것 같다. 이러한 과학적 축소주의가 죽음 정의와 관련해서 야기하는 문제는 생사학과 심지어 의학에서도 비판적으로 성찰되고 있다.[3] 실제로 법적이고 생의학적인 죽음 정의는 지극히 물질 또는 육체 중심으로 이루어지고 있다.

오늘날 죽음 정의 또는 판정의 기준으로 통용되는 하버드뇌사위원회가 기존의 죽음 정의를 수정해서 새로운 죽음 정의 또는 판정 기준을 제시하게 된 이유를 살펴보자. 위원회가 채택한 보고서는 1968년 8월에 미국 의사 협회지(JAMA)에 실렸다.

우리의 일차적인 목적은 비가역적 혼수상태를 죽음의 새로운 기준으로 정의하는 것이다. 이런 정의가 필요한 이유로는 두 가지가 있다. (1) 소생시키고 유지시키는 방법의 개선은 절망적인 상처를 입은 사람을 구하기 위한 노력을 증가시켰다. 가끔 이런 노력은 부분적인 성공만을 거둬서 그 결과는 심장은 계속 뛰지만 비가역적인 뇌 손상을 입은 상태가 된다. 부담이 매우 크다. 이런 부담은 영구히 지적 능력을 잃은 환자, 가족, 병원, 그리고 이 무의식 환자가 이미 병원 침상을 점유하고 있기 때문에 이를 필요로 하는 다른 환자에게 해당된다. (2) 이식수술을 위해 장기를 확보하는 데 죽음의 정의에 대한 진부

한 기준은 논쟁을 야기할 수 있다.[4]

오늘날 죽음을 판정하는 기준은 다음과 같은 세 가지 방법에 의해 규정되기도 한다.[5]

1) 뇌파의 활동을 점검하는 뇌파도(electroencephalogram) 검사

2) 뇌간(腦幹)의 생존을 측정하기 위해 사용하는 청각 유도 과정(auditory-evoked procedures)

3) 더 이상 뇌로 피가 흘러들어가지 않는다는 것을 보여주는 검사의 문서화(documentation)

물론 뇌사나 심폐사와 같은 죽음의 물리적이고 생의학적인 결정 기준의 필요성을 부정할 수는 없다. 이런 실제적인 기준이 제시되지 않으면 의료 현장은 아수라장이 될 것이기 때문이다. 따라서 의료 현장에서 이루어지는 생의학적인 죽음의 판정 기준은 존중되어야 할 것이다. 그러나 이런 의학적이고 윤리적인 죽음 판정의 육체적 기준이 포괄적인 죽음 정의를 대신하는 식으로 죽음의 정의나 개념을 축소시키거나 또는 죽음 판정의 육체적 기준에 대한 집중이 자칫 죽음에 대한 포괄적인 의미의 망각과 배제를 부채질하는 방향으로 작용한다면 그것은 심각한 문제가 아닐 수 없다.

오늘날 의료 현장에서 이루어지는 죽음 정의, 곧 심폐사와 뇌사 중심의 죽음 판정 기준이 죽음 정의를 대신하는 것에 대한 우려와 비판의 목소리를 들을 수 있다. 생사학의 한 관점에 따르면 오늘날 의료 현장에서 통용되는 죽음 이해는 다음과 같이 일곱 가지로 정리될 수 있다.[6]

1. 인간의 죽음을 육체 중심으로 이해한다.

2. 죽으면 다 끝난다고 간주한다.

3. 영혼의 존재를 부정한다.

4. 영혼의 성숙 역시 부정한다.

5. 육체와 이 세상 중심으로 죽음을 이해하므로, 죽음을 두려움이나 절망으로 간주하기 쉽다.

6. 이런 문제에는 전혀 관심 없다.

7. 의료 현장에서 죽음 판정의 육체적 기준인 뇌사, 심폐사가 마치 죽음의 정의인 듯이 통용되고 일반인들도 이렇게 생각하는 사람들이 많다.

위의 관점 또한 죽음의 특정한 이해를 전제하고 있다. 다시 말하면 영혼의 실재를 부인하고 육체 중심으로 죽음을 이해하거나, 죽음을 이 세상 중심으로 이해하면서 죽음 이후의 세계를 인정하지 않는 오늘날의 축소 지향의 죽음 이해에 대한 비판적 관점을 바탕에 깔고 있다. 오늘날 임종의 의료 현장에서 이루어지는 죽음 판정의 육체적 기준이 마치 죽음 정의의 모든 것인 양 간주해서는 안 된다는 주장이며 이는 타당하다.[7] 죽음 판정의 육체적 기준이 죽음 정의의 모든 것으로 통용될 때 커다란 문제들이 야기될 수 있다.

물리주의에 기반을 둔 육체 중심의 죽음 이해와 실천의 문제는 무엇보다 죽음의 의미를 지극히 환원함으로써 보다 온전하고 성숙한 죽음 문화, 나아가 생명문화의 형성을 방해한다는 것이다. 특히 죽음이 물화(物化)되고 양화(量化)됨으로써 죽음의 존엄성이 침해될 수 있다. 현대 사회에 만연한 생명 경시 풍조도 육체 중심의 협소한 인간과 죽음 이해와 관련이 없다고 보기 어렵다. 특별히 물질과 육체 중심의 죽음 이해 또는 정의가 현대 사회의 물신 풍조와 맞물려 생명 경시를 더욱 부채질한다는 가치론적 비판은 경청할 필요가 있다. 육체 중심의 죽음 이해를 추구하게 되면 지나치게 육체에 국한된 삶을 살게 되고, 세속적인 삶을 살게 될 경향이 커진다는 것이다.

한편 죽음 정의가 육체의 죽음에 국한되어서는 안 된다고 보면서 전통적인 '영혼 관점'을 옹호하는 입장이 다시 대두되고 있다. 영혼불멸에 기반을 두는 전통적인 죽음 이해를 복원해야 한다는 이런 입장[8]을 어떻게 평가할 수 있을까? 오늘날 이런 죽음 이해는 근사체험 연구자들의 목소리를 통해 다시 대중의 공명을 불러일으키는 듯하다. 근사체험을 연구하는 일군의 임상의들은 육체 중심을 벗어나 영혼 중심의 죽음 이해를 회복해야 한다고 주장한다. 이들은 오늘날의 불행한 죽음의 만연이 물질 중심의 죽음 이해 때문이라고 주장하기도 한다. 퀴블러-로스는 자신의 임상 경험을 토대로 육체 중심의 협소한 죽음 이해가 임종을 맞이한 환자들에게 불행한 임종을 초래한다고 주장한다. 그는 죽음을 물질과 육체를 넘어 영혼, 정신, 삶의 의미 같은 어떤 것을 통해 정의하고 이해할 필요가 있다고 제안한다.[9] "인간의 삶과 죽음, 생명 혹은 영혼의 문제라는 보다 큰 차원에서 죽음이 의미하는 것이 무엇인지, 인간으로서 존엄한 죽음은 어떤 죽음이어야 하는지를 먼저 심사숙고해야 한다."[10] 그는 더 나아가서 사후생에 대한 오랜 임상적 연구를 통해 육체의 죽음이 끝이 아님을 역설하면서 죽음을 영혼과 육체의 분리로 이해해야 한다고 주장한다.[11] 이런 입장은 종교와 철학에서 아주 오랜 역사에 걸쳐 존속해 왔다. 임사체험 연구자들의 경험적인 연구에 따르면 임사체험을 한 사람들은 대체로 죽음의 공포에서 자유로워진다고 한다. 육체 이탈 체험에 대한 증언처럼 죽음을 육체로부터 분리되는 것으로 이해하게 되면 죽음에 대한 두려움이나 부정이나 기피로부터 해방될 수 있다는 것이다. 임사체험의 또 다른 개척자인 무디(Raymond Moody Jr., 1994~)는 죽음 연구, 특히 사후 세계 연구에 관심을 가지게 된 동기로 죽음에 대한 좀 더 긍정적인 이해에 대한 기대를 언급하고 있다.[12] 죽음에 대한 근사체험 연구자들의 입장은 오늘날 지나치게 물질 또는 육체 중심으로 죽음을 축소해서 이해하는 죽음 문화의 편향적인 성격들을 수정하는 데 적절하게 기여할 수 있을 것이다.

그렇다면 영혼 중심의 죽음 정의와 이해는 문제가 없는 것일까? 죽음을 영혼이 육체를 떠나 자유의 세계를 향하는 여행으로 간주하면서 긍정 일변도로 이해하는 것도 문제가 없는 것은 아니다. 사람들이 보편적으로 죽음을 두려워하고 공포를 느끼며, 그로 인해 부정하고 기피하는 이유가 있다. 그것은 단지 죽어감의 고통이나 죽음 이후의 현실에 대한 공포 때문만은 아니다. 지금 당장 현실에서 만나는 죽음이 폭력성을 담고 있기 때문이기도 하다. 현실에서 만나는 죽음에는 폭력의 어두운 그림자가 드려져 있다. 이 또한 엄연한 사실이다. 그렇지 않다면, 왜 사람들이 보편적으로 죽음을 두려워하고 회피하려 하겠는가? 이 엄연한 사실을 무시할 수 없다. 그렇다면, 당연히 죽음의 부정성에 대한 깊은 사유가 필요하다. 생명의 전체상을 온전히 이해하기 위해서는 삶과 죽음의 양면성에 대한 변증법의 이해가 요청되듯이, 죽음의 전체상을 온전히 이해하기 위해서도 죽음의 긍정성과 부정성에 대한 변증법적 이해와 실천이 요청된다고 할 수 있겠다.

또 하나 지적할 수 있는 것은 임사체험 연구자들의 죽음 이해가 너무 사후 세계를 체험적으로 입증하는 방향으로 나아간다는 사실이다. 요즘 임사체험은 대중들의 관심과 더불어 점점 더 많은 연구가 이루어지고 있는 추세이다. 물론 사후 세계에 대한 이해는 생명의 전체상을 온전히 이해하기 위해 빠질 수 없는 주제임에 틀림없다. 죽음에 대한 오랜 존재론적 탐구가 이를 뒷받침한다. 근대 계몽주의 세계관과 과학주의 패러다임은 자신의 기준과 논리에 따라 사후 세계에 대한 지식과 신앙을 지나치게 경원시하고 나아가 부정하고 배척하기까지 했다. 물론 합리적 이성과 경험적 관찰과 입증에 기반을 둔 과학의 세계관은 사후세계의 현실에 대한 맹목적인 신앙이나 근거 없는 형이상학을 해체하는 데 기여했다. 그러나 오늘날의 어떤 과학 이념은 분명히 불가지나 불가판단이 적용되어야 할 영역에 대해서조차 서슴지 않고 월권적인 주장을 제시하는 것으로 보인다. 특별히 과학이 물리주의 일원론을 견지하면서 그 기준에 어울리지 않는 모든 실재를 깡그리 부정하는 환원주의를 추구하는 정신은 죽음을 이해하는 데도 그대로 나타나고 있다. 과학도 자신의 방법론에 기초하고 있고 또 그 방법론이라는 것도 어떤 고정적인 체계가 아니라 늘 역동적으로 발전하고 변화하는 유동적인 체계임을 상기할 필요가 있다. 생명이나 죽음의 본질은 여전히 불가지와 불가판단의 차원을 지니고 있다. 과학의 물리주의 기준에 맞지 않다 하여 그것을 물리로 환원한다거나 부정해서는 안 된다.

죽음에 대한 통전적인 이해와 실천

죽음은 마땅히 총체적으로 또 심층적으로 이해되고 실천되어야 한다. 죽음과 삶을 아우르는 통전의 이해와 실천이 생명의 온전한 이해와 실천을 가능하게 한다. 오늘날의 죽음 이해와 실천은 지나치게 축소되어 있다. 오늘날 죽음은 삶과 분리된 채 고립적으로 지나치게 물질 또는 육체 중심으로,

시간적으로나 공간적으로도 임종과 병원 중심으로 매우 협소하게 이해되고 실천되고 있다. 이런 축소 지향은 병원에서의 죽음으로 불리는 전형적인 죽음 문화에서 가장 분명하게 확인할 수 있다. 과학과 의료의 놀라운 발전으로 인해 육체의 삶의 연장이 가능해졌지만 사람들은 존엄하게 죽어 가지 못한다. 사람들은 오직 죽음에 임박해서 부랴부랴 죽음을 생각한다. 이것은 죽음에 대한 짧은 생각이다. 삶 속에서 죽음을 깊고 넓게 생각하고 실천하지 않으려 하기 때문이다.

죽음을 축소하는 시대정신을 어떻게 갱신할 수 있을까? 죽음의 존엄성을 위한 죽음 문화의 패러다임 전환이 요청된다. 먼저 삶과 죽음의 분리에서 통합으로 이행해야 한다. 오늘날의 죽음 문화에서 현저하게 추구된 삶과 죽음의 단절, 정확히는 죽음을 삶에서 배제하는 이해와 실천 대신에 삶과 죽음을 교직하는 포괄적인 이해와 실천을 추구해야 한다. 죽음을 삶의 현실 안으로 통합해야 한다. 죽음은 삶과 단절된 것이 아니다. 죽음을 삶 이후에 오는 것이 아니라 이미 삶 속에 살고 있는 것으로 이해하고 실천하는 의식의 전환이 필요하다. 죽음을 포함하지 않는 삶의 이해와 실천은 바람직하지 않음을 인식해야 한다. 죽음은 죽음일 뿐이고 삶은 삶일 뿐이라는 단절의 테제를 버리고, 살아 있는 것과 죽어 있는 것 사이의 망각된 유대와 연결고리를 회복해야 한다. 삶과 죽음 사이에는 서로 전환과 변용을 가능하게 하는 연속된 유대가 존재하고 있다. 삶은 소멸을 향해 가는 것이 아니라 완성을 향해 간다.[13] 죽음을 삶 속으로, 삶의 친근한 타자로 불러내서 죽음을 삶의 벗으로 삼는 생각과 실천을 깊고 넓게 해가는 접근이 필요하다. 존엄한 생명, 곧 존엄한 삶과 존엄한 죽음을 분리하지 않고 통전의 방식으로 이해하고 실천해야 한다.[14]

둘째, 죽음에 대한 물질 중심의 이해와 실천을 넘어서 보다 포괄적이고 통전적인 정의와 이해로 이행해야 한다. 오늘날의 죽음 문화는 죽음을 온전하게 이해하고 실천할 수 있는 총체적인 비전을 담지하고 있지 못하다. 위에서 살핀 대로 물질 중심과 영혼 중심의 죽음 이해와 실천이 대립하고 갈등하는 현실을 확인할 수 있다. 물질 또는 육체 중심의 관점은 죽음이 오직 육체의 기능이 정지하는 것이라 설명하면서 육체의 죽음이 죽음의 전부라고 주장한다. 이런 주장은 죽음 이해와 실천의 축소주의의 전형이다. 물론 육체의 죽음을 부정할 수는 없다. 의료나 법 적용의 현장에서 죽음의 육체적 정의나 판정 기준의 필요를 부정할 수는 없다. 그렇다고 이런 육체의 죽음 정의나 판정 기준이 정신의 죽음이나 영적인 죽음을 부정하거나 배제해서는 안 된다. 그러나 오직 육체의 죽음만이 주장되고 실천될 때 삶과 생명의 빈곤을 막을 수 없다. 물리 환원주의와 정신 환원주의에 기반을 둔 생명, 삶과 죽음 이해를 지양해야 한다. 영혼과 물질, 그리고 그 둘의 관계에 대한 보다 포괄적이고 개방적인 이해가 이루어져야 한다. 죽음 이후의 생명의 지평에 대한 포괄적인 이해가 요청된다. 육체의 죽음이 끝이 아니라고 주장하는 정신 또는 영혼 중심의 관점의 이해와 실천의 존재론적 의미도 적절히 복기되어야 한다. 육체의 소멸 이후의 죽음의 현실에 대한 탐구가 무의미한 것은 아니다. 육체 중심의 관점과 영혼 중심의 관점 사이의 변증법적인 대화와 협력이 필요하다. 배타주의 관점은 존엄한 죽음을 이해하고 실천하는 데 바람직하지 않다. 물리 중심과 영혼 중심의 대립과 더불어 종교와 과학의 대립적인 입장을 지양할 필요가 있다.

도대체 초라한 죽음 문화의 현실을 목도하면서도 왜 죽음을 축소 일변도로 이해하고 실천해야 한단 말인가? 죽음의 풍성한 의미를 제공해 주는 오랜 다양한 전승의 층들이 버젓이 있는데 왜 그것들을 망각하고 배제하는가? 죽음의 포용과 기억과 산 자와 죽은 자의 연대와 일치를 부단히 환기하는 기독교를 포함한 종교들의 죽음의 이해와 실천을 복기하는 것은 오늘날의 죽음 이해와 실천의 빈곤을 치유하고 후기 현대의 삶/죽음의 의미론을 풍성하게 하는 데 매우 유익하다. 그리기 위해서는 현대 계몽주의의 극단적인 정신이 추구한 인식 배타적인 죽음 담론을 지양하고 고백적인 죽음 담론을 포용할 수 있는 보다 통전적인 접근이 필요하다. 현대 과학은 배타적인 증명의 신화 위에 세워져 있어서 과학적으로 증명할 수 없는 영역들의 존재론적 지위를 박탈해 왔다. 현대 과학이 추구한 자연주의적인 환원적 죽음 이해와 실천은 오랜 세월 동안 쌓인 종교들과 철학들의 죽음에 대한 심층적인 이해와 실천을 침식시켰다. 현대 과학의 기준들을 무시해서도 안 되지만 그것들에 갇혀서도 안 된다. 종교들과 철학들의 죽음 이해와 실천이 현대 과학의 죽음 이해와 실천과 반드시 대립되는 것은 아니다. 양자는 상보적인 관점에서 죽음의 이해와 실천을 풍요롭게 하는 데 서로 기여할 수 있다.[15] 온전한 죽음 이해는 현대 과학과 철학의 도움을 받아 오늘날 광범위하게 영향을 키워 가고 있는 물질 중심의 죽음 이해나 그에 대한 대립적인 영혼 또는 정신 중심의 죽음 이해를 추구하는 것이 아니라 두 입장을 두루 통전함으로써 가능하다 하겠다. 물리주의 죽음 이해와 정신주의 죽음 이해를 통전할 수 있는 길을 모색해야 한다.

마지막으로 임종과 병원 중심의 죽음 이해와 실천에서 삶과 죽음의 통합에 토대를 둔 사회와 공동체 중심의 죽음 이해와 실천으로 이행해야 한다. 다시 말하면 죽음의 이해와 실천을 임종 중심과 병원 중심의 폐쇄된 시간과 공간에서 개방적이고 공동체적인 삶의 시간과 공간 속으로 해방시켜야 한다는 것이다. 이는 오늘날의 죽음 문화를 갱신하는 데 있어서 매우 중요하다. 그와 더불어 죽음 정의나 개념을 생의학적인 기술적 죽음의 판정 기준이라는 협소한 울타리를 넘어 좀 더 포괄적인 존재론에로 돌려주어야 한다.

오늘날 의료 현장에서 생의학적인 협소하고 축소적인 죽음 정의와 이해는 환자들의 돌봄과 관련해서도 커다란 문제를 노정한다. 죽음에 대한 폭넓고 깊이 있는 정의와 이해를 회복해야 한다. 죽음은 육체적 죽음에 국한되지 않는다. 우리는 육체적 죽음과 더불어 사회적 죽음과 정신적이고 영적인 죽음을 생각하고 실천할 수 있다. 죽음의 통전적 이해와 실천을 위해서는 오늘날 강조되고 있듯이 학제간의 통섭도 반드시 필요하다! 죽음은 생의학의 이해와 실천으로 축소될 수 없다. 그것은 인문학이나 사회과학의 이해와 실천을 필요로 한다.

우리 모두는 존엄하게 살기를 바라듯이 존엄하게 죽어 가기를 바란다. 존엄한 죽음을 맞이하기 위해서는 좀 더 온전한 죽음에 대한 이해와 실천이 요구된다. 온전한 죽음 이해와 실천이라는 것은 결국 준비된 죽음을 뜻한다. 따라서 온전한 죽음 이해와 실천은 자연스럽게 죽음 교육 또는 죽음 준비 교육으로 이어질 수밖에 없다. 어떻게 살 것인가뿐만 아니라 어떻게 죽을 것인가를 가르쳐야 한다. 생명 교육은 삶과 죽음에 대한 통전적인 교육으로 이루어져야 한다. 죽음에 대한 교육을 경시한 채 오직 삶에 대한 교육만을 강조하는 사회와 문화는 천박해질 수밖에 없다. 죽음에 대한 교육이 존엄한 죽음을 위해 필수적이다. 이렇게 온전한 죽음 이해와 실천, 그리고 그 귀결로서 죽음에 대한 준비 교육이 이루어질 때 죽음의 존엄성뿐만 아니라 생명의 존엄성도 함께 실현될 것이다.

2장 | 죽음의 부정과 불안에 대한 성찰

죽음을 부정하는 실존과 역사

현대인들은 어떻게 죽음을 맞이하는가? 많은 사람들이 존엄한 죽음을 맞이하지 못한 채 죽어 간다. 그 이유를 어디에서 찾을 수 있을까? 죽음을 단선적으로 부정하는 태도에서 찾을 수 있다. 많은 생사 연구자들이 지적하듯이, 현대인들은 마치 죽음이 존재하지 않기라도 하는 양 죽음 부재의 문화에서 살아가고 있다. 현대인들은 맹목적으로 죽음을 부정(denial)하려고 한다. 도대체 왜 현대인들은 죽음이 존재하지 않는 것처럼 행동하는 것일까? 또 왜 현대 사회에서 죽음의 부재가 현저할까? 이 문제는 앞으로 문학, 역사학, 철학, 심리학, 그리고 사회학의 죽음과 관련된 몇몇 중요한 테제를 다룰 때 밝혀질 것이다. 다만 한 가지 미리 지적할 것은 죽음 부정과 죽음 이해와 실천의 회피의 문제가 심각하다는 것이다. 우리는 죽음에 대해 다양한 인식과 태도를 지닐 수 있다. 어떤 이들은 죽음을 긍정하거나 아무것도 아니라고 생각하면서 초극 또는 초월의 태도를 지닐 수 있다. 다른 이들을 죽음을 절망과 허무의 표지로 보면서 부정하고 기피하는 태도를 지닐 수도 있다. 물론 죽음을 절망과 허무의 표지로 보면서도 부정하고 기피하기보다는 극복 지양하는 태도를 지닐 수도 있다.

20세기 전반기까지 죽음을 부정하는 시대정신 속에서 학계에서도 죽음을 연구 주제로 다루지 않는 경향이 두드러졌다. 그러나 20세기 중반 이후 이러한 흐름은 크게 바뀌었다. 인문학뿐만 아니라 사회과학과 의학 등의 다양한 분야에서 죽음을 고찰하기 시작했다. 앞 장에서 살펴본 대로 물리적 생명을 강조하는 자연과학과 의학기술의 발달은 죽음을 축소해서 이해하는 문제를 야기했다. 죽음 이해의 축소는 죽음 부정과 배제라는 주제와 맞물려 있다. 인문학자들은 이 문제를 폭넓게 비판적으로 성찰하고 있다. 종교와 철학뿐만 아니라 문학과 역사학의 연구자들이 이 문제를 다루어 왔다. 생명을 온전히 이해하고 실천하기 위해서는 죽음에 대한 인문학의 해석과 실천이 매우 중요하다. 인문학의 해석과 실천이 뒷받침되지 않고는 생명을 온전하게 이해할 수 없다.

죽음을 단순히 부정하고 배제해서는 안 된다. 현대의 죽음 회피와 부정의 기풍은 생명을 온전히 이해할 수 없게 만든다. 삶과 죽음에 대한 온전한 이해를 위해 죽음의 금기와 그로 인한 죽음에 대한 부정과 배제의 정신이 야기하는 문제들에 대한 비판적인 생각들을 살펴보는 것이 중요할 것이다. 현대 과학과 의료기술의 눈부신 발달은 임종의 시점을 많이 늦추었다. 하지만 그에 따른 고통 또한 만만치 않게 커지고 있다. 현대 사회에서 많은 사람들은 가족들에게서 격리된 중환자실에서 홀로 쓸쓸히 죽음을 맞이한다. 죽음은 우리 일상의 삶의 현실에서 멀어지고 금기시되고 말았다. 우리가 계속해서 죽음의 실재를 금기시하고 부정하면서 일상의 삶에서 못내 회피하려고만 한다면 죽음의 불안과 공포에서 자유로워질 수 없을 것이다.

늘어난 수명의 시공의 너비를 삶과 죽음의 깊고 높은 뜻으로 넉넉하게 채

우지 못한 채 빈곤한 경험과 빈약한 의미의 현실로 만드는 시대정신의 초상은 하나의 슬픈 역설이 아닐 수 없다. 현대인들은 죽음의 현실과 그 경험을 점점 더 망각하고 배제한 결과 죽음의 의미 빈곤과 또한 삶의 실재와 의미 빈곤의 시대를 살아가고 있다. 그런데 죽음의 의도적인 망각과 배제가 죽음에 대한 두려움을 몰아내지 못하고 있다는 점은 아이러니이다.

아래에서는 죽음의 금기와 부정, 그리고 불안의 정신에 대한 인문학, 즉 문학, 역사학, 그리고 철학의 중요한 테제들을 살펴볼 것이다. 이는 현대 죽어감·죽음의 문화를 비판적으로 성찰하고 좀 더 바람직한 미래 생명문화를 창출하는 길을 모색하기 위한 것이다.

톨스토이의 『이반 일리치의 죽음』에 대하여

죽음에 대한 문학적 형상화를 거론할 때마다 아주 빈번하게 인용되는 사례가 있다. 바로 톨스토이(Leo Tolstoy, 1828-1910)의 『이반 일리치의 죽음』이다. 이 작품은 죽음 문학의 불후의 명작이요 하나의 전형이다. 그래서 지금 필자가 그러하듯이, 이 작품은 죽음을 논할 때마다 거의 빠짐없이 언급되고 있다. 하나의 사례로 미국에서 활동한 대만계 죽음 연구가인 부위훈(傅偉勳)은 『이반 일리치의 죽음』을 죽음 연구의 개척자인 임상의 퀴블러-로스의 유명한 다섯 가지 단계론[1]에 결부시킨다.

> 『이반 일리치의 죽음』을 정독해 보면, 주인공인 이반의 의사에 대한 불신, 하나님에 대한 원망, 부인의 외출에 대한 질투와 분노·절망과 고립감, 결국 죽음을 받아들이는 등의 빠짐없는 심리 묘사는 로스 의사가 실제적인 관찰을

통해 얻은 각 단계의 갖가지 반응을 너무도 잘 예견하고 있어서 독자들로 하여금 찬탄을 멈출 수 없게 만든다.[2]

그러면 톨스토이가 그려 내는 이반 일리치의 죽음은 현대의 죽음 부정의 문화의 전형을 보여준다고 볼 수 있을까? 물론 톨스토이가 소설로 그려 내는 이반 일리치의 죽음은 현대 죽음 부정의 담론의 전형으로 단정할 수 없는 보편적인 특징들을 또한 담아 내고 있다. 톨스토이는 이반 일리치의 죽음을 통해 현대 죽음 부정의 초라한 정신을 서술하고 묘사하는 수준에서 머물지 않는다. 그가 죽음과 관련해서 궁극적으로 보여주고자 하는 바는 종교적·도덕적 비전이다. 이반 일리치의 죽음은 결국 종교적·도덕적 비전에 의해 존엄한 죽음으로 승화된다. 톨스토이는 이반 일리치의 죽음을 통해 죽음의 존엄성에 대한 서사적 열정을 추구한다고 할 수 있겠다. 그럼에도 불구하고 그러한 단계에 도달하기 이전까지의 병상에서의 죽어감에 대한 서술과 묘사를 보노라면 현대의 죽음 부정의 분위기가 감지된다. 이반 일리치는 어떻게 죽어 갔는가?

먼저 톨스토이는 이반 일리치의 경우를 통해 죽음을 맞기 전까지 겪는 죽음에 대한 의심, 두려움, 그리고 절망 등을 생생하게 묘사한다. 이반 일리치의 죽어감과 죽음의 이해에서 죽음에 대한 부정이 현저하게 드러난다. 이반은 죽음의 사실 자체에 익숙하지 않을뿐더러 자신이 불치병에 걸렸다는 사실과 그로 인해 죽을 것이라는 사실을 끊임없이 의심하면서 부정한다. 그는 죽음을 도무지 이해하려들지 않을뿐더러 또 이해할 수도 없다. 그에게 죽음은 도대체 정체불명의 현실이다. 삶에 대한 애착은 죽음을 부정하는 기제로 작용하고 있다. 우리가 삶을 지나치게 비관적 시선으로 바라볼 필요는 없을 것이다. 다만 삶의 기만성이 가져다주는 환상을 지각하는 것을 게을리 해서는 안 된다. 그러나 이반 일리치는 죽음에 직면해서도 삶의 기만성에서 여전히 벗어나지 못하고 있다. 이반 일리치의 태도는 삶 속에 엄연히 도사리고 있는 죽음의 현실을 부정하는 정신의 당연한 결과이리라.

그러면 이반 일리치는 어떻게 자신의 죽음을 부정하는가? 오늘날 우리는 죽음이 '나의 죽음'으로 다가오기 전까지 자신의 죽음을 '사실'로 받아들이려고 하지 않는다. 그러나 추상적으로 인식되는 '남의 죽음'이 어느 날 갑자기 '나의 죽음'으로 다가오게 되는 것이다. 이반 일리치도 어느 날 갑자기 '나의 죽음'을 맞이한다. 그러나 그는 '나의 죽음'을 받아들이기를 거절한다. '인간은 모두 죽는다'는 보편적인 진리를 배워서 알고 있으면서도 정작 자신이 죽는다는 사실을 현실적으로 받아들이려고 하지 않는 것이다. 대신 '나의 죽음'은 "있을 수 없다"[3]고 여긴다. 이반 일리치에게 자신이 죽는다는 사실은 받아들이기도 어렵고 이해할 수도 없다.

이반 일리치는 죽음에 대한 공포로 고통스러워한다. 그에게 죽음은 너무 끔찍한 일이다. 그래서 그는 죽음에 대한 병적인 생각을 떨쳐 버리려고 필사의 노력을 하지만 아무 소용이 없음을 인정하고 만다. 죽음에 대한 공포는 "도무지 끝이 보이지 않았다. 피할 수 없는 파국은 두려움을 더해 갔다."[4] 하인인 게라심도 아는 죽음에 관한 진리, 즉 우리 모두 언젠가는 죽는다는 보편적인 진리를 이반 일리치는 부정한 것이다. 이반 일리치에게 죽음은 배제되어야 할 기피와 부정의 대상일 뿐이다. 그는 죽어 가는 자신을 아내와 딸에게 '장애물'로 여긴다.[5] 그는 죽음에 대한 단선적인 저항의 태도를 보인다. 이반 일리치는 필사적으로 죽음에 저항한다.

이반 일리치의 죽어감과 죽음에서 부각되는 또 하나의 사실은 세속화되고 제도화되어 인간적 얼굴을 상실한 의학화된 죽음의 현실이다. 즉 죽음의 병상을 둘러싸고 가족들과 지인들과 의사의 죽음을 부정하는 뻔한 거짓과 기만이 이루어진다. 이반 일리치를 가장 괴롭게 하는 것은 바로 자신의 죽음에 대한 모두의 거짓말이다. 자신도 모른 채 하면서 기만의 드라마에 참여해야 하는 것은 서글픈 현실이다. 톨스토이는 이반 일리치의 서글픈 죽어감의 현실을 보고의 형식으로 전해준다. "그마저 그 거짓말에 동참할 것을 강요하는 것 또한 그를 괴롭혔다. 거짓말, 거짓말, 그가 사망하기 전날 밤에도 쏟아진 이 거짓말…은 이반 일리치에게 엄청난 고통을 안겨주었다."[6] 이반 일리치의 죽어감과 죽음을 둘러싸고 전개되는 기만은 죽음의 병상에서 죽어감이나 죽음의 사실을 공론화해서는 안 된다는, 죽음 문화가 강요하는 묵계를 따른 것이다. 죽어감이나 죽음은 말도 꺼내서는 안 되는 것이다. 아버지의 고통과 죽음에 공감이나 애도는커녕 오히려 화를 내는 딸의 모습에서 이러한 죽음에 대한 태도를 여실히 들여다 볼 수 있다.

또 하나 주목할 수 있는 점은 이반 일리치의 죽음은 고독한 죽음이라는 것이다. 그는 아내와 딸을 포함해서 아무도 그를 진정으로 '이해하고 동정해 주는 사람 없이' 무시무시한 '절대 고독' 속에서 '죽음과 단둘'이 되는 체험을 한다.[7] 물론 이반 일리치의 죽음의 고독은 인간적인 관계에서만 오는 것은 아니다. 신의 부재라는 종교적 체험이 그의 죽음의 고독을 더욱 부채질하고 있다. "이반 일리치는 의지할 데 없는 자신의 처지, 절대고독, 사람들의 냉혹함, 신의 냉혹함, 신의 부재가 서러워 울었다."[8] 이반 일리치의 죽음은 삶에서 죽음을 부정하고 기피함으로써 준비되지 못한 죽음의 전형을 보여준다. 이반 일리치의 죽음은 의미를 잃은 죽음이라고 달리 말할 수 있겠다. 이반 일리치는 자신에게 닥친 고통과 죽음의 이유를 도무지 알 수 없

다.[9]

　이반 일리치는 병상에서의 소통과 애도의 부재로 정신적으로 소외되고 고통스러운 죽어감을 체험한다. 이반 일리치는 죽음의 병상에서 누군가의 진심어린 공감과 연대를 갈구했다. "사람들이 자신을 어루만져 주고 자신을 위해 눈물을 흘려주었으면 하고 바랐다."[10] 그러나 이반 일리치가 체험한 죽어감은 소통과 연민과 연대의 부재였다. 이반 일리치는 이렇게 자신의 죽음을 철저하게 부정적인 현실로 체험한다. 이반 일리치의 죽음은 전형적인 현대인의 죽음의 초상이라고 하지 않을 수 없다.

　그러나 톨스토이는 이반 일리치의 죽음을 현대인들의 죽음 부정의 전형으로 종결하지는 않는다. 그에게 죽음은 물리적인 종결이나 허무의 끝자락이 아니다. 톨스토이는 이반 일리치의 죽음에 종교적 휴머니즘의 가치들을 도입한다. 이반 일리치의 죽어감에 오직 죽음에 대한 초라한 이해를 지닌 현대인들만이 등장하는 것은 아니다. 톨스토이는 이반 일리치의 죽어감에 공감과 돌봄의 인격들을 배치함으로써 죽어감과 죽음은 고독과 허무의 끝이 아니라 동반과 생명의 새로운 차원임을 보여준다. 이반 일리치는 순수한 영혼을 지닌 아들 바샤의 진실한 공감과 연민과 정성스런 돌봄을 제공하는 하인 게라심의 도움으로 고통과 죽음의 두려움에서 해방되고 삶과 죽음의 본래적 의미를 발견하고 죽음을 맞이하게 된다. 물론 이반 일리치가 보여주는 죽음관은 톨스토이 나름대로 이해된 기독교의 비전으로 채색되어 있다. 이반 일리치는 이제 더 이상 죽음이 존재하지 않는 부활의 새 생명의 빛을 체험한다. 물론 이반 일리치에게 있어서 그 빛은 죽음 이후의 생명에 대한 존재론이나 형이상학의 이해가 아니라 철저히 윤리적인 이해, 즉 타인에 대한 연민과 자기희생의 사랑을 깨닫는 것을 의미한다. 톨스토이의 종말 이해는 기독교적 이해의 한 자락을 보여주기에 부족함이 없다. 이반 일리치는 이렇게 기독교적인 삶의 본질을 깨달음으로써 죽음에 대한 두려움을 극복한다.

아리에스의 「금지된 죽음」에 대하여[11]

죽음 부정의 역사적 맥락을 살펴볼 필요가 있다. 프랑스의 역사학자 필리프 아리에스(Philippe Ariès, 1941-1984)는 죽음 부정의 역사적 흐름을 추적한다. 그의 연구에 따르면 특별히 서구의 역사는 죽어감과 죽음만큼 금기시되고 억압되고 회피되고 배제된 주제가 없다는 사실을 확연히 증언하고 있다. 아리에스의 주장은 다소 복고적이고 과장적이라는 생각이 들기는 한다. 이는 자료 선택에 작용한 그의 관점에서 기인한다고 볼 수 있다. 그의 연구가 지나치게 선택적이고 편중적인 자료 분석에 기초해 있고 또 전통적인 죽음 이해, 특별히 중세기의 죽음 이해를 낭만적으로 미화하면서 현대의 죽음 이해를 지나치게 대조시킨다는 사실을 부정하기는 힘들다.[12] 실제로 인간 사회에서 죽음만큼 보편적으로 체험되고 관찰되고 해석되고 이해된 주제는 없지 않은가? 이러한 사실은 죽음에 대한 인간의 태도가 하나의 모순임을 드러내주는 것으로 보인다.

문명의 현대적 전개 과정에서 죽음은 과연 얼마나 현저하게 부정의 과정을 거쳤을까? 아리에스는 다소 낭만적인 음조로 현대의 죽음 부정의 문제를 상기해 준다. 그럼에도 불구하고 현대의 죽음 망각과 부정 정신의 기원과 그것이 야기한 문제에 대한 그의 날카로운 분석과 비평은 현대 죽음 부정의 문화를 이해하는 데 결코 무시할 수 없다. 그는 죽음의 사회문화사를 통해

서구의 전통 사회에서 현대 사회에 이르는 과정에서 어떻게 죽음이 의도적으로 망각되고 부정되었는지를 보여주려고 한다.

아리에스는 죽음에 대한 이해와 태도의 역사적인 변화의 과정을 여러 다양한 죽음의 표상들을 통해 설명하고 묘사한다. 그에 따르면, 고대에서 중세를 거쳐 현대에 이르는 길에서 다양한 유형의 죽음 이해와 태도를 만날 수 있다. 그는 역사적으로 전개된 죽음의 유형을 네 가지, 즉 '길들여진 죽음', '자신의 죽음', '타인의 죽음', 그리고 '금지된 죽음'으로 구분한다. 물론 위 네 가지 유형의 죽음은 역사 시기를 통해 칼로 자르듯이 분명하게 나누어지는 것은 아니다. 때로는 서로 다른 유형이 정도에 따라 포개지기도 한다. 죽음은 어떻게 보면 가장 보편적인 주제이기 때문에 그럴 것이다. 그러나 마지막으로 언급된 '금지된 죽음'은 특별히 다른 시대의 죽음 이해·태도와 비교해서 현저하게 현대의 죽음 이해의 성격을 드러내준다. 아리에스는 이 죽음의 유형이 문제라고 역설한다. 그것이 어떻게 문제가 된다는 것일까? 그 문제를 짚어 보기 전에 다른 유형들의 죽음을 살펴보는 것이 현대의 죽음 문화를 이해하는 데 도움이 될 것이다.

먼저 첫째 유형인 '길들여진 죽음'을 살펴보자. 이 죽음의 유형은 12세기 이전의 긴 전통 시대의 서구 사람들의 죽음 이해와 태도를 가리킨다. '길들여진 죽음'이라는 이름은 죽음에 대한 몇 가지 중요한 함의를 지니고 있다. 먼저 그것은 죽음의 친밀성을 담아내고 있다. 이 시대의 사람들은 원시 시대에 겪었을 야생적이고 폭력적인 죽음의 공포를 길들임으로써 죽음의 현실을 친숙하게 받아들였을 것이다. 이 시대의 죽음은 그 시대의 사회구성을 따라 가족적이고 공동체적인 의미를 담고 있었다. 이 시대의 사람들은 늘 죽음의 위협 앞에 살아야 했는지 현저하게 죽음을 예감하는 존재자들로 등장하고 있는데, 그래서인지 그들은 죽음을 미리 준비하는 태도를 보인다. 또한 철학의 사유와 종교의 의례들이 발전함에 따라 사람들은 죽음을 공적으로 조직된 종교 의식을 통해 이해하고 받아들였다. 자연스럽게 죽어 가는 사람의 침실은 공적이고 공동체적인 장소가 되었다. 그리고 살아 있는 자들은 죽은 자와의 공존을 당연한 것으로 여겼다. 고대와 중세 전기까지의 죽음의 문화에 대한 아리에스의 묘사를 그대로 다 받아들일 수는 없겠지만, 현대의 죽음 문화와 비교해서 그 상대적 성격의 차이를 이해하는 데는 어려움이 없을 것이다.

전통 시대의 죽어감과 죽음은 '침상에서의 죽음'이라는 그림 언어로 묘사되고 있다. 차가운 병상에서 죽어 가는 현대인들과는 달리 전통 사회의 사람들은 가정에서 가족과 친지들이 둘러보는 가운데 죽어감과 죽음을 맞이했다는 친밀성을 뜻한다. 침상에서 죽어 가는 할아버지·할머니와 아버지·어머니를 지켜보는 전통 시대의 사람들은 당연히 병상에서 고독하게 죽어 가는 현대인들보다 죽어감·죽음을 친밀하게 생각하고 받아들일 수 있었을 것이다. 죽음에 대한 친밀한 의식은 묘지 공간에 대한 삶의 태도에서 그대로 묻어난다. 예컨대 옛 로마 사회에서 사람들은 묘지를 일종의 은신처로 여기면서 때로는 만남과 모임의 장소로 삼기도 하고, 때로는 상거래가 이루어지는 시장으로, 또 춤을 추고 즐기는 놀이의 공간으로 삼기도 했다고 한다. 고대 로마 사회에서 살아 있는 이들과 죽은 이들은 같은 공간 안에서 삶과 죽음의 공동체를 이루고 있었다. 그러한 공동체에 대한 체험은 죽음에 대한 공포와 부정의 의식을 완화하는데 기여했을 것이다.

이러한 삶과 죽음의 공동체는 비단 고대 로마 사회에서만 발견되는 것은 아니다. 시간적으로 멀리 갈 것 없이 반세기 이전만 해도 우리 사회에서도 흔하게 볼 수 있는 현상이었다. 필자도 어린 시절 이러한 죽음의 문화에 대한 체험을 지니고 있다. 그러나 삶과 죽음의 공동체적 이해와 실천은 삶과 죽음의 명확한 공간적 분리를 추구하는 현대의 죽음 문화에 이르러 눈에 띄게 달라졌다. 이러한 죽음 문화의 변화는 근대화와 산업화가 만들어 낸 사회의 변화와 낮물려 있다. 죽음의 시간과 공간을 삶의 공간에서 분리하고 배제한 단선적인 현대의 생명 문화는 현대인들의 삶 속에서 빈곤의 몰골을 고스란히 드러낸다. 가장 일그러진 몰골은 공동체의 파괴일 것이다.

그러나 흔히 역사가들이 르네상스와 종교개혁의 시기로 명명하고 구획하는 중세 후기에 이르러 전통 시대의 '길들여진 죽음' 이해와 태도의 균열이 일어나게 된다. 이제 개인의 자각이 이루어지면서 죽음 이해와 태도에서도 새로운 변화가 일어나게 된다. 공동체적인 죽음 이해와 태도에서 벗어나 좀 더 개인적인 이해와 태도로의 변화가 이루어진 것이다. 아리에스는 이 시대의 죽음 이해와 태도의 유형을 '자신의 죽음'이라고 부른다. 요즘 유행하는 언어로 달리 표현하자면 '주체적 죽음'이라고 할 수 있겠다. 개인의 주체성에 대한 자각이 증대함에 따라 자신의 죽음에 대한 주체성이 강화되기 시작한 것이다. 죽음에 대한 개인주의 의식은 12세기부터 나타나기 시작했다. 죽음 의식에서 죽어 가는 자 자신의 역할이 강화되었다. 말하자면 인간은 이제 비로소 자신의 죽음을 발견하게 된 것이다.

아리에스는 중세기의 절정에 해당하는 시기인 12세기에서 15세기까지 중세 후기의 죽음 문화를 '죽음의 거울'이라는 은유를 들어 설명하고 묘사한다. 타율에 길들여진 사회에서는 사람들이 거울을 들여다볼 필요를 별로 느끼지 못할 것이다. 거울은 자아상에 대한 관심과 더불어 생겨날 수 있는 장치이다. 따라서 거울이라는 은유는 중세 후기의 사람들이 자신의 죽음을 직시하고 성찰했다는 사실을 보여주는 것이다. 물론 이 시대에도 사람들은 죽음의 문화를 호사스럽게 장식하는 비문들이나 조각들을 남겼다. 그 비문들이나 조각들은 어느 시대나 마찬가지지만 거의 대부분 살아서의 자신의 신분을 죽어서까지 환기하고 과시하려는 인간들의 건강하지 못한 욕망을 표출해 주는 기표들이다. 물론 그러한 건강하지 못한 욕망의 이면에서 죽은 이들에 대한 기억을 간직하려는 공동체의 바람도 읽어 낼 수 있다. 이는 현대 죽음 문화에서 무덤의 익명화가 야기하는 죽음의 망각과 극적인 대조를 이룬다고 할 수 있을 것이다. 중세기 죽어감과 죽음에 대한 길들여진 태도에 기여한 또 하나의 기제는 가톨릭교회가 제공한 정교한 사후에 대한 교리와 예전일 것이다. 실제로 아주 세밀한 종교의 사후 교리와 예전은 죽어감과 죽음을 길들이는 기제가 되었을 것이다.

중세의 후기에 이르러 각성된 자의식은 점차 죽음의 주체성 또는 죽음의 개인성을 특징으로 하는 근대의 죽음 문화를 조성했다. 그러나 근대의 죽음 이해를 주체성 또는 개인성 일변도의 단선적인 행진만으로 설명할 수 있는 것은 아니다. 익히 알다시피 18세기 서구 사회가 오직 냉철한 이성으로 무장한 계몽주의만을 알고 있었던 것은 아니다. 합리적인 계몽주의에 대한 반동으로 문학과 예술과 종교의 영역에서 낭만주의 정신이 일어났다. 죽음 이해와 태도에서도 낭만주의라고 부를 만한 흐름이 등장했다. 낭만주의 정서는 타인에 대한 추억의 상념이 타인의 죽음에 대한 감성적 관심을 유발하는 등의 죽음의 고양(高揚)을 특징으로 하고 있었다. 낭만주의 죽음 문화에서 유행한 죽은 이들에 대한 별리의 슬픔과 그들의 불가능한 귀환에 대한 바람은 마치 하나의 에피소드처럼 이 시대 세속화의 흐름을 잠시 교란시키기도 했을 것이다. 이 세속화된 사회에서조차도 사람들은 죽은 이들과 살아 있는 이들이 함께 이루는 공동 존재성에 대한 생각을 완전히 지울 수는 없었던 것이다.

아리에스는 낭만주의 죽음 이해를 '타인의 죽음'이라고 명명하고 있다. 물론 여기서 타인은 그리움을 야기하는 대상이다. 이러한 정신 사조에 영향을 받은 사람들은 죽음을 낭만적이고 수사학적으로 표현했다. 낭만적인 사람들은 타인의 죽음에 대한 회한과 추억의 감정을 발전시켰다. 죽음에 대한 감성의 분출이 이루어졌다. 종교적으로는 가톨릭과 경건주의, 개신교의 감리교 등이 이러한 낭만주의적인 의미의 죽음 이해와 태도를 보여주었다. 이렇게 근대의 세속화의 와중에서도 살아남은 자들은 타인의 죽음을 더욱 힘겹게 받아들이기도 했던 것이다. 낭만주의 시기까지 지속된 죽어감과 죽음에 대한 친밀성은 현대에 이르러 친밀한 것들의 세계에서 슬그머니 사라지게 되었다. 종교적으로도 불멸에 대한 기대와 더불어 죽음은 중세보다 더욱 현저하게 세상에 대한 경멸과 허무의 이미지를 갖게 되었다. 낭만주의 정신이 시대의 물결을 바꾸지는 못했던 것이다.

근대 서구 사회는 급속하게 산업화와 도시화를 향해 나아갔고, 그에 수반해서 개인주의가 득세하기 시작했다. 19세기 말엽에 이르러 서구 산업사회는 '금지된 죽음'이라는 이름으로 불리는 현대 죽음 이해와 태도의 전형을 창출했다. 현대 죽음 문화의 전형적인 특징으로는 자신뿐만 아니라 타인의 죽음을 "공개적으로 인정하는 것에 대한 혐오감, 그 혐오감 자체를 통해 죽어 가는 자에게 강요된 정신적인 고립감, 그 결과로 기인하는 의사소통의 부재, 죽음 의식의 의학화"를 들 수 있다.[13] 이렇게 중세기의 공동체적인 죽음 문화는 근현대에 이르러 현저하게 개인주의적인 그것으로 바뀌게 된다. 모더니티가 절정을 향해 나아가는 18세기에 이르러 죽음은 전통 시대와 전혀 다른 의미를 지니게 된다. 점점 죽음을 삶에 낯선 타자로 여기는 현대의 죽음에 대한 부정적인 이해가 지배하게 되었다. 18세기 말엽부터 '살아 있는 이들과 죽은 자들의 공존'을 완전히 이상하게 생각하는 현대의 전형적인 시대정신이 싹텄다. 바야흐로 죽어감과 죽음이 가족 또는 이웃 공동체의 문제가 아닌 죽어 가는 당사자만의 개인의 문제로 국한되기 시작한 것이다. 18세기까지 죽어 가는 자의 침실에 대한 묘사에서 아이들이 등장하지 않는 그림은 없었다. 그러나 오늘날 죽어 가는 자들의 병실에서 아이들을 볼 수 없다. 현대에 이르러 과거와 비교해 죽음의 문화와의 극적인 대조 현상이 생겨난 것이다.

현대의 죽음 문화에서 아주 두드러진 양상은 죽어감과 죽음의 장소의 이동을 들 수 있다. 이제 사람들은 가정을 떠나 병원에서 죽음을 맞이하게 되었다. 그것을 '병원에서의 죽음'이라고 부른다. 죽어감과 죽음의 장소가 가정에서 병원으로 이동한 것은 죽음 이해와 태도에서 엄청난 변화를 야기했다. 이제 죽어 가는 자가 살아 있는 자들의 세계에서 조직적인 방식으로 격리되고, 죽어감과 죽음이 사람들의 의식에서 부정되고 망각되기에 이른 것이다. 현대인들은 죽어감과 죽음을 가까이에서 볼 수 없기 때문에 자연스럽게 그것을 망각하게 된다. 그래서 현대의 죽음 망각과 배제는 병실에서의 죽음으로 상징된다.

우리 주변에서 매분마다 매초마다 죽음의 사건이 일어나고, 지금 이 순간도 무수한 주검이 병원에서 장례를 기다리는 가운데서도 죽어감·죽음은 점점 더 우리의 직관, 언어, 의식, 그리고 경험과 의미의 영역에서 멀어지고 있는 것이다. 현대의 비판 정신이 지적하듯이 죽음과 종교의 오랜 불순한 정치적 결합에 의한 죽음의 지배가 끝난 후에 현대에 이르러 죽음의 망각과 배제라는 극단적인 반전이 일어난 것이다. 죽음의 문화적 기표들에 대한 아리에스의 사회문화사적 관찰과 해석은 현대의 전형적인 죽음 이해에 대한 통상적인 비판적 가정을 지지해 주는 것처럼 보인다. 죽음 연구자들은 현대에 이르러 죽음과 죽은 자들이 금기로 여겨지고 배제되며, 보이지 않는 영역과 변두리로 밀려나게 되었다는 통상적인 가정을 제시한다. 그러나 이러한 가정은 전통에 대한 향수를 자극하면서 전통과 현대를 극명하게 대조시키면서 현대의 죽음의 망각과 배제의 정신을 지나치게 극적으로 부각한다는 생각이 든다.

서구 사회에서 죽음에 대한 공포와 부정이 커다란 흐름으로 밀어닥친 것은 18세기 말엽과 19세기 초엽이었다고 볼 수 있지만, 20세기 들어서 그 흐름이 더욱 심화되었다.[14] 20세기에 이르러 죽음은 배제와 망각의 대상이 되어 버렸다. 죽음은 수치와 금기의 대상이 되었고, 사람들의 시야에서 사라지기 시작했다. 이러한 현상은 특히 미국과 서유럽에서 광범위하게 나타난 죽음의 금기사항들에서 현저하게 확인된다. 이러한 현대 죽음 문화의 본질을 사회학적으로 조명하는 데 있어서 제프리 고러(Geoffrey Gorer, 1905-1985)의 선구적인 연구는 마땅히 주목받을 만한 가치가 있다. 고러는 현대 죽음 문화에서 죽음을 금기시하면서 상기시키는 것을 철저히 제거하는 상황을 인상적으로 설명하고 묘사했다.[15] 특히 영국과 미국에서 현세의 행복을 지키기 위해 죽음으로부터 도피하고 죽음을 기억하는 것을 금지하고 배제하는 전형적인 현대적 태도가 탄생했다. 종교에서조차도 죽음은 중세보다도 더욱 강하게 세상에 대한 경멸과 허무의 이미지를 의미하는 기표가 되었다. 죽음은 '뭐라 이름 붙일 수 없는 것'이 되어 버렸다. 죽음은 기의는 고사하고 그 기표조차 망각되기에 이른 것이다.

현대 죽음 문화의 사사화(privatization)의 특성은 죽음 준비의 소홀을 낳았다. 흔히 죽음을 준비할 필요성의 증대는 공동체성의 증대와 비례한다고 볼 수 있다. 죽음의 개인화는 죽음을 준비하지 않는 현대의 죽음 문화와 밀접한 관련을 지니고 있다. 오늘날 환자는 자신의 죽음을 깨닫고 준비할 기본적인 권리를 상실하고 있다. 죽음을 예감하면서도 모른 척 해야만 한다. 아리에스는 현대 죽음 문화의 모순점을 이렇게 묘사한다.

사회는 환자들의 수명을 가능한 한 오랫동안 연장시킨다. 그러나 사회는 환자들이 죽는 것을 도와주지 않는다. 사회가 환자들의 목숨을 더 이상 지탱할 수 없는 시점이 되면 사회는 그들을 버린다 ―기술적 실패, 사업의 손실. 그들은 사회의 패배를 보여주는 불명예스러운 증인에 불과하다. 사람들은 우선 환자들을 정당하고도 인정된 죽어 가는 사람들로 취급하고자 애쓴다. 이어서 사람들은 서둘러 그들을 잊거나 잊었다고 가장한다.[16]

아리에스의 역사적인 서술과 묘사에서 현대인들의 단선적인 죽음 부정 의식을 확인할 수 있다.

오늘날 죽음을 회피하는 의식은 연명 의료 결정에 대한 논란에 반영되어 있다. 생의학적 생명을 인위적으로 연장하기 위한 모든 기술적인 조치들이 불필요할 정도도 실행되고 있는 실정이다. 그리고 기술적인 조치들이 아무 소용이 없다고 모두가 동의하면 이제 죽어 가는 자는 산 자들의 사회에서 격리되고 배제되며 망각되기에 이른다. 병원에서 이루어지는 이러한 현대의 죽어감과 죽음을 존엄하다고 말하기는 어려울 것이다. 아리에스가 관찰한 대로 현대의 죽음 문화는 생명의 미래를 위해 결코 바람직한 방향을 제공해주지 않는다. 현대의 죽음 문화를 보충해서 좀더 온전한 존엄한 죽어감과 죽음의 문화를 추구할 필요가 있다.

하이데거의 「죽음의 불안」에 대하여

19세기 후반과 20세기 전반의 서구 사회에서 실존주의는 죽음의 불안(anxiety)을 철학의 사유의 중요한 주제로 부상시켰다. 특별히 20세기 전반의 실존주의는 세계 대전에서 야기된 엄청난 폭력과 죽음의 현실에 직면해서 죽음에 대한 사유의 동력을 가동시켰다. 이러한 의미에서 실존주의 죽음 담론은 18-19세기의 서구의 시대정신이 망각한 죽음의 기억술을 다시 불러낸 것이라고 해도 과언이 아닐 듯하다. 실존주의 철학자들은 전쟁의 폭력과 죽임이 죽음에 대한 불안의 광적인 표현일 가능성에 주목했다. 전쟁을 마지막 의존의 수단으로 삼은 20세기의 폭력의 현실은 현대의 죽음 기피증이 야기하는 광기와 곤경을 드러내준다고 하겠다.[17]

그러나 실존주의 철학자들이 추구한 죽음의 불안으로부터의 자유는 그 속에 죽음 부정의 논리를 교묘하게 은폐하고 있다. 프랑스의 사회학자이자 문명 비평가인 에드가 모랭(Edgar Morin, 1921~)은 죽음을 철학적으로 주제화한 실존주의조차 죽음의 세속적 신화화를 촉진하면서 죽음의 부정을 교묘하게 은폐한 것으로 평가한다. 실존주의 철학이 죽음 망각의 시대에 죽음의 기억술 역할을 수행하고자 했지만 그 역시 현대 죽음 문화의 위기의 하나의 표상이라는 것이다.[18] 현대 죽음의 세속 신화들은 죽음을 철저하게 개인화하고 부정하고 기피하며, 나아가 망각하고 억압했다. 실존주의 철학자들이 추구한 죽음의 불안과 죽음의 부조리성에 대한 반항 혹은 전쟁은 계몽주의 이성의 무능을 드러내주는 또 하나의 사례에 불과하다. 실존주의 죽음 담론 역시 죽음에 대한 강박관념 또는 죽음에 대한 불안으로부터 도피하고자 하는 사유의 장치들에 불과할 뿐이다.

죽음의 불안이나 강박관념을 이성의 논거에 의지한 희망의 방책들을 가지고 극복하는 것은 효과가 없는 것으로 드러났다. 니체가 극적으로 보여주듯이, 현대 서구의 죽음 담론이 보여주는 죽음의 강박관념이나 신경증은 허무주의를 피할 수 없었다. 그것은 단지 죽음의 불안이나 강박관념에 대한 주의를 다른 데로 돌리면서 죽음의 망각과 억압을 부채질하는 역할을 했을 뿐이다. 실존주의에 의한 죽음의 불안이나 부조리의 철학적 주제화조차 죽음을 마치 배설물과 같이 은폐하는 현대 죽음 문화의 주된 경향을 극복하지 못했다. 현대 실존주의 죽음 담론에서 죽음에 대한 허무주의 신경증은 역설적이게도 원초 자아의 불멸성의 병적인 욕망의 다른 표현일 뿐이다. 니체 철학은 "문화적인 '자아'를 넘어 혹은 자아의 쪽에서, 죽음 안에서 그리고 죽음에 의해서 만들어지고 다시 만들어지고 초월되고 승리하는 '생,' 우주적 '초자아'를 되찾으려는 것을 목표로 삼음과 동시에 죽음 · 분리 · 불안 · 불행을 모르는 무의식적 '원초 자아'를 되찾는 것을 목적으로 삼는 특이한 시도"[19]이다.

현대의 죽음의 세속 신화는 죽음으로부터의 자유를 추구했다. 그러나 그것이 죽음으로부터의 자유가 아니라 망각이나 도피의 시도가 될 수밖에 없는 근본적인 이유는 불멸성에 대한 감추어진 욕망에서 찾을 수 있다.[20] 사실 죽음으로부터의 자유의 추구는 죽음에 대한 불안이나 강박관념의 다른 표현에 불과하다. 죽음으로부터의 자유와 죽음에 대한 불안이나 강박관념 사이에는 미묘한 역설적 상관관계가 있다. 모랭에 따르면 사르트르의 죽음의 철학은 바로 이 사실을 드러낸다고 할 수 있다. 사르트르는 죽음을 소외의 표현으로 보았다. 그에게 죽음은 낯선 타자일 뿐이다. 사르트르는 "죽음은 생에 그 죽음의 의미를 주는 것이 결코 아니고, 반대로 생에서 모든 의미를 떼어내는 것"[21]이라고 주장했다. 그는 죽음을 절대적으로 무시하고 멸시하는 자유를 추구했다. 그러나 안타깝게도 사르트르가 추구한 죽음으로부터의 자유는 죽음으로부터 도피하려는 시도에 불과하다. 좀 더 상세하게 말하면 사르트르는 죽음의 불안의 실체를 잊어버리기 위해 죽음을 애써 평가절하하려고 했던 것이다. 실존이 자신의 죽음은 이 세계와 그 세계 안에서의 삶과 관계가 없다고 느낄 때, 그래서 최종적 현존과 최종적 열정으로 자기 자신만을 가지게 될 때, 그는 바로 이 자기 자신의 소멸과 부패와 죽음만을 경험하게 되는 것이다. 따라서 현대의 죽음의 기억술인 실존주의 죽음 담론도 죽음을 진정으로 마주하도록 돕는 참된 죽음의 기억술이 되지 못하는 것이다.

실존주의 죽음의 담론 가운데 하이데거의 그것은 죽음의 기억술로 좀 더 세심한 관찰을 요구한다. 그의 초기 저서인 『존재와 시간』에서 하이데거는 죽음의 불안에 대한 현상학적이고 실존론적 분석을 통해 죽음의 기억이 실존의 본래성으로 나아가는 데 결정적인 계기가 됨을 보여주려고 했다. 하이데거의 죽음의 현상학에는 죽음을 대면하고자 하는 열망이 나타난다. 이런 점에서 하이데거는 현대의 시대정신이 추구한 죽음 망각과 배제의 환상을 일깨우는데 기여했다. 하이데거는 인간이 '죽음을 위한 존재' 또는 '죽음을 향하는 존재'(Being-toward-death)임을 환기시켰다. 그는 불안에 대한 실존론적 분석을 통해 인간이 결코 죽지 않을 것처럼, 또는 죽음이란 있지도 않을 것처럼 생각하는 것을 멈추고 죽음을 기꺼이 받아들이는 자세에서 죽음에서의 자유가 가능하고 나아가 진정한 삶이 가능함을 밝혀주려고 했다. 그러나 모랭이 보기에 하이데거의 죽음의 기억술조차 인간의 불멸에 대한 종교적 독단론의 맞은편에 놓인 또 다른 독단론일 뿐이다. 하이데거의 죽음의 기초 존재론은 불멸에 대한 교리적인 종교적 서사들과 함께 마치 잘려져 나간 두 아치처럼 각각 심연의 양쪽에 놓여 있을 뿐이다.

여기서 죽음의 불안에 대한 하이데거의 해명을 좀 더 상세하게 고찰할 필요가 있다. 죽음의 불안에 대한 하이데거의 현상학적이고 존재론적 분석은 현대인들의 죽음 부정의 실상을 여실히 드러내주기 때문이다. 나아가 하이데거는 죽음의 불안에 대한 근본적 사유의 중요성을 제안하고 있다. 하이데거는 현대 죽음 부정의 실존이 안고 있는 곤경을 파헤침으로써 죽음에 대한 각성을 통해 참된 실존의 상태에 도달할 수 있음을 보여주려고 한다. 그는 인간의 조건에 대한 실존적 분석을 통해 죽음을 은폐하려고 하는 실존의 비본래성의 뿌리 깊은 경향을 들추어 낸다. 그는 죽음의 기초존재론(fundamental ontology)을 『존재와 시간』 제2부 제1장에서 펼쳐내고 있다. 그것은 일곱 절에 걸쳐서 전개되고 있다.[22] 하이데거의 전체 목표는 현존재(Being-there)의 종말인 죽음의 실존론적·존재론적 개념을 파악하는 것이다.

먼저 '타인의 죽음에 대한 경험은 현존재의 전체 존재의 파악을 가능하게 하는가?'(47절)라는 질문을 탐구함으로써 '타인의 죽음'의 경험 가능성과 전체 현존재의 파악 가능성을 고찰한다. 죽음은 현존재의 온전한 존재에 도달하는 것임과 동시에 그 상실이기도 하다. 현존재는 본질적으로 '타인과 더불어 있음'이기에 타인의 죽음에서 그 전존재와 상실을 경험하고 파악할 수 있을까? 타인의 죽음이 드러내는 현존재의 상실은 남아 있는 현존재들이 경험하는 상실 그 이상이다. 따라서 현존재는 죽는 자가 '감수하는' 존재의 상실 그 자체에는 접근할 수 없다. 이것이 바로 우리가 진정한 의미에서 타인의 죽음을 경험할 수 없는 이유이다. 모든 현존재는 각기 자기의 죽음, 곧 '나의 죽음'을 죽을 수 있을 뿐이다. 타인의 죽음이 나의 죽음을 대리해줄 수 없다. 각자 실존은 각자의 고유한 죽음을 죽는다. 그 누구도 자신의 고유한 죽음을 대신해 줄 수 없다.[23]

다음 두 절, 즉 '미완, 종말, 전체성'(48절)과 '죽음의 실존론적 분석과 가능한 다른 해석과의 구별'(49절)에서 죽음에 대한 실존론적-존재론적 정의를 추구한다. 대개 현존재는 미완성으로 끝난다.[24] 죽음은 현존재의 끝남인가? 현존재의 종말로서의 죽음이란 무엇인가? "죽음은, 현존재가 존재하자마자, 현존재가 떠맡는 그런 존재함의 한 방식이다."[25] 하이데거는 「보헤미아 출신의 농부」라는 글에서 다음과 같은 인상적인 한 구절을 인용한다. "인간은 태어나자마자 이미 죽기에는 충분히 늙어 있다." 여기서 하이데거가 관심을 두는 죽음은 생물학적인 죽음이 아니다. 세계-내-존재(Being-in-the-world)인 현존재의 삶 속의 죽음이다. 하이데거는 「겨울 세미나 강의」(1921-22)에서 창세기 3장 15절에 대한 루터의 주석의 한 구절을 인용한다. "우리는 태어나면서부터 죽음을 향해 달려간다." 루터는 창세기 2장 17절 주석에서도 비슷한 내용을 언급한다. "바울은 말한다. '매일 우리는 죽는다'… [삶]은 죽음을 향해 끊임없이 앞으로 달려가는 것에 불과하다…우리는 어머니의 자궁에서부터 바로 죽기를 시작한다…삶 가운데서 우리는 죽음의 한 가운데 있다…우리의 삶은 죽음이라고 일컬을 수 있다."[26] 하이데거가 추구하는 죽음에 대한 존재론적 해석은 '죽음은 삶의 한 현상'이라는 것이다. 따라서 삶은 세계-내-존재가 속하는 존재양식으로 이해되어야 한다는 것이다. 죽음에 대한 실존론적 분석은 생물학적 의미와 구별되는 것은 말할 것도 없

고 모든 죽음에 대한 탐구보다 방법적으로 순서상 가장 앞선다.[27]

마지막으로 이어지는 세 절(50절-52절)에서 하이데거는 죽음의 불안에 직면하여 죽음을 회피하지 않고 현존재의 하나의 탁월한 존재 가능성으로 받아들이는 본래적 실존의 태도와 죽음을 회피하고 애써 잊으려고 하는 일상의 비본래적 실존의 태도를 대비하면서 자세하게 설명한다.[28] 죽음은 현존재의 '하나의 탁월한 가능성' 또는 '단적인 불가능성의 가능성'이다.[29] 현존재는 존재 가능성으로서의 죽음을 회피할 수 없다. 현존재는 죽음에 내던져져 있고, 따라서 죽음은 세계-내-존재에 속한다. 불안은 현존재가 죽음에 내던져져 있다는 사실을 '더 근원적이고 절실하게 드러'낸다. '죽음 앞에서의 불안'은 도피할 수 없는 가장 고유한 존재 가능 '앞에서'의 불안이다. 죽음 앞에서의 불안을 죽음의 공포와 혼동해서는 안 된다. 죽음 앞에서의 불안은 개인의 자의적이고 우연한 '나약한'기분이 아니라 현존재가 내던져져 있는 존재로서 그의 종말을 향해 실존하고 있다는 사실의 개시이다.[30] 죽음은 단순한 소멸, 끝장, 공포 체험과 구별된다.

오히려 죽음의 불안에 직면해서 '죽음을 향한 존재'인 "현존재는 하나의 탁월한 존재가능성으로서의 '자기 자신'과 관계를 맺는다."[31][하이데거의 강조] 그러나 현존재가 항상 죽음을 향한 존재임을 직시하는 것은 아니다. 오히려 현존재는 일상에서 죽음을 향한 존재임을 망각한 채 자기 자신의 고유한 실존을 잃어버리고 일상적이고 평균적으로 살아간다. 이것을 일러 비본래적 실존("그들"; das Man; the They)이라고 한다. '그들'은 '잡담'(idle talk)에 빠져서 "죽음을 향한 가장 고유한 존재를 은폐하는 것을 정당화하고 그런 은폐의 유혹을 상승시킨다."[32] '그들'은 사람은 누구나 죽는다는 사실을 자신에게는 상관없는 남의 일로 여기며 살아간다. 모든 죽음은 나와는 상관없는 타인의 죽음이 되어 버리고 나의 죽음은 아니다. 이것을 일러 죽음의 '평준화'라 한다. 이것이 바로 비본래적인 일상의 실존인 '그들'이 죽음의 불안에서 도피하는 방식이다. 일상의 죽음을 향한 존재는 죽음 앞에서 부단히 도피한다. '그들'은 애써 죽음의 불안이나 두려움으로부터 태연한 평온을 유지하려고 하지만 죽음의 불안이나 공포로부터 자유롭지 못하다.[33] '그들'은 죽음을 본래적 실존으로 나아가는 결정적인 계기로 삼지 못하고 죽음을 삶의 끝이라 여기고 두려워하며 살아간다. '그들'은 죽음에 대한 불안을 직면할 용기를 지니지 못한 비본래적인 실존으로 살아가는 것이다.

이에 반해 본래적인 죽음을 향한 존재는 죽음의 불안으로부터 도피할 수 없는 존재로서 자기 자신을 대면한다. 본래적 실존은 자신의 고유한 죽음을 회피하지 않고 그 죽음에서 자유롭게 된다. 죽음을 향한 본래적 존재는 죽음을 은폐와 기피의 방식으로 받아들이지 않고 '현존재의 가장 고유한 존재 가능성'으로 파악한다.[34] 현존재는 죽음을 향한 본래적 존재의 존재론적 가능성을 추구한다. 현사실에 있어서 현존재는 대개 비본래적인 죽음을 향한 존재 안에 머물고 있지만, '죽음을 향한 존재'는 현존재 자신을 하나의 탁월한 가능성을 향한 존재로 특징짓는다.[35] 이렇게 하이데거에게 있어서 죽음 현상이나 죽음의 불안은 현존재에게 본래적인 실존을 개시하는 결정적인 계기가 된다.

죽음 부정을 지양해야 한다!

죽음에 대한 다수의 연구들이 현대의 죽음 문화의 성격을 죽음의 부정으로 규정하고 있다. 죽음이 부정되는 시대에 생명은 빈곤한 초상을 드러낸다. 삶의 긍정에 대한 구호들이 요란하지만 정작 삶의 의미층은 피상적이어서 생명의 풍성함을 이야기하기에는 턱없이 허전하다. 생의학의 눈부신 발전으로 물리적이고 생물적인 생명이 놀랍도록 연장되었다. 그러나 늘어난 생명의 부피만큼 그 의미층이 두터워졌다고 말하기 어렵다. 그 이유가 무엇일까? 온 생명을 이루고 있는 다른 하나의 필수 요소에 대한 이해와 실천이 온전히 이루어지지 못하고 있기 때문이다.

생명은 삶과 죽음이 변증법적으로 어울려서 만들어내는 역동적인 현실이라 할 수 있다. 따라서 생명을 삶 일변도 또는 죽음 일변도로 이해할 수 없다. 음악의 비유를 들자면, 생명은 삶과 죽음의 장·단조의 어울림으로 이루어진다고 말할 수 있겠다. 여기서 반드시 삶을 장조로 죽음을 단조로 단선적으로 일치시킬 필요는 없다. 때로는 삶이 단조이고 죽음이 장조일 수도 있고, 그 역도 가능하다. 삶이라고 해서 언제나 기쁘고 밝은 곡조로 표현되는 것은 아니고 죽음이라고 해서 마냥 어둡고 슬픈 음조로 표현될 필요는 없다. 어떨 때는 죽음보다 못한, 곧 죽음보다 더 고통스러운 삶이 있을 수 있고, 삶보다 더 의미 있고 평화로운 죽음이 있을 수도 있다. 어찌 되었든지 간에 삶과 죽음이 연출하는 생명은 중요한 문제이다. 그것은 시공을 넘어서, 또한 전통과 문화의 차이를 넘어서 보편적으로 중요하다. 그래서 그것을 제대로 이해하고 실천하는 것이 무엇보다 중요하다.

삶을 지극히 비관하면서 죽음을 예찬하는 경우도 있다. 그러나 삶을 좋아하고 죽음을 싫어하는 것이 동서고금을 막론하고 보편적인 정서가 아닐까 한다. 예로부터 아주 예외적인 경우를 제외하고 죽음은 금기의 영역에 속했다. 불멸에 대한 종교의 담화들이나 불로장생의 신화들이 웅변하듯이 사람들은 죽음을 부인하고 싶어한다. 왜 그럴까를 군이 설명하는 것은 사족일 것이다. 죽음을 부인하고 망각하고 배제하려는 의식의 밑바탕에는 죽음에 대한 공포의 감정이 자리하고 있다. 죽음에 대한 공포와 부정 의식은 이상스러울 정도로 유대-기독교 전통에서 더 현저하게 나타나는 것으로 보인다.

그러나 과연 죽음의 공포와 부정이 서구의 유대-기독교 전통에만 고유하다고 할 수 있을까? 동양의 전통에서는 죽음에 대한 공포와 부정이 없거나 그다지 현저하게 나타나지 않는 것일까? 정도의 차이를 얼버무릴 수는 없을 것이다. 그렇다고 동양인들에게는 죽음의 공포와 부정 의식이 나타나지 않는다고 주장할 수는 없을 것이다. 다만 서구에서 더 현저한 것을 부정하기 어려울 듯하다. 특별히 현대 서구 사회에서 죽음은 지나치리만큼 부정되고 배제되는 것이 아닌가하는 비판적인 성찰들이 잇따르고 있다. 가히 죽어감·죽음을 부정하는 신화의 시대라고 부를 만하다. 현대의 죽음 부정의 신화는 전통 시대의 죽음에 대한 종교의 담화들 못지않게, 아니 그 이상으로 죽음을 적대시한다. 삶에서 죽음을 부인하고 배제하는 태도는 현대문명의 근원적 모순에 맞닿아 있다. 현대의 죽음 부정의 정신과 태도가 과연 생명의 희망적인 미래를 위해 바람직한 것일까?

동서고금을 막론하고 사람들이 죽음을 애써 부정하려고 하는 이유는 죽음을 부정적 현실로 여기기 때문이다. 삶과 죽음을 모두 선물로 이해한다면 그것들을 애써 부정할 필요를 느끼지 못할 것이다. 따라서 삶과 죽음을 부인하는 정신과 태도는 삶과 죽음이 선물이 아니라는 현실 인식을 전제한다. 특별히 죽음을 부정하는 의식과 문화가 가장 현저한 이 시대가 인간의 가능성이 가장 크게 고양된 현대 시기라는 데 주목할 필요가 있을 것이다. 현대는 그야말로 죽음을 부정하고 망각한 신화의 시대로 기억될 것이다. 그러나 우리는 물을 수 있다. 현대 정신이 추구한 죽음에 대한 부정은 삶을 풍요롭게 해주는가? 오늘날 나은 삶과 죽음의 이해를 추구해 나가는 데 있어서 가장 걸림돌이 되는 생각들 가운데 하나는 아마도 시공을 초월해서 인류 역사에서 가장 오랜 생명력을 유지하고 있는 죽음에 대한 금기와 그와 밀접하게 관련되어 있는 죽음의 부정과 배제(排除)일 것이다. 이 문제를 온전히 지양하지 않고는 생명의 희망적인 미래를 이야기하기 어려울 것이다.

3장 | 죽음의 공포와 격리에 대한 성찰

죽음을 배제하는 심리와 사회의 문제

　오늘날 죽음을 부정하는 태도는 실존과 역사의 문제일 뿐만 아니라 의식/무의식과 사회의 문제이기도 하다. 그래서 현대사회의 죽음 부정의 문화, 곧 죽음을 부정적인 현실로만 이해하고 실천하는 데서 야기하는 위기의 증후군에 대한 깊이 있고 폭넓은 비판적 성찰들이 이루어져 왔다. 근대화와 세계화의 확산으로 인해 죽음을 부정하는 사회의 위기는 더 이상 서구 사회만의 문제가 아니라 우리 사회 안에서도 그대로 나타나고 있다.

　현대 과학과 의료 기술의 눈부신 발달은 임종의 시점을 많이 늦추었다. 하지만 그 역기능과 고통 또한 만만치 않게 커지고 있다. 현대 사회에서 많은 사람들은 가족과 공동체로부터 격리된 채 중환자실에서 홀로 쓸쓸히 죽음을 맞이한다. 죽음은 우리의 삶의 현실에서 멀어지고 금기시되고 말았다. 우리가 계속해서 죽음의 실재를 금기시하고 부정하면서 일상의 삶에서 끝내 회피하려고만 한다면 죽음의 불안과 공포에서 자유로워질 수 없을 것이다.

　뒤르켕이나 프로이트의 경우가 보여주듯이, 고전 심리학이나 사회학자들 가운데 죽음을 심도 있게 다룬 학자들이 전혀 없었던 것은 아니다. 그러나 20세기에 들어와 죽음을 부정하는 시대정신 속에서 심리학을 포함해서 사회과학계 전반에 죽음은 거의 연구의 관심 대상이 되지 못했다. 아래에서 다루겠지만 극히 소수의 사회과학자들만이 죽음을 탐구의 대상으로 삼았다. 그러나 21세기에 이르러 이러한 흐름은 크게 바뀌는 추세인 듯하다. 사회과학의 다양한 분야에서 죽음에 대한 관심이 훨씬 커지고 또 실제로 연구가 이루어지기 시작했다. 아래에서는 죽음의 금기와 부정, 그리고 나아가 배제의 정신에 대한 심리학 또는 정신분석학과 사회학의 중요한 테제를 성찰하면서 현대 사회의 죽어감·죽음의 문화를 비판적으로 성찰하고 좀 더 바람직한 미래 생명 문화를 창출하는 길을 모색해 보려고 한다.

베커의 「죽음의 공포」에 대하여

실존주의 철학자들이 죽음의 불안이라는 화두를 가지고 죽음을 주제화했다면, 프로이트 이후의 정신분석학은 죽음의 공포(fear)라는 화두를 가지고 죽음을 주제화했다. 사람들은 누구나 자연스럽게 죽음의 공포를 지니게 되는 것일까? 이 세상에 죽음의 공포를 전혀 느끼거나 의식하지 않는 사람도 있을까? 자발적으로 독이 든 사발을 받아 마신 소크라테스는 정말 죽음의 공포를 전혀 느끼거나 의식하지 않은 것일까? 오늘날 죽음의 공포에 대하여 두 가지의 대립적인 입장이 갈등하고 있다. 과연 죽음의 공포는 본성적인 것인가, 아니면 양육과 문화가 만들어낸 허위의식에 불과한 것인가? 이 두 가지의 질문은 죽음의 공포에 대한 대조적인 견해를 표현한다.[1]

과연 죽음의 공포는 어느 시대 누구에게나 보편적인 본성에 속한 것이라

단정할 수 있을까? 한편으로는 죽음의 공포가 후천적인 문화에 길들여진 허위의식이라고 주장하는 입장이 있다. 철학적으로 이러한 주장은 고대 에피쿠로스에게로 소급될 수 있을 것이다. 죽음의 공포는 그저 후천적인 사회문화를 통해 조성된 기제일 따름이다. 죽음의 공포는 사회가 창조한 것이며, 동시에 사회가 사람들을 그 지배 아래 놓기 위해 이용한 것이다. 몰로니(Moloney)는 죽음에 대한 공포를 '문화 메커니즘"으로 간주하고, 마르쿠제(Herbert Marcuse)는 '이데올로기'로 간주한다. 죽음의 공포가 사람들의 의식과 생각을 통제하기 위한 어떤 사회적이고 문화적인 기제라는 것이다. 어떤 심리학자들은 죽음의 공포의 개념이 죽음의 불안을 지나치게 과장하는 실존주의자들과 이 세상에서의 삶을 부정하는 칼뱅주의와 루터주의의 유산을 필요 이상으로 유포하는 개신교 신학자들에 의해 수입된 것이라고 주장하기도 한다. 오늘날 이런 입장은 매우 대중친화적인 긍정 심리학이나 적극적 사고방식에서 확인할 수 있다. 심리학의 관점에서 이러한 입장은 '건강한 마음'(healthy-minded)의 접근이라고 불리기도 한다. 이런 입장은 죽음의공포가 인간 본성에 깊이 뿌리를 내리고 있다는 생각에 회의를 표시한다. 이 견해에 의하면 죽음의 공포는 자연적 또는 본성적인 것도 아니고 태생적인 것도 아니다. 이런 견해는 오늘날 대중 사이에서 인기를 끄는 단순한 긍정 심리학적 정신/심리 치료, 행복 추구, 웰빙 운동, 그리고 신종교 운동 등등의 흐름들에서 쉽게 확인할 수 있다.

다른 한편으로는 죽음의 공포를 그저 후천적인 문화 또는 이념의 기제로 간주하는 입장이 너무 피상적이라고 생각하는 사람들도 있다. 어네스트 베커(Ernest Becker, 1924-1974)는 이른바 '건강한 마음'의 접근에 동조하지 않는다. 그가 보기에 죽음의 공포를 후천적인 사회문화의 기제로 간주하는 사람들은 인간의 고통과 죽음의 조건에 대한 심층적인 이해를 결핍하고 있다. 죽음의 공포를 본성적인 현실로 보지 않고 단순히 양육과 문화적인 것으로 보는 현대의 견해들은 너무 피상적이다. 그들의 입장에서 죽음이나 사회적 악에 대한 문제의식은 상대적으로 결핍되어 있다. 인간은 소멸에 대한 자연적이고 유기체적인 공포를 지니고 있다. 소멸에 대한 불안과 공포는 단순히 양육의 문제가 아니라 본성의 문제이다. 죽음의 공포에 병적으로 집착하는 것 같은 이런 입장은 '병적인 마음'(morbidly-minded)의 접근으로 불린다. 이런 접근은 죽음 혹은 죽음의 공포에 대해 매우 심각한 견해를 제시한다. 죽음의 공포가 어느 시대 누구에게나 보편적이라는 주장도 현대에 이르러 더욱 더 설득력을 얻어 가고 있는 듯하다. 그렇다면 죽음의 공포가 현대 죽음 문화의 중요한 특징인 죽음의 부정이나 회피의 원인이라고 할 수도 있을까?

더 나아가 죽음의 공포 자체야말로 바로 인간의 진화를 추동하는 것들 가운데 하나라는 적극적인 주장도 제시된다. 죽음의 공포가 현대 사상의 위대한 재발견들 가운데 하나로 여겨지기도 한다. 실제로 죽음의 공포를 극복하는 것이 인류의 문화, 종교, 그리고 철학의 중요한 과제라는 주장의 설득력을 쉽사리 부인하기 어려울 듯하다. 아주 오랜 역사를 지닌 종교의 의례들과 교리들 그리고 죽음에 대한 형이상학 등은 결국 죽음과 그것의 공포로부터 벗어나고 싶은 인간들의 바람과 노력들이라고 할 수 있지 않을까? 많은 세계의 종교 전통들은 말할 것도 없고 고대 그리스 철학으로부터 하이데거와 현대 실존주의까지 죽음이 지속적으로 철학의 탐구의 대상이 되었다는 사실은 이런 주장을 뒷받침 해주는 것이 아닐까? 그러면 도대체 사람들은 왜 또 어떻게 죽음의 공포를 가지게 되는 것일까?

현대 사유의 조류들 가운데 죽음에 대한 공포의 보편성을 강력하게 주창한 사유 체계는 역시 프로이트와 그의 영향을 지대하게 받은 정신분석학일 것이다. 프로이트는 죽음에 대해 양가적인 입장을 보여주는 듯하다. 프로이트는 다윈의 생존의 원리에 대한 진화론적인 근본 테제에 입각해서 '죽음본능'과 '생명 본능'의 역설적 공존을 주장한다. '생명 본능'과 '죽음 본능'은 마치 원수처럼 끊임없이 갈등한다는 것이다. 그는 '죽음 본능'을 생명체의 가장 원초적인 또는 보수적인 본능으로 해석한다. 프로이트는 죽음과 전쟁에 관한 생각들을 제시하는 가운데 이렇게 주장한다. "실재와 그것에 속하는 우리의 생각들 안에 죽음의 자리를 내주고, 지금까지 매우 신중하게 억압해 온 죽음에 대한 무의식적 태도가 약간 더 두드러지도록 양보하는 것이 더 낫지 않을까?"[2] 프로이트가 후기에 이르러 종교를 더욱 진지하게 생각했듯이, 죽음의 문제도 더욱 진지하게 사유의 대상으로 삼은 것은 분명한 것으로 보인다. 프로이트 이후의 정신분석학 전통은 현대에서 죽음에 대한 공포의 보편성을 심층적으로 분석함으로써 죽음의 본능과 죽음의 공포에 대한 깊은 이해의 영역을 개척했다.

베커는 현대의 죽음 부정 의식에 대한 비판적 성찰을 수행하면서 개인의 의식의 심층에서 벌어지는 죽음의 공포에 대한 억압과 배제의 심리적 기제의 실상을 밝혀 준다. 그는 인간의 조건에 대한 종교적이고 정신분석학적 진단을 통해 죽음이 부정적 현실임을 분명하게 보여준다. 물론 프로이트를 계승하는 정신분석학자들만이 죽음의 공포를 주목하고 강조한 것은 아니다. 오늘날 커다란 영향을 미치는 생물학자나 심리학자들 가운데서도 죽음의 공포를 심각하게 여기는 이들이 있다. 후기 다윈주의자들과 윌리엄 제임스는 죽음의 공포를 생물학적이고 진화론적인 문제로 보았다. 죽음의 공포는 사실 삶을 위협하는 위험들을 지배하고 삶을 유지하려는 지속적인 욕구로서 기능하는 자기 보존 본능의 표현이라는 것이다. 대부분의 사람들은 죽음의 공포가 진정한 모습을 드러내지 않기 때문에 그것이 부재한다고 생각하지만 모든 현상의 심층에는 죽음의 공포가 보편적으로 존재한다. 정신분석학자 질보어그의 주장은 이 견해의 논조를 잘 보여준다.

위험 앞에서의 불안감, 좌절과 낙담의 감정 뒤에는 항상 죽음에 대한 기본적 공포가, 즉 많은 간접적인 방법들로 나타나며 가장 복잡한 정교화를 겪는 공포가 잠재해 있기 때문이다.···아무도 죽음의 공포로부터 자유롭지 못하다···불안신경증, 다양한 공포증 상태, 심지어 상당히 많은 우울증적 자살 상태와 정신분열증은 주어진 정신 병리학적 조건의 주요한 갈등들로 엮어지는, 항상 존재하는 죽음에 대한 공포를 충분히 증명해주고 있다.···우리는 아마도 죽음의 공포가 우리의 정신 기능에 항상 존재한다는 것을 당연하게 받아들여야 할지도 모른다.···만약 죽음에 대한 공포가 그렇게 지속적이지 않다면 삶을 보존하는 일에 대한 심리학적 에너지의 지속적 소비는 불가능할 것이다. '자기 보존'이라는 용어는 어떤 파멸의 힘에 대항하는 노력이다. 이것의 정서적인 양상이 공포, 즉 죽음에 대한 공포인 것이다.[3]

죽음의 공포가 삶의 위협을 돌파하고 지배하기 위한 자기 보존 본능의 표현이라는 생물학자들과 정신분석학자들의 주장은 죽음의 공포의 보편성을 지지해주는 것처럼 보인다. 물론 지혜로운 생명체라면 지나친 죽음의 공포가 오히려 자신을 파괴할 것이라는 점을 잘 알 것이므로 그것을 적절하게 억압하려 들 것임에 틀림없을 것이다.

아무튼 정신분석학은 진화생물학과 함께 죽음의 공포가 아주 보편적이라는 사실을 밝혀주었다. 죽음의 공포의 보편성은 죽음 부정에 대한 이유를 밝히는 데 중요한 단서가 된다. 인간은 단순히 생물학적 공포를 넘어 정신적이고 사회적인 공포를 느끼게 되고, 죽음의 공포를 극복하기 위해 다양한 노력을 기울인다. 종종 원시사회를 연구하는 인류학자들이 주장하듯이, 죽음을 축하한다는 생각은 현실적인 것일까? 원시인들이 보이는 것으로 가정되는 죽음에 대한 축제의식은 문제의 본질에 다다른 관찰이 아니다. 죽음에 대한 그 어떤 낙관적인 긍정적인 설명이나 묘사도 소박한 것이다. 죽음의 공포는 인간 조건에서 보편적인 문제이다. 정신분석학은 죽음이 불안과 공포의 대상이기 때문에 죽음을 부정하고 배제하려고 한다는 사실을 확인해준다. 고통과 죽음의 문제는 인간의 존재론적인 조건이다. 그것은 피상적인 이해와 은폐나 회피를 통해서 결코 지양할 수 없는 아주 깊은 뿌리를 지닌 문제이다.

그러나 베커는 진화생물학과 프로이트 이후의 정신분석학파가 주장하는 죽음의 공포에 대한 견해를 그대로 수용하지 않는다. 그는 우리 시대 죽음 연구에서 결코 빼놓을 수 없는 중요한 연구자들 가운데 하나이다. 그는 죽음이 인간의 궁극적 운명이라는 사실을 부정함으로써 죽음을 극복하려는 인간 행위의 주요 동기 그 이상임을 밝힐 목적으로 죽음의 공포와 부정의 주제를 다시 공론화한다. 그는 본래 프로이트의 정신분석학의 한 흐름에 속했지만 프로이트와 그 학파의 죽음에 대한 견해에서 출발해서 그것을 비판적으로 수정한다. 물론 프로이트도 19세기의 생물학적인 환원주의와 본능주의를 벗어나 실존의 구조를 정신분석학적으로 밝혀주었다. 그러나 베커는 죽음의 공포 관점에서 프로이트 학설을 재해석해야 한다고 생각한다. 그는 유명한 융(Carl G. Jung, 1875-1961)에 비해 상대적으로 많이 알려지지 않은 오토 랑크(Otto Rank, 1884-1939)라는 프로이트의 잊혀진 제자의 해석을 기반으로 삼아 프로이트 이후의 심리학과 신화 종교적 전망의 통섭을 주장한다.[4] 그는 인간은 본성적으로 공포를 느낀다는 프로이트의 전제를 수용하면서 죽음의 공포를 심층적으로 연구했다. 그는 먼저 죽음의 공포에 대한 기존의 프로이트의 정신분석학적 연구의 한계를 검토했다.

먼저 그는 프로이트가 주장한 항문애를 '사고의 죽음에 대한 보편적인 저항'으로 재해석한다. 즉 프로이트가 말한 대로 항문애는 인간의 비참한 유한성, 육체성, 그리고 희망과 꿈의 비현실성을 보여준다. 사람이 항문에 집착한다는 것은 삶에서 만나는 사고와 죽음의 위험에 대해 스스로를 보호하기 위해 특별한 노력을 기울인다는 것을 뜻하는 것이다.[5] 프로이트는 초기 연구에서 오이디푸스 콤플렉스를 정신적 삶의 중심적인 원동력으로 보았다. 정신분석학자인 노먼 브라운(Norman O. Brown)은 오이디푸스 콤플렉스를 자기 조절을 통해 세계의 신비를 경험하고 세계를 소유하려고 하는 아이 나름의 나르시즘적 프로젝트로 재해석한다. 베커는 노먼 브라운의 재해석을 따라 이 개념을 단순히 아이가 느끼는 정욕과 아버지와의 경쟁이라는 성적 문제로 보기보다는 자신의 힘에 의한 운명의 통제에 대한 열망을 담은 프로젝트로 본다. 브라운은 다음과 같이 해석한다.

오이디푸스 프로젝트는 프로이트의 초기의 공식이 제안하는 것처럼 어머니에 대한 본성적 사랑이 아니라 그의 나중 저작들이 인식하는 대로 모순된 감정의 갈등적 산물이며, 나르시즘적 자만으로 그러한 갈등을 극복하려는 시도이다. 오이디푸스 콤플렉스의 본질은 신이 되려는 프로젝트—스피노자의 공식에서 말하는 자기 원인(causa sui)이다.…같은 이유에서 그것은 죽음으로

부터의 비상에 의해 비뚤어진 유아적 나르시즘을 명백하게 보여준다.[6]

프로이트는 애초에 무의식은 죽음을 알지 못한다고 주장했다. 그러나 베커는 프로이트의 주장이 옳지 않다고 한다. 그 이유는 프로이트 자신의 삶이 그의 주장을 반박하기 때문이다. 편애를 받으며 자란 프로이트조차 일생 동안 죽음에 대한 불안과 공포증으로 괴로워했다는 사실을 과연 어떻게 받아들여야 할 것인가? 프로이트의 주장에 반해 어려서 공급받은 생명력과 내면적 지지가 얼마나 크든 간에 죽음의 복합적 상징이 부재한 적은 없었다고 보는 것이 타당하다. 만약 아이가 매우 훌륭한 양육 조건에서 자랐다면 그것은 단지 죽음에 대한 공포를 감추는 데 이바지할 뿐이다.[7]

그렇다면 죽음에 대한 공포는 우리의 본성에 뿌리 깊게 박혀 있다는 결론을 도출할 수밖에 없지 않은가? 이것은 역으로 죽음의 공포를 억제하려는 다양하고 복잡한 방어기제의 존재를 추론하게 한다. 베커는 죽음에 대한 공포와 깊게 연결되어 있는 정신의 심층적인 내면에 대한 분석을 시도한다. 사람들은 죽음에 대한 공포를 직면해서 지양하기보다는 은폐하고 억압하려 든다. 이것이 바로 정신의 심층에서 이루어지는 죽음을 부인하는 방식이다. 죽음에 대한 공포의 감정이 억압되어 있다. 그는 질부어그의 주장을 다시 한 번 인용한다.

따라서 평상시에 우리는 마치 육체적 불멸을 완전히 믿고 있는 것처럼 우리의 죽음을 믿지 않으며 살아간다. 우리는 죽음을 지배하는 일에 몰두한다.…물론 어떤 이는 그가 언젠가 죽을 것이라는 것을 알지만 실제로는 신경 쓰지 않는다고 말할 것이다. 그는 즐겁게 살고 있으며, 죽음에 대해 생각하지 않고, 그것에 대해 근심하지 않는다. 하지만 이것은 순전히 이지적이고 말뿐인 고백이다. 공포의 감정은 억압되어 있다.[8]

베커는 죽음의 공포를 이겨내기 위한 사람의 다양한 시도들을 심층적으로 분석한다. 그는 죽음의 공포를 피상적으로 이해하고 얄팍한 극복 방안을 제시하는 노력들에 대해 비판적이다. 그러한 피상적인 이해는 죽음의 공포를 진정으로 대면하기보다는 은폐하려 하고 죽음의 공포에서 피상적으로 벗어나려고 한다. 죽음의 공포는 피상적인 극복 노력으로 닿을 수 없는 지점에 뿌리를 두고 있다. 그래서 죽음의 공포에 대한 은폐와 피상적인 도피의 노력은 끊임없이 죽음을 부정하려는 태도와 방어기제를 조장한다. 그러면 죽음이 야기하는 공포를 피하기 위해 만들어 내는 방어기제는 어떤 것들이 있을까? 대부분의 사람들에게 죽음의 공포는 복합적 상징을 통해 억압되어 있다. 죽음에 대한 의식이 억압에 의해 부정되어 있다. 죽음의 공포에 대한 억압은 생물학적으로 사회심리학적으로 또 문화적으로 작용한다. 가장 기초적인 차원에서 생물학적으로 죽음의 공포는 확장적인 넓은 유기체의 노력에 의해 자연적으로 흡수된다. 나르시즘의 활력으로 죽음에 대한 공포를 억압한다.[9] 베커는 죽음에 대한 공포의 방어기제로 작동하는 폭력적인 악행들에도 주목한다.

그러나 그는 이 모든 방어기제들의 바탕에 깔린 하나의 근본적인 충동에 주목한다. 그것은 바로 영웅성에 대한 충동이라는 것이다. 인간의 본성에는 영웅성에 대한 충동이 도사리고 있다. 그 누구에게도 예외 없이 인간 본성의 심층에 영웅이 되려고 하는 열망이 있다. 오직 높은 영웅성과 낮은 영웅성의 차이만이 존재할 따름이다. 베커는 영웅적 행위가 언제나 모습을 달리 할지라도 인간의 본성에 깊이 뿌리를 둔 삶의 중심적인 문제라고 주장한다.[10] 영웅성에 대한 충동은 인간에게 극히 자연스러운 것이다. 모든 사회는 영웅 체계를 세워 나가는 각자의 고유한 방식이 있을 것이다. 형제 사이의 경쟁은 영웅이 되고자 하는 인간의 열망을 보여주는 가까운 사례다.

　　매일 반복되고 평이하고 세속적인 영웅성은 배고픔과 질병을 겪으면서 가족들을 이끄는 마디진 일손에 의해 형성되었다. 문화적 영웅 체계가 주술적·종교적·원시적인 것인지, 혹은 세속적·과학적·문명적인 것인지 중요하지 않다. 사람들은 누구나 신화적 영웅 체계를 내면 깊숙이 간직하고 산다. 사람들이 공간적인 건축물들을 세우기를 좋아하는 이유는 그것들이 지속적인 가치와 의미를 가지며 그것들을 통해 '죽음과 썩어짐을 넘어설 것'이라는 믿음과 희망을 가지기 때문이다.[11]

　그러면 허구와 오류로 전락할 위험에도 불구하고 왜 인간이나 사회는 영웅적인 행위에 대한 그렇게 강렬한 충동을 소유하는 것일까? 그것은 바로 죽음에 대한 공포 때문이다. 샬러(Shaler)는 바로 이 사실을 밝혀주었다. 즉 영웅성은 죽음의 공포에 대한 최초의 반사작용이라는 것을! 그리고 프로이트가 위대하게 통찰했듯이, 인간의 본성에는 나르시즘이 도사리고 있다. 나르시즘의 본질은 자신의 불멸에 대한 환상이다. 인간의 나르시즘은 무의식적으로 불멸을 상기시킨다. 영웅성과 불멸의 충동은 다양한 문화적 영웅 체계를 만들어 낸다. 베커는 오토 랑크의 주장을 따라 죽음의 공포를 영웅으로서의 대상과의 관계를 통해서 극복하려 하는 것으로 본다. 영웅적 행위가 인간의 삶의 중심적인 문제이며, 사회 자체는 성문화된 영웅 체계이다. 돈,

권력, 명예, 이념 등이 그러한 기제가 될 수 있다. 죽음의 공포를 억압하는 폭력과 악의 현상들은 이런 영웅성과 불멸의 충동이 만들어 내는 것이다. 베커는 영웅성의 부정적 모습인 실패한 영웅적 행위들이 드러내는 폭력과 악의 현상의 기제를 다양하게 기술한다. 랑크는 인간의 모든 문화적 창조물의 종교적 성격을 심리학적으로 밝혀낸 인물이다. 그는 인간의 자연스러운 열망이 상징의 영역에서 무제한으로 길러져서 불멸을 향해 나아갈 수 있다고 보았다.

  마지막으로 베커는 앞에서 언급한 죽음의 공포에 대한 두 가지의 분리된 입장을 화해시키려고 한다. 죽음의 공포는 환경에 의해 만들어진 것이냐, 아니면 선천적인 것이냐? 두 입장 모두 죽음의 공포에 대한 완전한 설명을 제공해줄 수 없다. 즉 죽음에 대한 실제적인 공포에 닿지 못한다는 것이다.[12] 그렇다면 죽음의 공포를 진정으로 지양할 수 있는 길은 무엇일까? 베커는 죽음의 복합적 상징이 불멸, 즉 영원으로의 우리 자신의 확장에 대한 믿음에 의해 초월되고 변형되는, 또 다른 커다란 차원을 이야기하고 싶어 한다. 그것은 영웅성에 대한 심층심리학적 전이의 과정을 신앙과 영성에 비추어 내재적으로 다루는 것이다. 베커는 키에르케고어와 프로이트의 심리학과 오랜 역사를 지닌 신화와 종교의 전망을 결합시켜 내려고 한다. 베커는 랑크가 바로 이 길을 열어 보여주었다고 이해한다. 베커가 제안하는 바는 결국 죽음의 공포를 위장하지 말고 죽음에 대한 의식적인 자각을 배양하라는 것이다. 키에르케고어(S. Kierkegaard, 1813-1855)가 주장하듯이, 죽음에 대한 자주적인 인식을 고양하라는 것이다. 고대 소크라테스가 주장하듯이, 죽음을 연습하라는 것이다. 죽음의 공포에 대한 억압의 기제에 대한 베커의 분석과 아울러 죽음의 공포를 극복할 수 있는 참된 길들에 대한 그의 제안은 오늘날의 단선적인 죽음 부정의 문화를 갱신하기 위해 시사하는 바가 매우 크다고 하겠다.

엘리아스의 「죽어 가는 자의 고독」에 대하여

인간이 오랜 역사를 통해 죽음의 공포에서 벗어나기 위해 추구한 길은 두 가지로 정리할 수 있을 것이다. 죽음 이후의 생명에 대한 종교적 희망을 추구하거나, 아니면 가능하면 죽음을 멀리하는 길이다. 후자의 경우 죽음을 두려워하는 생각 자체를 은폐하거나 회피하거나 억압하는 방식을 생각할 수 있을 것이다. 전통 사회가 전자의 길을 현저하게 추구했다면 현대 사회는 점차 후자의 길로 돌아섰다. 현대 서구 사회는 계몽주의와 사회와 문화의 전반적인 세속화를 거치면서 죽음 이후의 생명에 대한 희망을 잃어버렸다. 그러나 죽음의 공포에서 해방된 것은 아니다. 죽음 이후의 생명에 대한 희망을 버리고 죽음의 공포를 극복하기 위해 현대인들이 선택한 길은 한편으로는 죽어감·죽음에 대한 현실적인 생물학적이고 의학적인 지식을 늘려 가는 방식으로 자기 통제를 강화하는 것이었고, 다른 한편으로는 죽어감·죽음을 가능한 한 멀리하면서 죽어감·죽음에 대한 공포뿐만 아니라 그 생각 자체를 억압하고 부정하고 배제하는 것이었다.

노베르트 엘리아스(Norbert Elias, 1897-1990)는 현대 사회의 죽어감·죽음에 대한 부정과 배제의 정신을 '죽어 가는 자의 고독' 또는 '사회적 격리'라는 논제로 공론화하고 있다. 한 가지 흥미로운 사실은 프로이트와 마찬가지로 엘리아스 또한 죽음에 대한 인간의 공포와 그것을 배제하기 위한 방어기제를 기정사실로 여긴다는 점이다. 엘리아스도 죽음의 공포감이나 불안은 시공을 초월해서 아주 어린 시절부터 보편적으로 감지된다는 프로이트의 생각을 공유하고 있다.[13] 프로이트는 의식의 심층에서 죽음을 은폐하고 억압하려는 인간의 노력이 아주 오랜 역사를 지니고 있다고 본다. 인간은 죽음을 부정적인 현실로 보기 때문에 죽음을 상기하는 것 자체를 지극히 꺼린다는 것이다.

그러나 엘리아스의 사회학적 통찰은 프로이트의 정신분석학의 그것과 커다란 차이가 있다. 엘리아스의 사회학적 견해에 따르면 죽음의 공포는 생물학적 과정이나 진화 과정의 특정 단계에 고유한 죽음에 대한 관념과 그와 결부된 심리학적 태도라기보다는 사회적인 의미로 해석되고 있다. 죽어감/죽음의 배제와 억압의 징후가 개인의 차원에서만 일어나는 것이 아니라 사회의 차원에서도 일어난다. 프로이트에게 있어서 개인 의식의 심층에서 일어나는 죽음에 대한 공포와 그로 인한 억압이 엘리아스에게서는 사회의 차원에서 죽어 가는 자와 죽은 자를 사회로부터 격리하고 배제시키는 것으로 나타난다. 현대인들은 죽어 가는 자나 죽은 자를 직접 눈으로 보거나 감각으로 체험하는 것이 죽어감/죽음에 대한 환상적 바람을 깨뜨린다고 본다. 죽어 가는 자나 죽은 자의 모습은 자신의 죽어감/죽음에 대한 방어기제를 흔들기 때문에 죽어 가는 자나 죽은 자를 의도적으로 배제하고 격리시키게 되는 것이다. 사회적인 수준에서 죽음에 대한 생각을 회피하고 배제하는 문제는 개인적인 수준에서의 문제와 다른 의미를 지닌다. 현대 사회에서 삶의 유한성을 억압하고 은폐하는 사회적 방어기제를 살펴볼 필요가 있다.

엘리아스는 개인적인 수준뿐만 아니라 사회적 수준에서의 죽음의 배제가 좀 더 포괄적인 이른바 '문명화 과정'(the process of civilization)에서 자연의 원초적인 폭력을 순치함으로써 인간의 자기 통제를 강화시키는 일환으로 조직적으로 이루어지는 것으로 본다. 문명화 과정에서 죽음은 지양되어야 할 위험스러운 '원초적인 동물적 측면'으로 인식된다. 그것은 '수치, 혐오 혹은 당혹감'을 야기할 뿐만 아니라 나아가 생명에 가해진 자연적인 폭력으로 인식될 뿐이다. 문명화 과정 속에서 죽음에 대한 인식과 태도, 죽어 가는 방식 자체의 구도와 방향에서 매우 분명한 변화가 일어났다. 문명화의 과정에서 현대의 죽음에 대한 특징적인 태도는 죽음의 사실과 현상을 의도적으로 은폐한다는 것이다. 현대에 이르러 죽음에 대한 꺼림의 수준이 과거보다 현저하게 높아졌다. 다시 말하면 죽음을 회피하려는 의식이 엄청나게 커진 것이다. 현대의 문명화 과정에서 죽음은 점차로 사회생활의 무대 뒤로 쫓겨난다. "역사상 그 어느 때보다도 죽음은 사회생활의 배후로 밀려났고, 위생적으로 배제되었다."[14]

현대 서구 사회에서 죽음을 배제하는 문명화의 과정이 어떤 방식으로 전개되었을까? 엘리아스에 의하면 네 가지의 변화가 중요하다.[15] 첫째, 생명의 연장이 죽음에 대한 공포를 망각하고 부정하는 기제로 작용했다. 오늘날 선진사회에서 기대 수명이 눈에 띄게 늘어났다. 수명이 점차 길어짐에 따라 죽음은 훨씬 더 지연되었고, 사람들은 죽음에 대한 공포감을 잊을 수 있게 되었다. 기대수명이 40세 이하였던 고대·중세 사회에서 죽음의 현존과 위협은 아주 현저했을 것이다. 그러나 현대 과학과 의학기술의 발전으로 기대수명이 늘어나면서 죽음의 위협에 대한 의식 또한 멀어지게 되었다. 둘째, 생존 수명의 연장과 함께 죽음을 자연적 과정의 마지막 단계로 체험하는 것이 죽음에 대한 불안을 완화시켰다. 셋째, 선진 사회 안에서 죽음의 위협을 야기하는 폭력이 사회 내적으로 상당한 정도로 진정되었다. 넷째, 서구 사회에서 죽어감과 죽음의 체험은 르네상스 시기부터 비롯되는 이른바 개인주의화 과정을 떼어 놓고 이해할 수 없다. 현대 문명화 과정에서 죽음에 대한 태도에 커다란 영향을 미친 죽음의 개인주의화의 문제는 매우 중요하다.

현대 사회에 특정적인 죽어감 · 죽음의 사회적 격리는 현대 서구 사회의 개인주의화와 밀접하게 연관되어 있다. 이미 개인주의화의 초기 단계에서 활기찬 삶과 고독한 죽음이라는 대조적인 생각이 형성되었다. 현대 사회는 고도의 개인화된 사회로 마치 라이프니츠의 창문 없는 단자와 같이 독립된 개별 존재들의 사회, 고립된 주체들의 사회, 외부 세계와 단절된 개인들, 즉 폐쇄인(homo clausus)의 공동체 없는 사회이다. 고도로 개별화된 현대 사회 구성원들에게는 개인은 전적으로 독립된 하나의 의미를 가져야 한다는 관념이 팽배해 있다. 현대 사회에서 개인주의화로 인한 외로움과 고립감을 향한 경향은 죽어 가는 사람 자신의 인성 구조에서도 종종 발견된다. 죽을 때는 외로울 수밖에 없다는 생각은 오늘날 너무나도 자명한 것으로 받아들여지고 있다. 죽어 가는 과정을 어느 누구와도 공유할 수 없다. 외로이 죽어가는 것은 현대인들이 반복적으로 겪는 체험 형식이다. 죽어 가는 자는 산 자들에게 당혹감을 느끼며 고독하게 죽어가고 있는 것이다.

죽어감 · 죽음의 개인주의화 과정은 죽음의 공포를 극복하는 방식의 변화를 야기했다. 현대 이전의 전통 사회에서 죽음의 공포를 극복하는 기제는 죽음에 대한 집합적 환상을 통한 것이었다. 종교가 커다란 역할을 수행했다. 그러나 현대에 이르러 종교적인 집합적 환상으로부터 분리된 개별적이고 사적이라고 할 수 있는 불멸의 환상이 좀 더 빈번하게 전면에 출현했다. 19세기 이후 죽음을 특정한 영역에 가두고 사회와 공동체로부터 고립시키고 은폐하려는 노력이 더욱 강화되었다. 앞서 아리에스의 역사적 연구에서 확인했듯이, 19세기 이전만 하더라도 대다수의 사람들은 가족들과 친구들에 둘러 싸여 죽음을 맞이하는 것을 당연한 것으로 여겼다. 전통 사회에서는 현대 산업사회와는 대조적으로 죽어 가는 사람이 공동체의 삶으로부터 철저히 격리되지는 않았다. 전통 사회의 사람들에게 죽음의 공포를 극복하는데 공동체의 역할이 중요했기 때문이다. 그러나 현대에 이르러 공동체의 도움에 의존하지 않고도 죽음의 공포를 이겨낼 수 있는 새로운 기제들이 생겨났다. 죽음에 대한 지식의 탈신비화와, 생명 연장을 가능하게 하는 현대 의학의 발전과 결합된 자기불멸성에 대한 개인적인 환상과 죽음에 대한 꺼림이 현대 사회의 죽음의 공포를 극복하는 기제의 중심을 이룬다고 말할 수 있다.

서구 사회들에서 1930년대에서 1950년대에 이르는 시기는 죽음 문화에 커다란 트렌드의 변화가 일어난 시기로 기억된다. 한 사람이 죽어 가는 공간이 바뀌게 되었다. 사람들은 이전에 가정에서 태어나서 가족들과 이웃들과의 공동체의 유대 속에서 삶을 살다가, 가정에서 사랑하는 가족들에게 둘러싸인 채 죽음을 맞이하고, 정겨운 이웃들의 배웅을 받으며 자신의 무덤으로 향했다. 하지만 이 시기에 이르러 사람들은 이제 자신의 죽음을 가정이 아닌 병원에서 맞이하게 되는 고독한 죽음 문화에 적응해야 하는 상황이 전개됐다.[16]

자기불멸성에 대한 개인적인 환상과 죽음의 기피는 임종 과정에서 죽어 가는 사람들이 겪는 사회적 격리와 소외, 즉 고독의 원천이다. 현대 사회에서 죽어 가는 사람은 죽기 전에 이미 자기불멸성에 대한 개인적 환상을 지닌 채 죽음을 기피하면서 죽음이 공포를 이겨낼 수 있다고 확신하는 산 사람들의 공동체로부터 배제된다. 그러나 공동체로부터 격리된 채 홀로 고독하게 죽어 가는 사람은 자신의 존재 의미가 상실되는 죽어감·죽음의 공포로부터 결코 자유롭지 못하다. 엘리아스의 주장을 직접 들어볼 필요가 있다.

> 우리 시대에 죽어 가는 사람들 곁에서 살아 있는 사람들이 느끼는 각별하다고 할 당혹감은 죽음과 죽어 가는 사람이 사회생활로부터 최대한 배제되어 있다는 점, 그리고 죽어 가는 사람들을 다른 이들로부터 철저히 격리한다는 사실과 밀접하게 연관되어 있다.[17]

엘리아스의 논조는 아리에스의 그것에 수렴된다. 그러나 엘리아스는 아리에스가 죽음에 대한 역사학적인 고전적 연구에서 보여준 중세 죽어감·죽음 문화에 대한 낭만주의적 묘사는 자료의 편향적인 선택에 의해 이루어졌다고 본다. 아리에스의 증거 자료들은 중세의 죽어감·죽음 문화를 이상화한 서사들이라는 것이다. 엘리아스의 지적은 타당한 것으로 보인다. 중세에 살았던 사람들은 죽어감·죽음을 친숙하게 받아들인 반면 현대인들은 고독하게 공포의 죽음을 맞이한다는 대조는 너무 단순한 것이다. 그러나 현대의 죽어감·죽음 문화와 비교할 때 중세의 죽어감·죽음 문화가 더 공개적이고 공동체적이라는 것은 부인하기 어려울 것이다. 적어도 중세에는 현대와 같이 죽어 가는 자가 병상에서 고독하게 죽어가지는 않았을 것이다. 중세의 죽어감·죽음 문화는 현대의 그것보다 훨씬 개방되어 있었고 공동체화되어 있었다. 이에 반해 현대의 죽어감·죽음 문화는 훨씬 은폐되어 있고 개인화되어 있다.

현대의 죽어감·죽음 문화에서 설령 누군가 곁에 있다고 해도 죽어 가는 자와의 연대에 결코 실제적인 도움이 되지 못한다. 이것이 바로 카스 부터

스(Cas Wouters)가 '죽음의 비공식화 과정'이라고 명명한 것이다.[18] 죽음의 비공식화 과정이라는 것은 죽어 가는 자들과 정서적 공감을 공식적으로 배울 수 없는 현대인들의 정신적 곤경을 표현하는 개념이다. 좀 더 구체적으로 말하면, 죽어 가는 자에게 공감과 연대의 표시로서 건네주어야 할 적절한 말과 행동을 공동체적으로 공식적으로 습득하는 경험을 지니지 못한 채 개인이 전적으로 알아서 해야 하는 과정을 말하는 것이다. 이는 죽어 가는 사람에게 줄 수 있는 격려와 위안의 능력을 결핍한 현대인들의 정신적인 딜레마를 여실히 보여준다. 현대인들은 소통과 대화가 절실히 필요한 죽어 가는 사람과의 마지막 순간을 보내면서도 어떻게 해야 할지를 알지 못한 채 낯설게 자리를 지키는 경우가 많다. 현대인들은 병원에서 죽어 가는 과정에서 제도화된 차가운 일상적인 대화와 소통만을 경험할 뿐이다. 이러한 비공식화 과정은 정서적인 소통이 배제되어 있어서 죽어 가는 자를 공동체에서 소외시킨다. 죽어감의 결정적인 순간에 "강력하고 자연스럽게 분출되는 감정 표현을 금지하는 문명의 금기가 현대인들의 혀와 손을 묶어 놓았다."[19]

죽어 가는 자의 사회적 격리와 배제는 임종 이후에도 지속된다. 죽어감 · 죽음의 탈의례화도 죽어 가는 자와 죽은 자의 사회적 격리와 배제를 촉진하는데 커다란 역할을 한다. 장례 과정에서 죽은 자의 사회적 격리와 배제가 이루어진다. 시신의 처리와 묘지 관리가 전문인의 손에 일임된다. 죽은 사람에 대한 기억과 애도의 과정이 축소되고 약화된다. 장례 전문가들은 고객들이 가능한 죽음을 상기하지 않도록 노력한다. 죽은 이들의 공간인 묘지는 일상의 공간으로부터 전적으로 격리된다. 사회의 구성원들을 공동체로 통합하는 죽음에 대한 공통의 관념과 의례의 축소 또는 상실이 죽은 자들의 사회적 망각과 배제를 부채질한다. 현대 사회에서 죽음에 대한 공통의 관념과 의례가 해체됨에 따라 죽어 가는 자와 산 자들의 통합과 공동체성이 현저하게 약해졌다.

그렇다면 문명화 과정에서 나타난 사회적 격리 또는 배제라는 죽음에 대한 방어기제는 타당한 것일까? 엘리아스는 현대 사회에서 죽음을 억압하는 자기 통제의 기제에 대한 비판적 분석을 통해 죽음을 사회적으로 격리하고자 하는 현대의 죽음 신화가 허상임을 밝힌다. 양차 세계대전의 경험과 강제 수용소의 경험은 "살상을 금지하고 죽어 가는 사람과 죽은 자들을 가능한 한 정상적인 사회의 삶으로부터 격리시키려 했던 도덕의식 (Gewissenbildung)이 얼마나 허약한 것인지"를 보여주었다.[20] 죽어감 · 죽음의 전 영역을 감싸고 있는 불안에 대한 사회적 방어기제들은 죽어감 · 죽음의 공포를 극복하는데 크게 도움이 되지 않는다. 죽어감 · 죽음을 은폐하고 개인화하기보다는 죽어감 · 죽음을 공개적으로 공론화해야 한다. 사람들이 죽음을 더 이상 배제하지 않고 인간 삶의 총체적 구성 인자로서 인간의 표상 속에 끌어들일 때 스스로를 외로운 존재로 느끼는 폐쇄인이라는 에토스는 급속히 약화될 것이다.[21] 이렇게 볼 때 문명화의 과정을 통해서 추구된 죽어감 · 죽음의 관점은 바람직한 것이 아니다. 말하자면 죽어감 · 죽음을 꼭 부정적이고 파괴적인 것으로 이해해서는 안 된다는 것이다. 현대의 죽어감 · 죽음에 대한 문명화의 관점은 너무나도 일방적이다. 즉 죽어감 · 죽음을 너무나도 부정적으로 생각하면서 삶 일변도를 추구했다는 뜻이다. 죽어감 · 죽음의 공포에 맞서기보다 현대 의학을 통한 생명 연장에 의한 개인적인 불멸과 자기 통제의 환상에 의지해서 죽어감 · 죽음을 부정하고 억압하고 배제하려는 접근은 역설적이게도 죽어 가는 자 또는 죽은 자의 고독, 곧 사회적 격리로 귀결되었다. 죽어감 · 죽음의 문명화의 관점은 현대인들이 기대한 죽어감·죽음으로부터의 참된 해방을 약속하지 못한다. 죽어감·죽음의 탈신비화, 탈세속화, 탈신화화를 통한 현대의 죽음 부정과 배제의 신화는 삶과 죽음의 풍성한 의미를 가져다주기보다는 오히려 삶과 죽음의 빈곤을 초래하고 말았다.

죽음 이해와 실천의 패러다임 전환

죽음 부정·억압·배제의 신화에 대한 비판은 서구 현대성에 대한 철저한 비판과도 맥이 닿아 있다. 죽음의 형이상학과 죽음의 고통으로부터의 해방을 약속했던 종교들의 몰락 이후 죽음은 오늘날 완전히 낯선 것이 되어버렸다. 그 결과 죽음에 대한 지속적인 불안이나 공포를 억압하는 방법 외에는 그것을 무마할 다른 방도가 없는 것으로 드러났다.[22] 죽음은 공적으로 경험되지 못하게 되었다. 죽음과 죽어감은 유명한 국가적 인물들의 국장을 제외하고 공적인 삶에서 배제되었다.[23] 현대의 죽음 부정·억압·배제의 신화는 오늘날의 개인과 사회에 매우 부정적인 결과를 가져왔다. 죽음의 배제와 억압은 무감각과 무관심을 조장해서 결국은 인간들을 마비시킨다.[24] 죽음의 부정·억압·배제는 끝없는 개인의 탐욕과 물질과 상품에 대한 집착을 통해 냉혹하고 비인간적인 사회를 조성하고 있다.[25]

죽음 부정·억압·배제의 신화가 던져주는 바는 무엇인가? 죽음에 대한 환상을 조장한다는 것이다. 현대 죽음 부정·억압·배제의 신화는 생명의 미래에 대한 환상을 조장한다. 오늘날 노인들에게조차 죽음은 '전형적인 외적 재난의 특징과 동일한 우발성의 특징'을 지니는 것 같은 환상을 조장한다.[26] 현대 사회의 죽음 부정·억압·배제라는 세속의 신화들이 과연 오랜 역사를 통해 이해되고 실천되어 온 종교와 철학의 전통들이 제공하는 불멸의 신화를 대체했는가? 그것들은 종교 전통들이 제시하는 죽음의 부정과 긍정의 변증법을 온전히 전개해 가고 있는 것인가? 오늘날 인간의 생물학적인 유한성에만 집착하면서 생물학적인 수명을 연장하는 문명화 과정은 바람직한 죽음의 문화뿐만 아니라 생명의 문화를 위해 심각한 문제를 노정하고 있다. 그것은 죽어감·죽음의 빈곤을 초래하고 있다. 물리적인 생명 연장이 야기하는 생명 윤리의 문제를 보자. 생물학적인 생명 연장이 생명의 미래를 위한 단선적인 대안이 되어서는 안 된다. 인간의 유한성을 생물학의 관점으로만 접근하는 것보다 통섭의 관점으로 접근할 필요가 있다.

죽음을 부정하고 억압하며 배제하는 정신에서 생명의 미래를 기대하기 어렵다. 그렇다면 현대의 죽음 문화에서 나타나는 죽음의 부정과 억압과 배제의 근본적인 문제는 무엇일까? 현대 서구의 죽음 담론에 담긴 죽음 극복의 신화에는 역설적이고도 모순적인 죽음에 대한 태도가 담겨 있다. 현대 서구의 죽음 담론의 바탕에는 죽음의 공포와 죽음을 부정하고 억압하고 배제하고 싶은 욕망이 도사리고 있다. 이는 결코 건강하지 못한 의식이다. 죽음의 공포는 쉽사리 죽음의 부정과 억압과 배제로 이어진다. 이러한 죽음에 대한 과격한 부정은 인간들이 불멸에 대해 오랜 세월 품어 온 신화를 통해 추구한 불멸성의 욕망에 대한 부정적인 반작용일 뿐이다. 현대의 죽음 담론은 죽음을 부정하고 억압하고 배제한 채 죽음을 긍정하고 초월하며 포용하지 않고 지나치게 그 인식에만 매달렸다. 현대의 죽음 부정·억압·배제의 신화가 추구한 삶과 죽음의 분리를 포기해야한다. 삶과 죽음을 떼어 놓으려는 죽음에 관한 모든 담론들을 폐기해야 한다. 죽음을 기억하고 죽음에 마땅한 자리를 마련해 주는 길로 돌아갈 필요가 있다. 죽음을 삶 속으로 통합해야 한다. 죽음과 같이 살아가는 법을 터득해야 한다. 삶과 죽음을 분리시키는 가능성은 점점 더 생각할 수 없다. 죽음을 극복하는 유일한 방법은 죽음을 삶에 통합시키는 것이다.

죽음은 물질의 신비인 동시에 삶의 신비이기도 한, 신비 안에 박혀 뿌리내리고 있다. 죽음은 인간의 세계, 그의 존재, 그의 정신, 그의 과거, 그의 미래의 조직 속에 있다. 삶의 길이 죽음으로 나아가는 것처럼 죽음의 길을 삶속으로 더 깊이 통합하는 길을 찾고 추구해야 할 것이다. 현대 죽음 문화의 극단적인 정신이 빚어온 삶과 기술적인 생명 연장에 대한 지나친 낙관과, 죽음에 대한 지나친 부정과 억압과 배제의 입장을 개선할 수 있는 방향을 모색해야 한다. 죽음을 부정하고 억압하고 배제하는 패러다임에서 죽음을 긍정하고 초월하고 포용하는 패러다임으로 이행해야 한다.

제2부

예수의 죽음에 대한
이해와 실천의 성찰

4장 | 삶과 죽음의 변증법에 대한 성찰

죽음 부정의 시대에 예수의 죽음을 생각한다!

오늘날 생명 파괴와 상실이 매우 심각하다는 것은 공통의 인식에 속한다. 생명에 대한 온전한 이해와 실천의 노력이 시급하다. 삶에서 죽음을 배제하지 말고 그 둘을 함께 이해하는 통전의 접근이 요청된다. 물론 뒤에서 살펴보겠지만, 부조리한 고통과 죽음을 미화해서는 안 된다. 그렇지만 고통과 죽음을 단선적으로 부정하고 배제하며 망각하는 사물화와 물량화의 죽음 문화도 커다란 문제를 안고 있다. 온 생명을 이해하고 실천하기 위해서는 삶과 함께 죽음을 온전히 이해하고 실천해야 한다. 삶과 죽음에 대한 이해와 실천의 조화로운 결합이 요청된다. 생명의 존엄은 삶의 존엄뿐만 아니라 죽음의 존엄을 포함해야 한다. 삶의 존엄이 뒷받침되지 않으면 존엄한 죽음을 기대할 수 없을 것이다. 거꾸로 죽음의 존엄이 담보되지 못한 삶의 존엄은 반쪽짜리 생명의 존엄에 불과할 것이다.

그렇다면 그리스도인들은 생명을 어떻게 이해하고 실천해야 할까? 기독교는 생명의 본질을 어떻게 숙고하고 실천할까? 기독교의 생명 이해와 실천에서 죽음 이해와 실천은 얼마나 진지하게 고려될까? 그 이해와 실천의 핵심을 들여다보기 위해서는 그 궁극적인 모범을 찾아가는 것이 하나의 좋은 방도일 것이다. 그런 이유로 우리는 예수의 삶과 죽음을 주목해야 한다. 예수의 삶과 죽음의 이해와 실천은 신약성서에 증언되어 있다. 예수는 자신이 '생명' 자체라고 주장한다(요한복음 11:25, 14:6). 예수는 자신의 죽음을 그의 공적인 삶의 귀결로 여긴다. 또한 자신의 죽음을 부활, 즉 새 생명의 열매를 맺는 한 알의 밀알로 이해한다(요한복음 12:24).

초기 교회공동체는 예수를 죽음에서 새 생명을 가져다주는 구원자(그리스도)로 믿고 고백하고 있다(사도행전 2:24, 32, 36 참조). 또한 자신들의 생명이 그리스도와 함께 하나님 안에 감추어져 있다고 믿었다(골로새서 3:3). 기독교회들은 오늘날까지 사도신경을 통해 '십자가에 못 박혀 죽으시고 묻히신' 예수 그리스도를 반복적으로 고백하고 성찰하고 있다. 물론 예수의 수난과 죽음을 그의 삶과 부활에서 떼어내어 고립적으로 이해할 수는 없다. 신약성서의 증언과 사도신경의 고백에 의하면 예수의 수난과 죽음은 그의 삶과 죽음과 부활로 이루어지는 생명 과정의 3부작의 중간에 자리한다.

예수의 수난과 죽음의 이해와 실천은 시간의 흐름을 거치면서 확장되고 심화되었다. 초기 그리스도의 제자공동체들은 예수의 수난과 죽음을 의인과 예언자의 죽음으로 이해했다. 그 이후 신앙적으로나 신학적으로 더욱 깊고도 보편적인 의미를 부여하고 승화시켰다. 그래서 그리스도인들에게 예수의 삶과 죽음, 그리고 부활은 삶과 죽음 이해와 실천의 최고의 규범이요 모범이라 할 수 있다. 나아가 그리스도인들은 예수의 삶과 죽음과 부활이 교회공동체들은 말할 것도 없고 시대나 장소를 무론하고 절망과 죽음의 정신에 사로잡힌 개인이나 사회를 위해서도 매우 소중한 보편적 의미를 지니고 있다고 생각한다. 그것은 성과 인종과 계급을 가리지 않고 누구에게나

때나 곳을 가리지 않고 어디서나 언제나 생명살림을 위한 모범이 될 수 있다. 예수의 삶과 죽음과 부활이 이 세상 모든 생명체의 삶과 죽음을 위한 결코 마르지 않는 원천이 된다고 확신하는 것이다. 그래서 그것은 오늘날의 양화되고 물화된 단선적인 삶과 죽음 이해와 실천을 갱신하는 데 도움을 줄 수 있다.

기독교의 죽음 이해와 실천을 다른 종교들이나 문화 전통들과 견주어 볼 때 그 고유한 특징들이 드러난다. 그 가운데 가장 현저한 것은 삶과 죽음을 변증법적으로 이해하고 실천하는 점을 들 수 있다. 또 이러한 특징은 바로 모판이라고 할 수 있는 예수의 삶과 죽음, 그리고 부활에서 드러난다고 할 수 있다. 예수의 삶과 죽음과 부활을 통해서 이 세상의 죄와 악과 죽음으로부터의 구원과 해방이 구현되었다. 예수의 수난과 죽음은 그의 삶의 귀결이었고, 그의 부활은 죽음으로부터의 부활이었다. 그의 삶이 없이 죽음을 생각할 수 없고, 그의 수난과 죽음 없이 그의 부활을 생각할 수 없다.

교회공동체들은 교회력을 따라 매년 초봄에 어김없이 시작하는 사순절과, 봄의 한가운데에서 맞이하는 사순절과 부활절에 예수의 삶과 죽음과 부활을 회상하고 기념한다. 물론 그의 수난과 죽음만을 기억하고 기념하는 것은 아니고 그의 삶과 부활과의 결속 속에서 기억하고 기념한다. 이런 반복적인 기억과 기념은 그 유례를 찾을 수 없을 정도로 놀라운 일이 아니라 할 수 없다. 이런 반복적인 회상의 학습이 기독교공동체의 죽음 이해와 실천에 미치는 영향력을 결코 평가절하할 수 없을 것이다. 교회력을 통해 매년 반복되는 예수의 수난과 죽음의 기억과 기념은 그리스도인들로 하여금 예수의 삶과 죽음과 부활의 뜻을 깊이 마음에 되새기면서 자신들의 삶과 죽음을 성찰하고 좀 더 나은 삶과 죽음을 준비하는 것을 다짐하고 실천하도록 도울 것이 틀림없다.

이제 예수의 수난과 죽음에 대한 성서의 증언과 그에 대한 기존의 해석들을 검토해 보면서 과연 기독교에서 삶과 죽음의 변증법적 이해와 실천이 어떻게 이루어졌는지를 함께 숙고해 보려고 한다. 성서의 증언과 그에 대한 다양한 해석들은 오늘날 고통과 죽음과 관련해서 우리가 숙고해야 할 중요한 주제들을 담고 있다. 예수의 수난과 죽음에 대한 재조명을 통해서 오늘날 삶과 죽음의 문화의 단선적 성격을 지양하고 좀 더 바람직한 생명의 이해와 실천을 포함하는 생명 문화를 형성하는데 기여할 바를 함께 생각해 보고 싶다.

예수는 왜 죽었는가?와 예수는 어떻게 죽었는가?

"'역사의 예수'(historical Jesus)인가, 아니면 '교리의 그리스도'(kerygmatic Christ)인가."하는 물음은 학문적인 논쟁을 좋아하는 신학자들에게 여전히 해결되지 않는 문제라 할 수 있다. 이것을 예수의 역사적 사실과 그리스도의 신학적 의미 사이의 논쟁으로 치환할 수 있다. 예수 그리스도의 죽음을 이해하는데도 동일한 긴장이 작용할 수 있다. 그러나 사실과 의미는 나뉠 수 없다. 한 수레의 두 바퀴처럼 함께 굴러가야 한다. 예수가 왜 죽었는가의 물음이 의미를 추구하는 것이라면 예수가 어떻게 죽었는가의 물음은 사실을 추구하는 것이다. 예수 그리스도의 수난과 십자가의 죽음은 역사적 사실일 뿐만 아니라 신학적으로 풍부한 의미가 있다. '예수 그리스도의 수난과 죽음이 타자를 위해 어떤 의미가 있는가.'하는 구원론의 물음 못지않게 '예수 자신이 어떤 죽어감과 죽음을 맞이했는가.'하는 역사적 질문 역시 중요하다.

예수의 수난과 죽음의 사실과 의미를 파악하기 위해 신약성서의 증언의 세계로 들어가야 한다. 신약성서는 직·간접적으로 예수의 수난과 죽음을 매우 중요하게 증언하고 있다. 신약성서는 예수가 왜 죽었는지를 증언할 뿐만 아니라 어떻게 죽음의 과정을 맞이했는지 비교적 상세하게 증언하고 있다. 그것을 통해 예수 자신이 죽음을 어떻게 이해하고 실천했는지를 알 수 있다. 먼저 예수의 죽음을 온전히 이해하고 실천하기 위해서는 신약성서의 증언을 가능한 한 사실적으로 재구성하는 작업이 반드시 필요하다. 성서에 대한 역사비평 연구가 이루어지기 전까지 예수의 삶과 죽음의 역사적 사실은 논란의 여지가 별로 없었다. 그래서 예수 그리스도의 삶과 죽음의 교리적이고 신학적 의미에 대한 관심이 더욱 중요하게 여겨졌다.

그러나 이른바 역사적 예수 연구가 발전함에 따라 오늘날에는 예수의 삶과 죽음의 역사적 사실에 대한 관심도 부쩍 늘어났다. 심지어 예수의 죽음 이전의 마지막 일주일 사이의 행적을 자세하게 재구성한 연구도 등장했다.[1] 그럼에도 불구하고 신약성서는 제자들의 공동체의 증언이기에 역사적 사실 자체를 전달해주기보다는 고백되고 해석된 현실을 전해준다. 그러나 역사적 사실을 걸러내는 작업이 전혀 불가능한 것은 아니다. 신약성서에는 사실과 믿음의 해석이 뒤엉켜 있다. 사실조차도 신학의 의도에 따라 편집되어 있는 경우가 허다하다. 또 정경과 공동체의 맥락에 따라 다소 다르게 해석되어 있다.

성서 연구에 따르면 네 복음서의 증언들은 각각 다른 정경과 공동체의 맥락 속에서 형성되었다는 것이 통설이다. 따라서 네 복음서의 증언의 일치와 차이를 고려해야 한다. 그러나 바울서신들은 특히 공관복음서와 구별되는 의도를 지니고 있다. 바울서신들의 증언은 예수의 죽음을 사실적으로 보도

하는데 일차적인 관심이 있는 것이 아니라 신학적으로 구원론적인 의미를 밝히려고 한다. 공관복음서에 기록된 예수의 수난사화(passion narratives)에서 예수의 죽음에 대한 좀 더 직접적인 사실적 서술과 묘사를 확인할 수 있다. 바울서신들이나 기타 서신들에서도 간접적인 서술과 묘사를 접할 수 있다.

성서에서 예수의 수난과 죽음에 대한 최초의 해석과 실천의 기록은 바울에게 소급된다. 예수의 수난과 죽음이 언급된 기독교 최초의 전승 또는 설교는 바울에 의해 행해진 것으로 간주된다. 고린도교회에 보낸 편지에 그 내용이 나온다. "나도 전해 받은 중요한 것을 여러분에게 전해 드렸습니다. 그것은 곧, 그리스도께서 성경대로 우리 죄를 위하여 죽으셨다는 것과 무덤에 묻히셨다는 것과, 성경대로 사흘날에 살아나셨다는 것과…(고린도전서 15:3-4, 표준새번역)." 바울은 우리 죄를 위한 예수의 수난과 죽음과 매장과 부활을 간략하게 언급하고 있다. 초기 기독교의 선포는 예수의 수난과 죽음을 부활과 결합하여 하나의 구원(생명) 사건으로 해석한다. 예수의 죽음은 부활과의 결속 없이 이해될 수 없는 사건으로 간주된다. 역으로 예수의 부활은 죽음으로부터 이루어진 것으로 분명하게 제시되고 있다. 예수의 수난과 죽음은 구원 또는 생명을 가능하게 하고 실제로 부여하는 능력이 있다(고린도전서 15:17).

하여튼 예수의 죽음의 역사적 사실과 신학적 의미를 따로 나누어서 이해해서는 안 된다. 예수의 죽음의 역사적 사실만을 추구하면서 그 신학적 의미를 소홀히 여기는 접근은 예수의 죽음이 생명을 위해 지니는 온전한 이해를 막는다. 거꾸로 기독교의 역사를 통해 오랜 세월 동안 이루어진 대로 그리스도의 죽음의 신학적 의미만을 추구하면서 그 역사적 사실을 등한시하는 것 역시 신학적 의미의 기초를 무너뜨릴 수 있다.[2] 예수의 죽음에 대한 사실과 의미의 온전한 일치를 이루는 이해가 전제가 되어야 기독교의 죽음 이해가 더욱 설득력을 지닐 수 있을 것이다.

죽음에 대한 예찬?

초기 기독교의 예수의 수난과 죽음 이해와 실천은 생명은 삶과 죽음의 통전이고 죽음은 삶과 분리될 수 없다는 사실을 웅변하는 것일까, 아니면 삶을 부정하는 죽음의 예찬일까? 예수의 삶과 죽음과 부활은 죽음이 삶과 분리된 고립의 사건으로 이해되고 실천될 수 없음을 웅변하는 것이다. 예수의 수난과 죽음은 그의 삶의 귀결이요 그의 부활은 그의 죽음의 귀결로 해석된다. 그러나 교회사를 통해 예수의 수난과 죽음은 그의 삶과 분리된 채 지나치게 그의 죽음을 강조한다는 지적을 받아 왔다. 이런 이해와 실천은 특히 구원론의 죽음 이해와 실천에서 현저하게 나타나는 것으로 지적되고 있다.

실제 신약성서의 중요한 부분을 차지하는 바울서신들을 보면 예수의 삶에 대한 언급이 가려질 정도로 죽음과 부활에 대한 언급이 주를 이루고 있다. 가령 예수 그리스도의 나심과 삶과 죽음과 부활 승천에 나타난 겸비를 찬양하는 저 유명한 그리스도의 찬가에 이러한 경향이 현저하다.

그는 근본 하나님의 본체시나 하나님과 동등됨을 취할 것으로 여기지 아니하시고 오히려 자기를 비워 종의 형체를 가지사 사람들과 같이 되셨고 사람의 모양으로 나타나사 자기를 낮추시고 죽기까지 복종하셨으니 곧 십자가에 죽으심이라 이러므로 하나님이 그를 지극히 높여 모든 이름 위에 뛰어난 이름을 주사 하늘에 있는 자들과 땅에 있는 자들과 땅 아래 있는 자들로 모든 무릎을 예수의 이름에 꿇게 하시고 모든 입으로 예수 그리스도를 주라 시인 하여 하나님 아버지께 영광을 돌리게 하셨느니라(빌립보서 2:6-11).

예수 그리스도의 성육신과 공생애 그리고 죽음과 부활 승천을 다분히 존재론적 언어로 서술하는 이 찬가에서 바울은 예수의 삶에 대해 아주 짧게 언급하고 있다. 예수의 생애는 '자기를 낮추시고'라는 한 구절에 농축되어 표현되고 있다. 이 구절조차 그의 생애를 가리키는지 아니면 그의 수난과 죽음을 가리키는지 명확히 구별하기가 쉽지 않다. 그의 죽음이 부활 승천만 큼 강조되고 있지는 않지만, 그의 삶보다 강조되고 있는 점은 분명하다.

전체적으로 신앙고백들 또한 예수의 삶에 대해 침묵하는 것으로 평가된다. 사도신경의 고백을 보아도 예수의 공생애는 거의 생략되어 있을 정도로 상대적으로 그의 수난과 죽음이 더욱 강조되어 있다는 인상을 준다. 예수 그리스도는 '본디오 빌라도에게 고난을 받아 십자가에 못 박혀 죽으시고 장사'되었다. 한국교회가 사용하는 사도신경에 빠진 구절 '지옥에 내려가셨다' 라는 구절까지 포함하면 그의 죽음이 삶보다 더욱 강조되어 있다는 사실을 부인하기 어려울 듯하다. 이와 관련해서 한 가지 흥미있는 역사적 사실을 언급하는 것이 도움이 되겠다.

1545년 요리문답에서 종교개혁자 칼뱅은 신앙교육을 담당하는 교사로 하여금 학생에게 이렇게 질문하게 했다. "왜 당신은 그의 탄생에서 그의 죽음으로 바로 넘어가고 그의 생애(삶)의 다른 부분은 건너뛰는가?" 우리의 관심사에 비추어볼 때 중요한 질문이라 하지 않을 수 없다. 칼뱅이 교사에게 주는 대답은 이렇다. "여기(즉 사도신경)에서는 오직 구원의 진정한 본질에 속하는 것만이 언급된다." 칼뱅의 대답은 예수의 수난과 죽음은 구원의 진정한 본질에 속하는데 반해 예수의 생애는 구원의 진정한 본질에 속하지 않는 다는 인상을 준다. 칼뱅은 현세와 내세에 대한 불균형한 견해를 보이는 것 일까. 이런 불균형은 인간의 본성이 현세의 삶에 대한 동물적인 애착을 충 동한다는 그의 시대의 지배적인 견해에 기인하는 것일까. 칼뱅이 현세를 부 정한다는 주장은 옳은 것은 아니다. 다만 칼뱅은 인간의 본성은 죽음을 망 각하고 현세에서 영원한 생명을 누릴 것으로 착각한다는 생각을 공유하고 있다. 그래서 현세의 삶을 '하나님의 선물'로 여길 것을 권면하면서도 현세 의 삶에 대한 과도한 애착을 억제하기 위한 수단으로 죽음 이후의 삶, 즉 영 생을 명상할 것을 권면한다.[3] 칼뱅의 견해는 앞서 역사적 사실을 강조하고 싶어하는 성서학자들이 지적하는 교리적 해석의 하나의 전형이라 할 수 있 다.

20세기 스위스의 개혁교회 신학자인 칼 바르트(Karl Barth, 1886~1968)는 신 앙고백서에 나타나는 이런 문제를 의식하면서 "예수의 생애가 구원의 진정 한 본질에 속하지 않았다는 견해를 교회가 실제로 어떻게 가질 수 있었겠는 가?"라고 되묻는다.[4] 칼뱅은 예수의 삶보다 죽음에 너무 큰 비중을 부여한 것일까? 그래서 하이델베르크 요리문답을 만든 칼뱅의 신앙의 후예들은 '고 난을 받아'라는 구절에 대한 질문과 대답(문답 37)을 통해 그의 스승의 요리 문답을 보충하려고 했다. 문: "'고난받으사'라는 말을 당신은 어떻게 이해하 십니까?" 답: "예수 그리스도께서 지상의 생애를 통해서, 특히 그의 공생애 와 그의 생애의 끝에 가서 전 인류의 죄 위에 떨어진 하나님의 진노를 그의 몸과 영혼으로 담당하시사 그 결과 그는 유일무이한 화목 제사를 위한 그의 고난에 의하여 우리의 몸과 영혼을 영원한 멸망에서 구속하실 수 있었고, 우리에게 하나님의 은혜, 의, 그리고 영생을 보증해 주실 수 있었다는 것을 의미합니다."[5]

기독교 전통은 예수의 삶을 축소하고 그의 죽음만을 강조한 것일까? 바르트에 따르면, 신약성서의 저자들은 예수 그리스도의 삶과 죽음을 함께 고려하였다. 바울이 그리스도의 죽음을 언급할 때 예수의 생애의 다른 모든 것을 고려했듯이, 복음서의 저자들과 사도행전의 저자들도 역시 예수의 생애를 언급할 때 그의 죽음을 생각했다.[6] 바르트의 이런 해명에도 불구하고 특히 근대에 이르러 기독교의 본질 또는 정신이 세상을 부정하고 죽음으로의 도피를 조장한다는 비판들이 적잖게 제기되었다. 심지어 많은 성서학자들조차도 이러한 의구심을 표현해 왔다. 기독교는 삶보다 죽음을 더욱 강조하는 음울한 정신을 가르치는 것일까? 기독교는 이 세상의 삶을 부정하면서이 세상과 삶으로부터 저승과 죽음으로의 도피를 조장하는 것일까? 우리는이 대목에서 나중에 언급하게 되겠지만 니체의 십자가에 대한 독설들을 상기할 수 있다. 니체의 독설은 물론 옳지 않다. 기독교는 삶을 결코 등한시하지 않는다. 사도신경과 신앙고백들에 나타나는 예수의 죽음에 대한 강조는오히려 기독교가 생명을 이해하고 실천하는데 있어서 삶 못지않게 죽음을매우 중요하게 숙고하고 실천한다는 방증이 될 수 있다.

오늘날의 죽음에 대한 단선적인 부정의 정신에 비추어볼 때 예수의 죽음을 강조하는 기독교의 죽음 이해와 실천은 죽음에 대한 예찬이 아니라 삶과죽음의 변증법적 이해를 위해 중요한 의미를 지닌다. 그러면 예수 그리스도의 수난과 죽음에 대한 강조가 보여주듯이 기독교는 도대체 왜 또 어떻게죽음을 이렇게도 중요하게 여기는 것일까? 예수 그리스도의 수난과 죽음이시사하는 참된 의미는 무엇일까? 미리 밝힐 수 있는 한 가지 분명한 사실은기독교는 죽음을 영원한 생명을 위해 반드시 성찰해야 할 요소로 간주한다는 점이다. 특별히 예수 그리스도의 수난과 죽음은 생명을 위한 깊은 신비를 담고 있다고 할 수 있겠다. 그래서 그것을 다시 생각하는 것은 중요한 뜻을 지닌다. 오늘날의 죽음 문화는 죽음을 망각하고 배제한 채 삶에만 몰두한다. 이는 삶과 죽음의 통전성의 왜곡이다. 이런 의미에서 예수 그리스도의 수난과 죽음을 온전하게 성찰하는 것은 오늘날의 성숙한 고통과 죽음에 대한 이해와 실천, 그리고 고통과 죽음의 문화, 더 나아가 생명의 문화를 형성하기 위해 매우 중요한 신학의 과제라고 할 수 있겠다.

죽음에 대한 반복적 회상의 실천

그리스도인들은 매년 많게는 사십 일(사순절)을, 적어도 한 주(고난주간)는 예수의 수난과 죽음을 회상하고 기념한다. 물론 예수의 수난과 죽음의 기억은 삶과 삶 이후의 생명과 분리되고 고립된 채 해석되고 실천되지 않는다. 오히려 예수의 수난과 죽음에 대한 기억은 삶 속에서 고통과 죽음의 의미를 늘 되새기게 한다. 역으로 죽음으로부터 삶을 생각하게 한다. 죽음과 부활의 기억은 그리스도인들에게 시간은 가치 있고 삶은 소중함을 깨우치게 한다.[7]

이런 반복적 회상은 놀라울 정도로 실천된다. 그리스도인들이 고통과 죽음을 얼마나 반복적으로 기억하고 실천하는지를 알아볼 수 있는 시금석이 하나 있다. 그것은 바로 예수 그리스도의 십자가에 대한 반복적인 강조이다. 그리스도인들은 예수 그리스도의 십자가의 수난과 죽음을 중심으로 삼고, 또 설교와 예전을 통해 그것을 반복적으로 강조하고 있다.

바울은 성만찬의 제정사인 예수의 마지막 만찬을 재연하면서 예수 그리스도의 수난과 죽음의 본질적인 의미를 기억하고 기념할 것을 강조한다.

> 내가 너희에게 전한 것은 주께 받은 것이니 곧 주 예수가 잡히시던 밤에 떡을 가지사 축사하시고 떼어 이르시되 이것은 너희를 위하는 내 몸이니 이것을 행하여 나를 기념하라 하시고 식후에 또한 그와 같이 잔을 가지시고 이르시되 이 잔은 내 피로 세운 새 언약이니 이것을 행하여 마실 때마다 나를 기념하라 하셨으니 너희가 이 떡을 먹으며 이 잔을 마실 때마다 주의 죽으심을 그가 오실 때까지 전하는 것이니라(고린도전서 11:23-26)

그리스도인들은 오늘도 성만찬에 참여함으로써 그리스도의 죽음의 여러 의미를 삶 속에서 반복적으로 기억하고 실천한다. 이렇게 예수 그리스도의 십자가의 수난과 죽음은 그리스도인들의 복음과 교리의 이해와 실천의 중심을 차지하고 있다. 따라서 예수 그리스도의 수난과 죽음을 되풀이해서 기억하는 것은 고통과 죽음에 대한 끊임없는 기억을 고무한다고 하지 않을 수 없다.

과연 그리스도인들이 실천하는 예수 그리스도의 십자가의 수난과 죽음에 대한 이런 회상과 집중이 의미하는 바는 무엇일까? 그리스도인들은 무엇보다도 고통과 죽음을 의미할 수밖에 없는 십자가를 보편적인 상징으로 삼고 있다. 많은 연구들을 통해 익히 잘 알려진 대로 종교뿐만 아니라 삶의 모든 영역에서 상징의 역할은 매우 크고 중요하다. 그러나 죽음을 의미하는 십자가가 처음부터 그리스도인들을 위한 보편적인 상징이 되었던 것은 아니다. 본래 예수 그리스도의 삶과 죽음에 대한 다양한 상징들이 있었다. 예컨대 성육신의 겸비를 상징하는 아기 예수가 누워 있던 구유 또는 여물통을 생각할 수 있다. 청년 예수의 삶을 상징하는 목수의 긴 의자, 갈릴리 호수 근처에서 따르던 군중을 가르치기 위해 자주 이용한 고기잡이 배 또는 오병이어의 기적을 상징하는 물고기, 제자들의 발을 씻길 때 두르신 그 수건, 부활 승리를 상징하는 아리마대 요셉의 무덤 입구를 막고 있다가 굴러진 돌, 그리고 오순절에 하늘에서 내려온 성령을 상징하는 비둘기 등을 생각할 수 있다. 그러나 그리스도인들은 기독교의 보편적인 상징으로 죽음/죽임을 상징하는 십자가를 선택했다.

이미 신약성서의 증언에서 예수 그리스도의 십자가의 고난과 죽음은 그리스도인의 신앙생활의 중심을 이루고 있다. 복음서의 증언에 따르면 예수의 세례(마가복음 1:9-11; 마태복음 3:13-17; 누가복음 3:21-22)와 시험(마태복음 4:1-11; 마가복음 1:12-13; 누가복음 4:1-13 참조)은 고난과 죽음의 길을 하나님의 뜻으로 암시하고 있다. 그리고 복음서의 증언에 따르면 예수는 자신의 수난과 죽음을 세 차례나 예고했다. 먼저 예수의 공생애의 분수령이 되는 최초의 수난 예고에서도 예수는 십자가의 수난과 죽음의 길을 자신의 사명으로 규정하고 있다. 예수는 메시아의 자의식을 가지고 제자들에게 "사람들이 나를 누구라고 하느냐"라고 묻는다. 이 물음에 베드로는 "주는 그리스도입니다"라고 대답하고 있다. 그리고 나서 예수는 제자들에게 말한다. "인자가 많은 고난을 받고 장로들과 대제사장들과 서기관들에게 버린 바 되어 죽임을 당하고 사흘 만에 살아나야 할 것을 비로소 저희에게 가르치시되 드러내 놓고 이 말씀을 하시니…(마가복음 8:31-32; 마태복음 16:21; 누가복음 9:22 참조)". 다시 베드로가 항변하여 그 길을 만류하고 나서자 그를 꾸짖는다. "네가 하나님의 일을 생각하지 아니하고 도리어 사람의 일을 생각하는도다(마태복음 16:23)". 그리고 제자들에게 이렇게 덧붙인다. "아무든지 나를 따라오려거든 자기를 부인하고 날마다 제 십자가를 지고 나를 따를 것이니라 누구든지 제 목숨을 구원하고자 하면 잃을 것이요 누구든지 나를 위하여 제 목숨을 잃으면 구원하리라(누가복음 9:23-24)".

예수는 둘째 수난 예고에서도 제자들에게 인자가 사람들의 손에 넘겨 죽임을 당하고 죽은 지 사흘 만에 살아날 것을 말한다(마가복음 9:31). 셋째 예고는 예루살렘을 향하여 가는 길에서 이루어졌다.

> 예루살렘으로 올라가는 길에 예수가 그들 앞에 서서 가시는데 그들이 놀라고 따르는 자들은 두려워하더라 이에 다시 열두 제자를 데리시고 자기가 당할 일을 말씀하여 이르시되 보라 우리가 예루살렘에 올라가노니 인자가 대제사장들과 서기관들에게 넘겨지매 그들이 죽이기로 결의하고 이방인들에게 넘겨주겠고 그들은 능욕하며 침 뱉으며 채찍질하고 죽일 것이나 그는 삼일 만에 살아나리라(마가복음 10:32-34; 마태복음 20:17-19; 누가복음 18:31-34 참조).

예수는 제자들과의 마지막 만찬에서도 제자들에게 자신의 언약의 죽음을 기념할 것을 당부하고 있다. 마지막 만찬은 공관복음서에 모두 나오는 유명한 본문이다(마태복음 26:26-30; 마가복음 14:22-26; 누가복음 22:15-20 참조). 예수는 자신의 죽음을 많은 사람을 위한 언약의 죽음으로 규정한다. "이것[잔]은 죄를 사하여 주려고 많은 사람을 위하여 흘리는 나의 피, 곧 언약의 피다(마태복음 26:28; 마가복음 14:24; 누가복음 22:20 참조)."

예수는 구약성서의 예언과 약속의 성취를 의식하면서 공생애 처음부터 자신의 죽음을 하나님의 뜻으로 받아들였고 또 여러 차례에 걸쳐서 예고하기까지 했다. 복음서는 예수가 자신의 죽음을 넌지시 암시한 것이 최소한

여덟 차례나 되는 것으로 증언하고 있다.[8] 이 모든 증언들을 종합해 보면, 예수는 죽음을 자신의 사역에서 매우 중요한 것으로 간주했다고 할 수 있겠다. 복음서의 증언에 따르면 그는 죽기 위해서 이 세상에 온 것이다. 그리고 복음서를 통해 예수의 삶과 죽음과 부활의 전승을 계승한 기독교 공동체들은 예수의 수난과 죽음을 중심적인 것으로 간주하면서 반복적으로 회상하고 재연했다.

초기 기독교 공동체들을 형성하는데 커다란 기여를 한 사도들의 선포에서 예수의 수난과 죽음에 대한 기억은 그 중심을 이루고 있다. 사도들은 예수의 수난과 죽음을 하나의 역설로 이해하고 있다. 즉 예수의 수난과 죽음은 인간의 죄악에 의한 폭력적인 죽임이면서 동시에 하나님이 정하신 뜻과 미리 아신 대로 이루어진 자원적인 죽음이다(사도행전 2:23). 하나님이 인간의 죄악에 의해 폭력적인 수난과 죽임을 당한 예수를 그리스도가 되게 하셨다(사도행전 2:36). 그러나 동시에 그것을 하나님의 뜻을 따른 예정된 죽음으로 이해하면서 기독교 공동체들의 삶과 실천의 중심으로 삼고 있다. 베드로의 설교에서 예수의 수난과 죽음은 복음의 중심으로 기억되고 있다(사도행전 4:10; 5:30; 10:39 참조). 베드로는 자신을 예수의 수난과 죽음에 대한 증인이라고 한다(사도행전 3:15 참조).

죽음을 상기시키고 상징하는 십자가를 기독교 신앙과 교리의 중심으로 삼아 십자가의 수난과 죽음에 가장 탁월한 신학의 의미와 위상을 부여한 인물은 다름 아닌 바울이라고 할 수 있다. 바울은 다메섹(Damascus)으로 가는 길 위에서 부활한 예수 그리스도를 만나 회심한 후에 예수 그리스도의 부활과 더불어 그의 죽음을 자신의 선포와 선교의 중심으로 삼았다(사도행전 13:28, 29; 17:3 참조). 바울은 후대 마틴 루터의 종교개혁에 커다란 영향을 미친 십자가의 신학(theologia crucis)의 아버지가 되었다. 그는 '십자가의 도'가 '하나님의 지혜'와 "하나님의 능력"이라고 주장한다. (고린도전서 1:18-25 참조) 나아가 '예수 그리스도와 그의 십자가에 못 박히신 것 외에는 아무 것도 알지 아니하기로 작정'하였다고 선언한다(고린도전서 2:2). 또 '항상 예수의 죽음을 몸에 짊어'진다고도 고백한다. (고린도후서 4:10) 그는 심지어 예수 그리스도가 저주의 죽음을 죽었다고 주장하기도 한다(갈라디아서 3:13). 바울의 증언 외에도 신약의 서신들에는 예수 그리스도의 수난과 죽음을 상기시키는 증언들이 많이 나온다(베드로전서 1:18-19; 2:24; 3:18; 히브리서 2:9; 9:15, 26, 28; 13:12 참조). 예수는 로마 제국의 핍박의 시대에는 '죽임을 당한 어린 양'으로 기억되기도 했다(요한계시록 5:12; 13:8).

역사를 통해 예수의 수난과 죽음은 신학의 중심이 되었을 뿐만 아니라 그리스도인들의 신앙의 삶과 실천의 중심이 되었다. 무수한 사례들을 거론할 수 있겠지만, 그 가운데 오직 하나의 사례, 즉 루터가 재차 강조한 '십자가의 신학'[9]만을 상기하는 것으로 충분할 것이다. 중세 가톨릭교회의 부패가 극에 달했을 때 종교개혁자 루터는 바울의 십자가의 증언을 새롭게 조명하여 십자가의 신학을 주창했다. 그는 십자가의 신학을 통해 생명의 복음을 새롭게 이해하여 교회 개혁의 횃불을 높이 들었다. 루터는 십자가를 참된 기독교 신앙과 신학의 시금석으로 삼았다. 그는 십자가에 달린 이가 하나님 자신이기에 오직 십자가에서 하나님을 진정으로 알게 된다고 주장했다. 예수 그리스도의 수난과 십자가의 죽음 속에서 자신을 은폐하고 계신 하나님을 알지 못하는 사람은 하나님을 진정으로 알지 못하는 자라고 주장한다. 그러므로 십자가로부터 생겨나지 않거나 십자가에 집중하지 않는 어떤 신학도 참된 기독교 신학의 본질을 결핍하고 있는 것이다. 브루너(Emil Brunner, 1889-

1966)는 루터의 십자가의 신학에 대해 다음과 같은 찬사를 보낸다.

> 십자가는 기독교 신앙의 상징이고, 교회의 상징이며, 예수 그리스도 안에
> 있는 하나님의 계시의 상징이다.… '오직 믿음'(sola fide), '오직 하나님의 영광
> (soli deo gloria)'을 위한 종교개혁의 전체 투쟁은 단지 십자가의 바른 해석을 위
> 한 투쟁을 의미했다. 십자가를 올바로 이해하는 사람은―이것은 종교개혁자
> 들의 견해이다―성서를 이해하며, 그리스도를 이해한다.[10]

종교개혁의 정신을 계승하는 신학에서 예수의 십자가의 수난과 죽음은
전체 기독교 신학의 중심이다. 이렇게 역사를 꿰뚫어 예수 그리스도의 수난
과 죽음은 진정한 신앙과 신학의 양심의 심장에 아로 새겨진 기독교 신앙의
참된 상징이 된 것이다.

그러나 예수의 시대에도 바울의 시대에도 유대인들이나 로마인들에게
십자가는 미련하고 어리석은 것의 상징이었다. 유대인들에게 십자가의 도
는 '거리끼는 것'으로, 로마인들에게는 '미련한 것'으로 받아들여졌다. 고대
세계에서 십자가는 매우 두려운 기피의 대상으로 여겨졌다. 십자가의 죽음
은 가장 수치스럽고 두렵고 잔인하며 폭력적인 정죄와 처형의 방식이었다.
복음서의 수난사화의 증언에도 이러한 인식이 그대로 나타난다. 로마의 군
인들은 십자가 처형을 선고받은 예수를 희롱했다(마태복음 27:27-31; 마가복음
15:16-20; 요한복음 19:2-3). 대제사장들과 서기관들뿐만 아니라 지나가던 유대
인들도 예수를 모욕했다. 심지어 예수와 함께 좌우 십자가에 못 박힌 죄수
들도 예수에게 욕했다(마가복음 15:21-32; 마태복음 27:32-44; 누가복음 23:26-43; 요한
복음 19:17-27 참조). 자칭 유대인의 왕이라 하는 자가 십자가에 못 박혀 죽는다

는 것은 말도 안 되는 일로 여겼기 때문이다.

후대에도 예수가 당한 십자가의 수난과 죽음은 조롱과 경멸의 대상이었다. 2세기의 이교도 풍자가인 사모사타의 루키아누스(Lucian of Samosata)라는 인물은 협잡꾼으로 묘사하는 가상의 그리스도인 개종자의 죽음을 그린 『페레그리누스의 죽음』(The Passing of Peregrinus)이라는 작품에서 그리스도인들은 "십자가에 못 박힌 궤변가를 믿으며 그의 율법 아래 살고 있다"고 조소했다.[11] 이러한 십자가에 대한 멸시와 조소와 경멸은 과거에만 있었던 것은 아니다. 현대에도 그런 정신의 흐름은 면면히 이어져 왔다. 우리는 많은 사례들 가운데 오직 한 사람, 곧 니체(Friedrich Nietzsche, 1844-1900)를 기억하는 것만으로 족하다. 니체는 십자가의 도가 생명의 고동과 약진을 설명하는 다윈의 진화의 법칙에 거슬리는 점을 매우 못마땅해 했다. 그는 '십자가 위의 하나님'은 연약함과 동정의 질병을 퍼뜨리는 '병든 자의 하나님'에 불과할 뿐이라고 독설을 퍼부었다.[12]

이렇게 십자가의 수난과 죽음이 유대인들과 로마인들에게 심한 조롱과 경멸을 받아서인지, 이 십자가가 처음부터 예수를 기억하고 기념하는 기독교의 중심 상징이 되었던 것은 아니다. 실제로 6세기 이전에는 십자가가 중심적인 상징으로 사용된 흔적이 없다. 물론 십자가를 신앙의 하나의 상징으로 활용한 것은 주후 200년경으로 소급된다. 북아프리카의 법률가요 신학자로 초기 교부 가운데 하나인 터툴리아누스(Tertullian, 160-220)는 십자가 표시의 관행을 기록으로 전해주고 있다. "발걸음을 앞으로 옮기고 움직일 때마다, 들어가거나 나갈 때마다, 옷을 입고 신발을 신을 때, 목욕할 때, 식탁에 앉을 때, 등잔에 불을 켤 때, 침상에서, 좌석에서, 매일의 모든 일상적인 행동에서, 우리는 이마에 그 표시(십자가)를 그렸다."[13] 초기의 그리스도인들은 신앙을 위해 핍박을 받을 때 예수 그리스도의 고난을 본받아 마귀를 대적하기 위해 이마에 십자가를 표시하는 관행을 실천했다. 그러나 십자가의 상징은 기독교회에 의해 자주 오용되기도 했다. 대표적인 경우로 이른바 기독교 제국(Christendom)의 창시자로 일컬어지는 콘스탄티누스(Constantine, 272-337) 황제는 십자가를 전쟁의 승리의 상징으로 만들기 위해 군대의 기장(旗章)으로 삼았다. 그는 서유럽을 정복하는 결정적인 계기가 된 밀비안 다리 전투(주후 312-13)가 있기 바로 전날 밤 꿈을 꾸었다. 그는 꿈에 하늘에서 빛의 십자가와 함께 '이 표시에 의해 승리한다'(In hoc signo vines)라는 글자를 보고 그것을 자신의 군대의 기장으로 삼았다고 한다.[14]

십자가의 상징은 중세 가톨릭교회 안에서도 그릇된 실천 관행의 온상이되는 경우들이 있었다. 그래서 종교개혁 전통을 잇는 개신교회들은 십자가 표시의 관행을 일종의 우상숭배로 간주한다. 그리고 그러한 관행에 대단히 비판적일 뿐만 아니라 그것을 금지한다. 그렇다고 개신교회들이 십자가 상징을 무조건 배척하는 것은 아니다. 아직도 많은 개신교회들이 예배당에 십자가를 걸고 있다. 또 개신교의 많은 그리스도인들은 여전히 무덤 위에 십자가를 세워주고 있다. 이렇게 그리스도인들은 십자가를 중심적인 상징으로 기억해 왔다. 십자가가 고대 유대와 로마 사회에서 폭력적인 죽음을 상징하는 것으로 인식되어 조롱과 경멸을 받아 왔다는 점을 고려하면 그리스도인들이 죽음의 저주를 가리키는 십자가를 신앙의 중심 상징으로 삼았다는 것은 놀라운 일이 아닐 수 없다. 그래서 바르트는 다소 익살스럽게 예수 그리스도의 수난과 죽음에 대한 고백을 역설적으로 '신조의 가장 비천한 부분'이라고 표현한다.[15]

그러면 그리스도인들이 예수와 기독교를 상징하는 중심으로 죽음/죽임의 그림자가 암울하게 드리운 십자가를 선택한 것은 오늘날의 고통과 죽음에 대한 단선적인 부정과 배제의 문화를 위해 어떤 의미가 있을까? 바울은 예수가 우리 죄를 위하여 죽으시고 묻히셨다가 사흘 만에 다시 살아나셨다는 사실(고린도전서 15:4 참조)을 복음의 요지로 제시한다. 그리스도인들은 예수의 수난과 죽음을 기억하면서 그의 죽으심과 묻히심에 참여한다(로마서 6:3-5 참조). 예수의 수난과 죽음은 삶의 한가운데서 죽음을 늘 기억하고 그것에 참여하게 한다. 이렇게 예수의 수난과 죽음에 대한 기억과 참여는 존엄한 죽음의 이해와 실천을 위해 커다란 함의를 지닌다고 하겠다.

이 시대의 정신은 죽음을 기억하려 하지 않고 망각하려 한다. 그러나 죽음의 망각은 존엄한 죽음을 위한 혜안이 아니다. 죽음의 존엄성을 실현하기 위해서는 죽음을 낯설게 여겨서는 안 된다. 오히려 죽음을 친숙하게 여길 수 있어야 한다. 이는 죽음을 예찬하는 것과는 다르다. 역사를 통해 그리스도인들은 예수의 십자가의 수난과 죽음을 늘 되풀이해서 기억함으로써 죽음에 대한 강박관념으로부터 자유로울 수 있었던 것이다. 오늘날의 죽음 문화는 죽음을 애써 기억하지 않으려 한다. 그저 죽음을 망각하려고 할 뿐이다. 그래서 삶의 시간과 공간이 놀랍도록 늘어 났지만 생명은 여전히 빈곤한 것이라 할 수 있다.[16]

삶과 죽음의 변증법을 지향하며

오늘 우리 사회에 폭력적인 고통과 죽음의 그림자가 짙게 드리워져 있다. 먼저 존엄한 죽음을 실현하기 위해서는 삶과 죽음을 변증법으로 이해하고 실천해야 한다. 예수의 수난과 죽음에 나타나는 생명의 부정으로서의 고통과 죽음의 이해와 실천은 삶과 죽음에 대한 변증법적인 치열한 인식과 태도를 담고 있다. 생명의 상실과 죽음의 폭력이 만연한 이 시대에 죽음의 존엄성에 대한 통전의 이해와 실천이 어느 때보다 더욱 시급하다. 삶의 존엄성뿐만 아니라 죽음의 존엄성을 깊이 이해하고 바로 실천해야 한다. 죽음의 존엄성의 온전한 이해와 실천이 뒷받침되지 않으면 생명의 존엄성에 대한 온전한 이해와 실천도 기약할 수 없다. 예수의 수난과 죽음에 대한 이해와 실천은 오늘날의 죽음의 존엄성에 대한 이해와 실천을 갱신하는데 중요한 함의가 있다. 예수의 수난과 죽음은 존엄한 죽음이 무엇인지 또 그것을 어떻게 실천할 수 있는지에 대해 많은 것을 생각하게 한다. 예수의 수난과 죽음은 단지 그리스도인들을 위해서만 의미가 있는 것은 아니다. 그것은 모든 사람들의 죽음의 존엄성에 대한 이해와 실천을 위해 모범이 된다.

아울러 죽음을 늘 기억하고 성찰해야 한다. 그리스도인들이 예수의 수난과 죽음을 반복적으로 기억하는 것은 고통과 죽음을 단선적으로 부정하고 배제함으로써 고통과 죽음의 공포로부터 벗어나려고 하지 않고, 고통과 죽음을 계속해서 반복적으로 기억함으로써 고통과 죽음을 길들이고 고통과 죽음으로부터의 자유를 실천한 것이라고 할 수 있겠다. 고통과 죽음의 망각이 존엄한 죽음을 위한 혜안이 아님을 깨달아야 한다. 죽음의 존엄성을 실현하기 위해서는 죽음을 알고 미리 준비해야 한다. 그리스도인들은 예수의 십자가의 수난과 죽음을 늘 되풀이해서 회상함으로써 고통과 죽음에 대한 강박관념으로부터의 자유를 추구한다. 죽음의 존엄성을 위해 이런 고통과 죽음의 기억술을 실천할 필요가 있다.

5장 | 죽음 부정과 수용의 변증법에 대한 성찰

죽음의 부정과 수용, 그리고 죽음의 존엄성

모두가 존엄한 죽음을 바란다. 그것은 죽음의 부정성이 지양되고 삶의 완성으로서의 죽음이 수용될 때 가능하다. 기독교의 종말 이해에서 죽음은 죄와 연관된 부정의 현실이기도 하지만 생명의 또 다른 차원이 개시되는 긍정의 현실이기도 하다. 기독교는 죽음을 매우 현실적으로 이해한다. 기독교는 죽음을 미화하지 않는다는 뜻이다. 죽음은 대개의 경우 심한 고통이 따르는 매우 부정적인 현실이다. 그래서 많은 사람들이 삶에서 죽음을 부정하고 회피하며, 임종을 받아들이지 못하는 것이다. 두렵고 어두운 죽음의 현실을 미화할 수 없다. 죽음의 병동에서 환자들이 죽어 가는 과정에 참여한 의사들은 현인들이나 예술가들의 죽음에 대한 낭만적인 서술과 묘사가 실제 죽어감의 현실과 얼마나 동떨어진 허구에 빠지기 쉬운지 경종을 울린다.[1]

기독교의 특별히 히브리 전통에서 죽음을 삶의 부정으로 보는 관점이 아주 두드러지게 나타난다. 고통과 죽음의 현실은 근본에 있어서 죄와 악의 문제와 밀접하게 관련시켜 이해되고 실천된다. 기독교에서 고통과 죽음의 부정성에 대한 숙고는 그 두려움이나 공포와 폭력성에 대한 심사숙고를 통해 드러난다. 예수의 십자가의 수난과 죽음에 대한 증언에는 고통과 죽음의 현실주의라고 할 수 있는 어떤 결정적인 특징이 나타난다. 그것은 죽음의 슬픔이나 두려움의 문제에 대한 깊이 있는 천착과 성찰로 초대한다. 복음서의 수난사화에 따르면 예수는 십자가의 수난과 죽음을 앞두고 심히 고뇌하고 두려워하였다. 사실 십자가의 수난과 죽음은 가장 폭력적이고 잔인한 방식의 고통과 죽음이다. 하나님의 아들이 그런 잔혹한 고통과 죽음을 당했다는 신학적 사유는 매우 이례적이고 독특한 것이라 하지 않을 수 없다.

죽음의 존엄성을 이루기 위해서는 이런 부정적인 죽음의 현실을 회피해서는 안 된다. 죽음의 부정성에 대한 기독교 신학의 존재론적 사유는 죽음의 폭력성과 두려움을 극복하려는 현실의 실천을 고무한다. 이런 태도는 오늘날의 고통과 죽음에 대한 단선적인 이해와 문화를 극복하는 데 대단히 중요한 함의들을 지니고 있다. 그러나 죽음의 부정적인 얼굴에 대한 현실적 인식만이 기독교의 죽음 이해와 실천의 전체상은 아니다. 기독교는 죽음의 현실을 부정 일변도로만 규정하는 것은 아니다. 기독교에도 자연적인 종말로서의 죽음과 관련해서 타 전통과 공유하는 삶의 완성으로서의 죽음 수용을 추구하는 정신이 있다. 이제 예수 자신의 죽음 이해와 실천에 비추어 죽음의 슬픔과 두려움, 죽음의 폭력성, 죽음의 준비와 수용, 그리고 생명을 살리는 대속의 죽음 등을 고찰하면서 기독교가 죽음의 존엄성을 어떻게 실천하는지 살펴보자.

죽음의 두려움에 대하여

보통 인간들이 죽음의 현실을 직면할 때 공통으로 보이는 반응 패턴이 있다고 한다. 엘리자베스 퀴블러-로스는 그의 임상 체험을 통해 죽음에 직면한 환자가 겪는 다섯 단계의 반응을 알려준다. 부인과 고립, 분노, 거래, 좌절, 그리고 수용이다.[2] 퀴블러-로스가 말하는 다섯 단계의 죽음에 대한 반응은 천수를 누리고 때가 되어 자연스러운 죽음을 맞이하는 사람들에게 해당된다기보다는 아무래도 예기치 못한 갑작스러운 죽음을 맞이한 사람들에게 해당할 것이다. 그렇다면 이런 단계 반응을 예수에게도 적용할 수 있을까? 예수 자신은 고통과 죽음의 슬픔이나 불안 또는 두려움을 어떻게 이해하고 실천했을까?

복음서의 증언들 가운데는 예수가 고통과 죽음 자체를 어떻게 이해했는지를 파악할 수 있는 실마리를 주는 본문들이 있다. 예수는 예기치 못한 죽음의 현실에서 고통을 당하는 사람들에 대한 연민과 비탄의 감정을 숨김없이 드러내 보였고, 죽음의 슬픔을 당한 사람들과의 연대감을 표시했다. 예컨대 요한복음 11장에 나오는 나사로를 살린 이야기에서 예수가 고통과 죽음을 어떻게 이해하는지 알 수 있다. 나사로는 공생애 기간에 예수와 매우 친하게 교제를 나눈 사람이다. 그는 마르다와 마리아라는 누이들과 베다니라는 동네에서 살고 있었다. 베다니는 예수의 갈릴리 사역에서 아주 중요한 마을들 가운데 하나이다. 마리아는 바로 예수의 장례를 위해 해야 할 일을 미리 하듯이 매우 값진 순수한 향유 한 옥합을 가지고 와서 그것을 깨뜨려서 예수의 머리에 부었던 그 여인으로 알려져 있기도 하다. 예수는 이 행위에 대해 온 세상 어디든지 복음이 전파되는 곳마다 이 여인의 행동도 전해져서 기억될 것이라고 말씀한다(마태복음 26:6-13; 마가복음 14:3-9; 요한복음 12:1-8 참조). 예수는 나사로와 두 자매를 각별하게 생각한 듯하다. 그런데 그런 나사로가 죽을병이 들어 죽게 된 것이다. 예수는 죽은 나사로와 두 자매가 슬퍼 우는 것을 보고 "마음이 비통하여 괴로워하셨다." 그리고 눈물을 흘렸다. 이 대목은 예수가 죽음과 죽은 자들과 살아남은 자들의 고통을 어떻게 이해했는지를 가늠해볼 수 있는 단서가 된다. 예수는 고통과 죽음 앞에서 초월적인 달관의 태도를 취하지 않는다. 예수에게도 죽음은 고통스럽고 슬픈 현실이었다. 오히려 죽음에 대한 고통과 슬픔을 여과 없이 표현한다. 예수의 죽음에 대한 태도가 보여주듯이 기독교는 죽음의 고통에 대한 현실주의, 달리 말하면 죽음의 부정성 또는 비극성에 대한 깊은 존재론적 사유를 보여준다.[3]

그러면 예수는 자신의 죽음에 대해서는 어떤 태도를 보였을까? 복음서의 수난사화에 따르면, 예수는 자신의 수난과 죽음에 대해 공식적으로 세 차례 예고한다. 예수는 자신의 수난과 죽음을 예고하는 맥락에서 하나님이 파송한 선지자들을 죽이는 유다 백성들의 행위에 대해 안타까운 비탄의 감정을 토로한다. "예루살렘아 예루살렘아 선지자들을 죽이고 네게 파송된 자들을 돌로 치는 자여 암탉이 제 새끼를 날개 아래에 모음 같이 내가 너희의 자녀를 모으려 한 일이 몇 번이냐 그러나 너희가 원하지 아니하였도다." (마태복음 23:34; 누가복음 13:34 참조). 예수의 수난과 죽음이 담고 있는 이런 인간의 얼굴을 지닌 진솔한 의식과 감정의 측면이 소홀히 여김을 받았다. 복음서의 증언에 따르면 예수의 수난과 죽음 자체에 대한 이해와 실천을 보나 자신의 수난과 죽음에 대한 이해와 실천을 보나 죽음이 가져다주는 두려움과 슬픔과 고통에 대한 현실주의 같은 것이 분명하게 나타난다.

예수는 고통과 죽음의 두려움과 절망을 어떻게 체험했는가? 예수 자신의 죽음에 대한 수난사화의 증언에서 예수가 죽음을 어떻게 이해하고 받아들였는지를 알 수 있다. 복음서는 예수가 죽음을 앞두고 죽음의 문제와 씨름하는 유명한 본문을 포함하고 있다. 이른바 겟세마네 기도의 본문이 그것이다. 복음서의 겟세마네 기도에 대한 보도는 죽음을 앞둔 예수의 인간적 연약함을 숨기지 않는다. 예수도 여느 인간과 다름없이 위의 다섯 단계의 반응을 비슷하게 보여주고 있다.[4]

> 그들이 겟세마네라 하는 곳에 이르매 예수가 제자들에게 이르시되 내가 기도할 동안에 너희는 여기 앉아 있으라 하시고 베드로와 야고보와 요한을 데리고 가실 새 심히 놀라시며 슬퍼하사 말씀하시되 내 마음이 심히 고민하여 죽게 되었으니 너희는 여기 머물러 깨어 있으라 하시고 조금 나아가사 땅에 엎드리어 될 수 있는 대로 이때가 자기에게서 지나가기를 구하여 이르시되 아빠 아버지여 아버지께는 모든 것이 가능하오니 이 잔을 내게서 옮기시옵소서 그러나 나의 원대로 마시옵고 아버지의 원대로 하옵소서 하시고 돌아오사 제자들이 자는 것을 보시고 베드로에게 말씀하시되 시몬아 자느냐 네가 한 시간도 깨어 있을 수 없더냐 시험에 들지 않게 깨어 있어 기도하라 마음에는 원이로되 육신이 약하도다 하시고 다시 나아가 동일한 말씀으로 기도하시고⋯ (마가복음 14:32-39; 마태복음 26:36-42; 누가복음 22:39-46 참조).

예수는 세 제자(베드로, 야고보, 그리고 요한) 앞에서 고통과 죽음에 대한 두려움과 고민과 고통을 감추지 않는다. 오히려 고통과 죽음에 직면해서 놀라고 근심하고 슬퍼했으며, 죽을 지경이 되기까지 심하게 고민했다. 제자들이 깨어서 자신을 위해 기도해 주기를 바라고 있다.

마태복음과 누가복음의 평행구절은 마가복음보다 예수의 기도의 자세가 얼마나 간절했는지 더욱 실감나게 표현한다. 예수는 고뇌에 차서 무릎을

꿇고 얼굴을 땅에 대고 엎드려서 기도했다(마태복음 26:39; 누가복음 22:41 참조). '땀이 핏방울같이 되어서 땅에 떨어'질 정도로 고뇌에 찬 기도를 드렸다(누가복음 22:44 참조). 기도의 내용은 예수의 죽음에 대한 이해를 분명하게 알게 해 준다. "나의 아버지, 하실 수만 있으시면 이 [죽음의] 잔을 내게서 지나가게 해 주십시오." 예수는 지금 가능하면 죽음을 피하게 해 달라고 하나님께 간청하고 있다. 예수에게도 인간의 죽음은 괴로운 것이어서 할 수만 있다면 피하고 싶은 것이었다. 그가 겟세마네의 기도에서 보여준 두려움과 고뇌, 그리고 절망적인 슬픔은 죽음을 앞에 둔 연약한 인간적 면모를 여실히 보여주고 있다. 예수가 죽음을 앞에 두고 보인 슬픔과 두려움과 고뇌는 초기 기독교공동체를 통해서 기억되고 공명되고 있다. 예수는 인간의 몸으로 자기를 죽음에서 능히 구원하실 하나님에게 '심한 통곡과 눈물'로 간구와 소원을 드렸다. (히브리서 5:7)

예수가 죽음에 대해 보인 두려움과 고뇌는 그가 물려받은 구약성서의 전승에 낯설지 않다. 고대 이스라엘 신앙인들에게 죽음은 하나님이 정하신 생명의 종결이고 침묵과 어둠의 세계, 곧 '스올'(Sheol)로 내려가는 것이다. 따라서 죽음을 두려워하는 감정은 자연스러운 것이다. 고대 이스라엘의 신앙인의 솔직한 고백이다, "여호와여 돌아와 나의 영혼을 건지시며 주의 사랑으로 나를 구원하소서. 사망 중에서는 주를 기억하는 일이 없사오니 스올에서 주께 감사할 자 누구리이까. 내가 탄식함으로 피곤하며 밤마다 눈물로 내 침상을 띄우며 내 요를 적시나이다. 내 눈이 근심으로 말미암아 쇠하며 내 모든 대적으로 말미암아 어두워졌나이다.(시편 6:4-7). 예수는 구약시대의 이스라엘 신앙인의 죽음에 대한 두려움에 대한 호소를 공유하고 있다. 고대 이스라엘의 신앙인들에게 있어서 죽음은 생명을 부정하는 매우 암울한 현

실로 이해되고 있다.[5]

그렇다면 예수가 보인 죽음의 두려움의 태도는 불합리한 것인가? 죽음의 두려움을 불합리한 태도와 감정으로 이해하는 철학 사상들이 있다. 대표적인 경우로 에피쿠로스학파(Epicureanism)를 들 수 있다. 에피쿠로스(Epicurus)는 죽음을 두려워할 필요가 없음을 논리적으로 또 합리적으로 설명한다.

> 죽음은 우리에게 아무것도 아니니, 선악은 지각을 함축하지만 죽음은 지각의 결핍이라는 사실을 믿는 데 너 스스로 익숙해져라.…그러므로 살펴보건대 가장 놀라운 악인 죽음은 우리에게 아무것도 아니다. 우리가 존재할 때 죽음은 아직 온 것이 아니고 죽음이 왔을 때 우리는 존재하지 않기 때문이다. 따라서 그것[죽음]은 살아 있는 자에게 또는 죽은 자에게 아무것도 아니니 살아 있는 자에게 그것은 아직 오지 않은 상태이고 죽은 자에게는 더 이상 존재하지 않기 때문이다.[6]

스토아 철학자들도 죽음에 대한 두려움을 경원시했다. 죽음을 지나치게 두려워하는 것은 건전한 이성을 지닌 인간의 존엄성과 어울리지 않는다. 그들은 죽음에 대한 두려움을 죽음을 배우고 연습함으로써 극복할 수 있고 또 극복해야 한다고 보았다.[7]

그러나 예수는 고통과 죽음에 대해 두려운 감정을 숨기지 않는다. 반드시 고통스러운 죽음의 방식만이, 곧 십자가의 죽음이 예수에게 두려움과 고뇌와 슬픔을 가져다주었다고 말할 수 있을까? 확실히 예수의 죽음의 방식은 소크라테스의 죽음의 방식과 비교할 때 말할 수 없이 폭력적이다. 아울러 예수가 죽음에 대해 보인 태도에서도 소크라테스의 초연·초월의 태도와 확연히 구별이 된다.[8] 예수의 수난과 죽음은 상상할 수 없을 정도의 폭력성을 담고 있고, 또 예수의 수난과 죽음에 대한 두려움과 고뇌와 탄식의 태도는 지극히 연약한 인간의 면모를 보여준다. 예수가 보인 수난과 죽음에 대한 인간적인 두려움과 고뇌는 오히려 기독교에 반대하는 주장의 근거로 제시되기도 했다. 예컨대 켈수스(Celsus)는 죽음에 대해 두려워하고 고뇌하는 예수의 허약한 인간성으로 기독교의 열등성을 증명하려고까지 했다.

그러나 예수가 죽음에 대해 두려움과 고뇌와 슬픔만을 보인 것은 아니다. 예수는 한편으로는 죽음 때문에 두려워하고 고뇌하고 탄식하지만, 다른 한편 죽음을 하나님을 철저하게 의지함으로써 초극할 수 있는 어떤 것으로 여겼다. 예수가 죽음의 두려움을 극복하는 방식은 오늘날의 죽음 문화에 비추어볼 때 중요하다. 오늘날의 죽음 문화는 죽음의 공포를 인정하고 받아들이기보다는 영웅적 충동이나 영웅 숭배와 같은 매우 위험한 기제들을 통해 억압하려고 한다. 3장의 베커의 분석이 보여주듯이, 영웅적 충동이나 영웅 숭배와 같은 기제들을 통해 억압된 죽음의 공포는 대단히 부정적이고 파괴적인 폭력과 대량 살상(전쟁)으로 표출된다. 예수의 수난과 죽음은 죽음의 슬픔, 두려움 또는 공포에 연약한 인간의 모습을 있는 그대로 보여주지만 영웅적 충동이나 영웅 숭배와 같은 과시적인 기제들을 통해 극복되는 것이 아니라 철저한 신앙으로 극복된다. 이런 신앙으로 맞이하는 죽음은 오늘날의 단선적인 죽음맞이의 실천에 시사하는 바가 적잖다.

죽음의 폭력성에 대하여

복음서의 수난 사화는 예수가 어떻게 죽어 갔는지 상세한 묘사를 제공한다. 예수의 십자가 죽음의 신학적 의미뿐만 아니라 죽음의 방식에 대한 사실적 묘사도 예수의 수난과 죽음에 대한 온전한 해석과 실천을 위해서 매우 중요하다. 신약성서는 예수의 수난과 죽음이 폭력적인 죽음임을 여실히 증언하고 있다. 실제 복음서가 전해주는 예수 자신의 이해에서도 죽음, 특별히 정의롭지 못한 현실에서 야기된 폭력적인 죽음 자체는 부정적인 실재로 이해되었다. 예수가 보여준 폭력적인 죽음에 대한 지극히 인간적인 두려움과 공포가 이를 뒷받침해 준다(마가복음 15:34). 예수의 십자가의 수난과 죽음은 폭력성의 극치를 가감 없이 드러낸다. 예수의 고난과 죽음의 실재는 온통 모순과 부정의 현실로 나타난다. 그것은 자연스럽고 아름다운 죽음이 아니다. 모두가 원하는 평화로운 죽음이 아니라 폭력적인 죽음이었다. 예수의 수난과 죽음은 죽음과 폭력의 관계에 대해 숙고하도록 이끈다.

예수의 수난과 죽음이 얼마나 폭력적이었는지를 알기 위해서는 당시 십자가에서의 죽음에 대한 인식을 살펴보는 것이 도움이 될 것이다. 바로 앞 장에서도 살펴보았듯이, 당시에 십자가 처형은 극도의 고통 속에서 서서히 죽어가게 하는 아주 폭력적인 죽임의 기술이었다. 로마 당국은 살인, 반란, 무장 강도범, 특별히 그 가운데서도 노예나 외국인 또는 사람 이하의 취급을 받는 자들에게 십자가 처형을 시행했다. 실제로 로마 군대는 주전 4세기에 반란의 죄목으로 유대인 2천 명을 십자가에 못 박아 처형하기도 했다. 유대의 멸망과 식민지화를 가져온 예루살렘을 포위 공격할 때도 얼마나 많은 유대인들이 십자가에서의 잔인한 죽임을 당했던지 처형할 사람도 십자가형에 십자가를 세워 놓을 만한 더 이상 공간도 찾을 수가 없었다고 한다.[9] 로마의 유명한 스토아 철학자요 정치가인 키케로(Cicero, 기원전 107-44전)는 십자가형을 일러 '가장 잔인하고 혐오스러운 형벌'이라고 비난하고 있다.[10] 그는 또 이렇게 주장하기도 했다.

'십자가'라는 단어는 로마 시민에게서뿐만 아니라 그들의 생각과 눈과 귀에서까지 멀리 사라져야 한다. 왜냐하면 이것(십자가 처형절차)이 실제로 일어나거나 그것을 견디는 것뿐만 아니라 그것을 당할 수 있다는 사실, 그 예상, 아니 단순히 그것을 상징하는 것조차도 로마 시민과 자유인에게는 어울리지 않기 때문이다.[11]

고대 유대인들 또한 중범죄자들의 경우 사형 후에 나무에 매달았다. 그들은 나무에 매달리는 것을 끔찍한 저주로 생각했다. "사람이 만일 죽을 죄를 범하므로 네가 그를 죽여 나무 위에 달거든 그 시체를 나무 위에 밤새도록 두지 말고 그날에 장사하여 네 하나님 여호와께서 네게 기업으로 주시는 땅을 더럽히지 말라 나무에 달린 자는 하나님께 저주를 받았음이라(신명기 21:23)." 시체를 나무에 밤새도록 매달지 말 것을 명하고 있지만 나무에 매달리는 것 자체를 끔찍한 저주로 생각했다. 그래서 유대인들은 십자가의 죽음을 당한 예수를 결코 메시아로 여길 수가 없었던 것이다.

초기 기독교에서 예수의 수난과 죽음의 대속의 죽음으로서의 신학적 의미를 부여하는데 결정적인 역할을 한 바울조차도 예수의 수난과 죽음은 가장 폭력적인 죽음이었다고 해석하였다. 바울에게 있어서 예수의 수난과 죽음은 대속의 죽음인 것이 분명하지만 동시에 저주로서의 십자가의 죽음이었다. "그리스도께서 우리를 위하여 저주를 받은 사람이 되심으로써, 우리를 율법의 저주에서 속량해 주셨습니다. 기록된 바 '나무에 달린 자는 모두 저주를 받은 자이다.' 하였기 때문입니다(갈라디아서 3:13, 표준새번역; 신명기 21:23 참조)." 저주의 죽음이라는 사실은 죽음의 폭력성을 극명하게 드러낸다.

복음서는 예수가 겪은 죽음의 폭력성을 사실적으로 전해준다. 다른 그 무엇보다 예수 자신의 고백이 이를 뒷받침한다. "나의 하나님, 나의 하나님 어찌하여 나를 버리셨나이까?(마가복음 15:34)" 예수는 예언자들과 같이 폭력적인 죽임을 당했다. "그때[유월절 이틀 전]에 대제사장들과 백성의 장로들이 가야바라 하는 대제사장의 관정에 모여 예수를 흉계로 잡아 죽이려고 의논하되(마태복음 26장 3-4절 평행구절)"; "이틀이 지나면 유월절과 무교절이라 대제사장들과 서기관들이 예수를 흉계로 잡아 죽일 방도를 구하며…(마가복음 14장 1절)".

그러면 예수는 왜 이런 폭력적인 죽음을 당하게 되었는가? 공관복음서의 공회에서의 재판에 관한 증언을 통해 예수를 죽이고자 하는 두 가지의 동기를 확인할 수 있다. 예수의 수난과 죽음의 이유는 종교적이고 신학적일 뿐만 아니라 사회적이고 정치적이기도 하다. 먼저 예수의 수난과 죽음에는 종교적 동기가 크게 작용했다. 복음서의 증언에 따르면 예수는 많은 이적과 치유 기사로 인해 유대 종교 당국과 마찰을 빚었지만 그 무엇보다도 율법에 대한 이해와 실천의 문제로 유대 종교 지도자들과 커다란 갈등과 마찰을 빚었다. 예수는 율법의 정신을 망각하고 그 형식에만 집착하는 바리새파의 율법 이해와 실천에 대단히 비판적이고 부정적이었다. 예수는 율법의 정신을 환기시킴으로써 율법을 더 온전하게 이해하고 실천하려고 했다(마태복음 5:1-6:4 산상수훈, 특히 5:17 참조). 예컨대 안식일에 대한 율법의 규정들을 이해하고 실천하는 문제로 심각한 갈등을 빚었다. 예수는 안식일에 밀 이삭을 잘라 먹은 제자들을 두둔하기도 하고 '손 마른 사람'을 고치기도 하였다(마가복음 2:23-3:6; 마태복음 12:1-14; 누가복음 6:1-11 참조). 그는 안식일이 사람을 위하여 있는 것이지 사람이 안식일을 위해 있는 것이 아니라고 주장했다(마가복음 2:27). 또 하나님은 자비를 원하고 제사를 원치 않는다는 구약성서의 말씀을 바리새인들이 바르게 이해하고 실천하지 못한다고 주장하기도 했다(마태복음 12:7 참조). 또 안식일에 선을 행하는 것과 악을 행하는 것, 생명을 구하는 것과 죽이는 것, 어느 것이 옳은가라고 물으면서 바리새인들의 율법 이해와 실천에 도전했다(마가복음 3:4; 마태복음 12:11-12; 누가복음 6:9 참조). 당시 유대 최고의 종교법정인 산헤드린 공회는 예수가 안식일을 범할 뿐 아니라 자신을 하나님의 아들이요 메시아와 종말론적 인자라고 주장함으로써 하나님과 동등한 존재로 여긴다는 이유를 들어 예수에게 신성모독의 죄목인 사형으로 정죄했다(마가복음 14:60-64; 요한복음 5:17-18 참조).

예수를 폭력적인 죽음으로 몰고 간 또 다른 동기는 사회정치적 성격을 지니고 있다. 네 복음서 모두 이런 사실을 증언하고 있다. 즉 대제사장들과 바리새인들로 대표되는 유대의 종교지도자들은 예수가 백성들에게 행한 많은 표적들과 세금 거부와 스스로 왕을 칭하는 이유로 인해 로마 당국의 핍박을 염려해서 예수를 죽이려고 모의했다(마태복음 26:1-5; 마가복음 14:1-2; 누가복음 22:1-2; 요한복음 11:45-57). 특별히 대제사장 가야바는 로마 당국의 핍박으로부터 유대 민족을 지키기 위해 예수를 의도적으로 희생양으로 삼고자 한다. 결국 예수는 유대 종교당국으로부터는 율법을 범한 신성모독자로, 로마당국으로부터는 백성들을 선동한 정치적 반란자로 몰려 죽임을 당했다. 초기의 사도들도 예수의 십자가의 폭력적인 죽음을 증거하고 있다(사도행전 4:10; 5:30; 10:39 참조.) 초기 기독교의 최초의 순교자라 할 수 있는 스데반의 설교에도 이를 뒷받침하는 내용이 나온다. "너희 조상들은 선지자 중에 누구를 박해하지 아니하였느냐? 의인이 오시리라 예고한 자들을 그들이 죽였고 이제 너희는 그 의인을 잡아 준 자요 살인한 자가 되나니(사도행전 7:52)."

예수의 수난과 죽음에 드러난 폭력성에 대해 많은 비판들이 제기된다. 예수의 수난과 죽음의 개념이 폭력을 조장하기 때문에 폐기시켜야 한다고 비판한다. 그러나 이런 신학적인 비판은 폭력적 죽음의 현실을 조명하는 예수의 수난과 죽음의 또 다른 의미를 놓칠 수 있다.[12] 예수의 수난과 죽음에 드러난 폭력성을 단순히 부정의 계기로 다루면서 폐기하는 것은 죄와 악과 죽음의 부정적인 현실을 너무 가볍게 여기는 것이 될 수 있다. 예수의 폭력적인 죽음에는 이데올로기적인 왜곡에 대한 비판 혹은 해체만으로 소진될 수 없는 부정의 현실에 대한 어떤 근본적인 통찰이 담겨 있다. 이 점에 비추어 예수의 십자가 수난과 죽음에 드리워진 부정적인 폭력성의 두 가지의 매우 중요한 의미를 밝히는 것이 중요하다. 먼저 예수의 십자가 수난과 죽음은 모든 생명이 직면하고 있는 이 세계의 벌거벗은 보편적인 폭력성의 실체 혹은 심연을 비추는 거울이다. 예수의 삶과 죽음에 대한 역사적인 이해에 바탕을 둔 비판적 견해들이 밝혀주듯이, 예수의 수난과 죽음은 폭력적인 죽음이라는 의미에서 정의의 문제를 제기한다. 예수의 십자가의 죽음은 폭력적인 죽음이 더 이상 반복되어서는 안 된다는 점을 상기시킨다.

이런 점에서 예수의 십자가의 수난과 죽음의 사회적 · 정치적 · 경제적 요인들을 주목하고 강조하는 것은 역사를 통해 반복되어 온 폭력적 죽음을 상기하고 폭로하는 데 커다란 기여를 한다. 예수의 수난과 죽음은 지금도 부정의하고 사랑 없는 사회 · 정치 · 경제 질서에서 일어나는 폭력적인 고통과 죽음의 현실을 직시하게 한다. 이런 의미에서 전통적인 대속 교리는 실제 인간들을 포함해 온 생명의 고통과 죽음의 생생한 부정적인 실재를 제대로 담아내지 못한 경향이 있다. 예수의 수난과 죽음을 온전하게 이해하기 위해서는 그 폭력적인 죽음의 성격을 무시해서는 안 된다. 예수의 죽음과 부활은 모순적이고 불의한 현실에서 폭력적인 죽음에 직면하고 있는 생명 파괴와 상실을 치유하는 능력을 발휘할 수 있다. 예수의 폭력적인 고통과 죽음을 애써 외면하는 가현설과 영지주의의 죽음 이해는 오늘날의 죽음과 죽임의 현실에서 고뇌하고 절망하는 생명들을 살림으로 이끌어내기 어렵다.

준비된 죽음에 대하여

죽음은 잘 준비되고 수용될 때 그 존엄성이 실현될 수 있다. 죽음을 맞는 사람의 자발적이고 능동적인 수용이 수반되어야 할 것이다. 능동적 수용의 결단이 수반되지 않는 죽음은 주체의 존엄을 도무지 찾아볼 수 없는 무가치하고 무의미한 강요된 죽음에 불과한 것이 아닐까? 주체의 자유와 자발성에 바탕을 둔 기꺼운 긍정과 수용이 수반된 죽음이라야 존엄한 죽음이라 할 수 있을 것이다. 그러나 현대인들은 개인의 자유와 권리의 신장으로 모든 영역에서 주체성과 자율성을 향유함에도 불구하고 진정 자발적·능동적으로 자신의 죽음을 수용한다고 할 수 없다. 오히려 죽음을 단선적으로 부정하고 배제하려고 한다. 그러한 태도에서 죽음의 존엄성을 기대하기 어렵다.

기독교는 고통과 죽음의 긍정적인 수용에 대해 어떤 이해와 실천을 보일까? 기독교는 삶 속에서 죽음을 수용하고 포용할 것을 지속적으로 환기시켜 왔다. 예컨대 '성도의 교제'라는 교리에는 산 자들과 죽은 자들의 연대를 강조하는 식으로 죽음을 포용하는 숙고가 엿보인다.[13] 그렇다면 죽음의 자발성이나 능동성이라는 견지에서 예수의 수난과 죽음을 자발성이나 능동성이 실현된 죽음으로 해석할 수 있을까? 그의 죽음을 오늘날의 표현으로 '주체적인 죽음'이라는 의미에서 존엄한 죽음으로 이해할 수 있을까? 예수는 자신의 수난과 죽음을 어떻게 받아들였고 또 초기의 그리스도인들과 기독교공동체들은 그것을 어떻게 해석하고 받아들였을까?

예수의 죽음은 순교의 죽음으로 이해되었다. 예수의 수난과 죽음은 종말론적인 하나님나라의 도래를 선포한 예언자의 순교의 죽음으로 기억되고 이해되었다. 의인의 고난(시편 21, 31, 69)이나 하나님이 보내신 하나님의 종 예언자가 이스라엘 백성에 의해 박해와 죽임을 당한다는 생각(이사야 53장 참조)은 이미 구약성서에 뿌리를 두고 있다. 구약성서의 예언 전승은 하나님의 통치를 선포하면서 회개를 촉구하다가 의로운 고난과 죽임을 당한 예언자들에 관한 내용을 전해준다. 수난사화는 시편 22편과 69편 등을 인용하여 예수의 죽음을 의인의 고난으로 묘사한다(마가복음 15:23 이하, 29, 34 등). 수난사화의 증언에 따르면 예수도 자신의 죽음을 예언자의 죽음으로 해석하고 있다. 주인의 종과 아들을 돌로 치고 죽이는 악한 포도원 소작인의 이야기(마태복음 21:33-41; 마가복음 12:1-9; 누가복음 20:9-16)는 예수가 자신의 죽음을 비유를 들어 예언자의 고난과 죽음으로 말한 것이다. 수난 전승이 담아내고 있는 가장 중요한 신학적 동기는 예수의 수난과 죽음을 구약성서의 예언서들과 시편의 예언들의 성취로 제시함으로써 참혹한 죽음에도 불구하고 예수가 메시아요 하나님의 아들임을 선포하는 데 있다.[14]

또 예수가 예루살렘에 올라갈 것을 결심하고 또 예루살렘으로 가는 길에서 자신의 수난과 죽음을 예견하고 표명하고 있다. 수난사화는 여러 곳에서 이 사실을 증언한다. "이틀이 지나면 유월절이라 인자가 십자가에 못 박히기 위하여 팔리리라(마태복음 26:2).”; “인자가 많은 고난을 받고 장로들과 대제사장들과 서기관들에게 버린바 되어 죽임을 당하고 사흘 만에 살아나야 할 것을 비로소 그들에게 가르치시되(마가복음 8:31; 9:31; 10:33-34 평행구절 참조)”; “그러나 오늘도 내일도 그 다음 날도, 나는 내 길을 가야 하겠다. 예언자가 예루살렘이 아닌 다른 곳에서는 죽을 수 없기 때문이다(누가복음 13:33, 표준새번역).” 예수는 수난과 죽음 앞에서도 그것을 피하지 않고 오히려 자발적으로 대면하고 대결하면서 하나님나라의 도래를 위해 기꺼이 수용하고 있음을 알 수 있다.

아울러 제자들에게도 하나님나라의 대의를 위해서라면 자신의 목숨을 기꺼이 버릴 것을 권면하고 있다. “누구든지 자기 목숨을 구원하고자 하면 잃을 것이요 누구든지 나와 복음을 위하여 자기 목숨을 잃으면 구원하리라(마가복음 8:35).” 하나님나라 복음을 위한 정의로운 죽음이라면 그것을 자발적으로 감수해야 한다고 가르치는 것이다. 예수의 마지막 말씀은 자신의 수난과 죽음을 하나님의 뜻에 대한 순종으로 수용하고 있다. “아버지여, 내 영혼을 아버지 손에 부탁하나이다(누가복음 23:46).” 예수는 “다 이루었다”(요한복음 19:30)는 마지막 말씀을 남기고 숨을 거두었다. 예수의 죽음은 너무 때 이른 죽음이었음에도 불구하고 온전히 준비된 완성의 죽음이었다. 초기 기독교의 사도들도 예수의 수난과 죽음이 인간의 죄악에 의해 저질러진 폭력적인 죽임임에도 불구하고 동시에 하나님의 뜻을 좇은 자원적인 능동적 죽음임을 강조한다(사도행전 2:23, 36 참조). 초기 기독교의 최초의 순교자라 할 수 있는 스데반의 설교에도 이를 뒷받침하는 진술이 나온다. 수난사화들이 증언하는 바를 고려해 보면 예수의 수난과 죽음은 강요된 것이었지만 결코 마지못해 굴복한 수동적인 죽음이 아니었다. 예수는 하나님의 뜻에 따라 예루살렘에 들어가서 기꺼이 죽음을 수용했다. 예수의 죽음은 정의가 짓밟힌 죽음이었지만 그럼에도 불구하고 능동적으로 수용된 죽음이라 할 수 있다. 예수의 수난과 죽음은 고통과 죽음의 부정성과 폭력성에도 불구하고 하나님 나라의 대의에 순종하고 헌신하는 고통과 죽음의 긍정성과 포용성을 보여준다.

의인과 예언자의 순교, 즉 정의에 반하는 죽음을 의연히 능동적으로 수용한 예수의 수난과 죽음은 오늘날의 존엄한 죽음의 이해와 실천을 위해 깊은 시사점을 준다. 예수는 진정한 의미에서 존엄한 죽음을 이해하고 실천했다고 할 수 있다. 그는 자신의 죽음을 의인의 고난이나 순교자의 죽음으로 수용함으로써 철저히 자발적이고 준비된 죽음을 맞이했다. 그의 수난과 죽음은 공적인 삶과 분리되지 않는다. 그의 수난과 죽음은 그의 공적인 삶의 귀결이다. 다시 말하면 예수는 자신의 삶을 통해 철저하게 준비된 죽음을 죽은 것이라고 할 수 있다. 이런 뜻에서 "예수는 자신이 살았던 생애의 의미대로 죽음을 당했고, 자신이 당한 죽음의 의미대로 살았다."[15] 예수는 자신의 죽음이 정의에 반하는 죽음임을 알면서도 그 죽음을 기꺼이 수용하고 있다. 그는 때 이른 죽음에 대한 비통과 공포를 치열한 고뇌와 하나님의 뜻에 대한 순종과 기도를 통해 죽음을 준비하는 자세를 가다듬음으로써 극복하고 있다. 예수의 수난과 죽음에 대한 태도는 죽음을 두려워하는 것과 죽음을 용감하게 대면하는 것은 양립 가능하다는 것을 보여준다. 이런 뜻에서 예수의 죽음은 그 외면적 폭력성에도 불구하고 진정한 죽음의 존엄성을 보여준다.[16]

오늘날의 죽음 문화는 죽음의 자발적이고 능동적인 수용의 여지를 만들어주는 죽음 이해와 실천이 빈곤하다. 그 이유는 앞서 살펴보았듯이 이 시대의 죽음 문화의 바탕에 죽음을 부정하고 배제하는 얄팍한 정신이 깊이 박혀 있기 때문이다. 죽음의 부정과 배제는 죽음을 준비할 수 있는 여지를 박탈한다. 죽음을 준비하지 않고 어떻게 존엄한 죽음을 맞이할 수 있겠는가? 죽음을 넉넉하게 자발적으로 수용하기 위해서는 늘 죽음을 이해하고 준비해야 한다. 준비된 죽음에서 죽음의 능동적인 넉넉한 수용이 가능하다. 예수의 수난과 죽음은 능동적인 넉넉한 수용을 생각나게 해준다는 점에서 오늘날의 존엄한 죽음의 모범이 될 수 있다.

대속의 죽음에 대한 재성찰

그리스도인들에게 예수의 수난과 죽음은 아주 오랫동안 매우 독특하면서도 심층적인 의미를 지니고 있는 것으로 이해되었다. 그리스도인들은 예수의 수난과 죽음을 기억하고 신앙적으로 본받는 실천을 반복해서 수행하면서도, 그것이 매우 고유한 의미에서 절대로 모방하거나 반복될 수 없음을 분명히 했다. 예수의 자발적이고 용기 있는 주체적인 삶과 죽음의 의미는 동시에 다른 사람을 위한 희생적인 사랑과 섬김의 삶과 죽음으로 심화되고 확대되었다. 초기 기독교공동체가 예수의 수난과 죽음을 대속의 죽음으로 해석하고 실천한 것은 사실적 근거를 결여한 것으로 볼 수 없다. 예수의 자기희생적인 섬김의 삶에 대한 초기 제자들의 기억이 예수의 수난과 죽음을 이타적인 대속의 죽음으로 이해하고 실천하는 기초가 되었을 것이다. 예수는 하나님의 뜻을 좇아 철저히 섬김의 삶을 살았다. 그의 수난과 죽음은 이런 철저한 섬김의 삶의 귀결이었다. 그의 삶과 죽음은 윤리적 의미를 넘어 종교적 의미를 지닌 것으로 해석되고 또 실천적인 모범이 되었다.

실제 성서에는 예수의 수난과 죽음을 이타적이고 공동체적인 대속의 죽음으로 해석하고 본받고자 하는 증언들이 매우 자주 나온다. 먼저 복음서의 증언에 따르면 우선 예수 자신이 그렇게 이해하고 실천한다. 예수는 자신의 죽음을 '많은 사람을 위한' 죽음으로 규정하였다. 예수는 자신의 죽음을 많은 사람들에게 생명(구원)을 가져다주는 죽음으로 인식하고 실천하고 있다. "인자는 섬김을 받으러 온 것이 아니라 섬기러 왔으며, 많은 사람을 구원하기 위하여 치를 몸값(ransom)으로 자기 목숨을 내주러 왔다(마가복음 10:45; 마태복음 20:28 참조, 표준새번역)." 공관복음서에 모두 나오는 저 유명한 마지막 만찬(마태복음 26:26-30; 마가복음 14:22-26; 누가복음 22:15-20)에서도 예수는 자신의 죽음을 "많은 사람을 위한" 이타적이고 공동체적인 죽음으로 이해하고 실천하고 있다. 예수의 죽음은 많은 사람을 위한 언약의 죽음이다. "이것[잔]은 죄를 사하여 주려고 많은 사람을 위하여 흘리는 나의 피, 곧 언약의 피다(마태복음 26:28; 마가복음 14:24; 누가복음 22:20 참조)."

초기 기독교에서 예수의 수난과 죽음이 지닌 타자를 위한 공동체적인 성격을 가장 강렬하게 조명하는 인물은 바로 바울이다. 성서에서 예수 그리스도의 수난과 죽음에 대한 최초의 해석과 실천의 기록은 바울에게 소급된다. "나도 전해 받은 중요한 것을 여러분에게 전해 드렸습니다. 그것은 곧, 그리스도께서 성경대로 우리 죄를 위하여 죽으셨다는 것과 무덤에 묻히셨다는 것과, 성경대로 사흗날에 살아나셨다는 것과(고린도전서 15:3-4, 표준새번역)". 바울은 예수 그리스도의 삶과 죽음과 부활이 '많은 사람'에게 생명을 가져다주기 위한 이타적이고 공적인 성격을 가지고 있음을 반복적으로 강조하고 있다(로마서 5:12-21). 예수의 죽음은 하나님의 저주를 받은 죽음이었지만 동시에 타자를 위한 죽음이었다. "그리스도께서 우리를 위하여 저주를 받은 바 되사 율법의 저주에서 우리를 속량하셨으니(갈라디아서 3:13)."

예수의 대속의 죽음은 후대 기독교에서 가장 중요한 해석과 실천의 모형이 되었다.[17] 그러나 전통적인 해석들은 예수의 대속의 죽음이 지닌 좀더 웅혼한 정신을 온전히 퍼올렸다고 말할 수 있을까? 대속 교리가 오히려 폭력을 정당화하거나 조장하지 않는지에 대한 신학적인 비판들이 제기되었다. 예컨대 파우스토 소치니와 같은 사람은 하나님이 죄 있는 자 때문에 죄 없는 자를 벌주었다는 주장은 하나님을 불의하게 할 수도 있다고 보았다. 그의 주장은 논리적으로 빈곤하다. 그는 도덕적 죄책에 대한 개인주의적 개념을 지니고 있는데 이는 문제가 많다. 그러나 예수의 대속의 죽음은 이데올로기 비판이 소진시킬 수 없는 어떤 본질적인 정신을 담고 있다.

오히려 인간 실존의 사회적 성격은 모든 개인이 다소간 외부의 것들과 연관된 책임감에서 구체적으로 행동한다는 사실에 기초를 두고 있다. 개인의 행동은 그가 속한 공동체와 연관을 지닌다. 따라서 사회의 공동의 삶에서는 대리가 보편적 현상이다. 인간의 공동의 삶에 놓인 대리의 보편적 현상 없이는 예수 죽음의 대리 능력에 대한 기독교의 교리는 무의미한 주장이 될 수도 있다. 예수 죽음의 대리 능력의 명백한 의미는 예수가 우리를 위해 죽었기 때문에 이제 더 이상 어느 누구도 죽지 말아야 한다는 것이 아니다. 오히려 이 능력은 이제부터 어느 누구도 더 이상 혼자 죽으면 안 되고 오히려 죽음 가운데서 예수의 죽음과 하나가 될 수 있다는 것을 의미한다. 예수가 우리의 죽음을 대리함으로써 우리에게 임하는 죽음의 성격이 바뀐 것이다.[18]

이렇게 대리 개념의 재해석을 통해 그 심원한 정신을 퍼올리는 것이 중요하다. 예수의 대속의 죽음의 본질은 타자를 위한 공동체의 성격에 있다. 예수의 수난과 죽음은 하나님의 한량없는 사랑을 드러내주고 고난과 죽음 가운데 있는 모든 이들과의 하나님의 결속을 표현해 준다. 신약성서가 증언하는 대속의 죽음은 예수의 이타적인 섬김과 자기희생을 강조한다. 예수는 하나님나라 사역을 수행하다가 불가피하게 고난과 십자가의 죽음의 길을 선택하게 된 것이 아니라 처음부터 세상에 생명과 구원을 가져다주기 위해 자신을 희생하고자 세상에 온 것이다.

예수의 수난과 죽음은 생명의 보편적인 고통과 죽음의 부정의 현실에 참여하고 연대한 죽음이다. 대속의 죽음을 오직 개인의 구원을 위한 대리와 희생 기능의 의미만을 협소하게 강조해서 이해해서는 안 된다. 예수의 대속의 죽음은 개인의 구원을 위한 대리와 희생을 넘어 성삼위 하나님과 그리스도의 존재와 활동의 측면에서 훨씬 더 깊고 넓은 함의를 지닌다.[19] 그것은 성삼위 하나님과 화육하신 예수가 온 생명이 겪고 있는 고통과 죽음의 보편적인 폭력적 현실에 존재적으로 또 활동적으로 참여한 공동체적 연대를 담아 내는 선포이다. 정의롭지 못한 현실에 존재적으로 또 활동적으로 참여한 예수의 수난과 죽음은 사회성 혹은 공공성을 담고 있다.

초기 기독교공동체는 예수의 삶과 죽음에 담긴 우리 모두를 위한 공동체적인 대리와 책임의 의미를 깊이 이해하고 통감했다. 이러한 의미를 생략한 채 너무 서둘러 예수의 수난과 죽음을 나의 죄를 속하기 위한 개인적 의미의 죽음으로 전유하는 것으로 건너뛰어서는 안 될 것이다. 예수의 수난과 십자가의 죽음에서 드러나는 죽음의 폭력성을 단순히 속죄를 위한 부록 정도로 다루어서는 안 될 것이다. 예수의 대속의 죽음은 죄악에 의해 야기된 고통과 죽음이라는 보편적인 부정적 현실에 속해 있는 생명과 하나님의 일치와 연대를 담고 있다. 이런 뜻에서 예수 그리스도의 수난과 죽음은 하나님나라 선포와 분리될 수 없다. 예수 그리스도의 삶과 죽음이 보여준 하나님나라는 단순히 종교적인 현실로 축소되는 것이 아니라, 정치·경제·사회의 총체적인 차원에서의 일대 변혁을 요구하는 새로운 현실이다.

바로 예수의 대속의 죽음이 지닌 이런 웅혼한 정신을 본받는 실천이 중요하다. 바울은 '그리스도와 함께 죽는 죽음'을 대단히 강조한다(로마서 6:1-14 참조). 바울에게 그리스도의 죽음을 본받는다는 것은 바로 예수의 이타적인 공동체를 위한 죽음을 자신의 삶과 죽음을 통해서 본받는다는 것을 의미한다. 예수의 십자가의 죽음을 믿는 사람들은 죽음 가운데서 생명이신 하나님을 떠나지 아니할 뿐만 아니라 그의 타자를 위한 공동체의 죽음을 본받으려고 애쓴다. 예수의 대속의 죽음은 이기적 삶을 버리고 이타적으로 살고 죽고 부활한 그를 본받아 살도록 고무한다. 예수의 수난과 죽음이 보여주는 죽음의 이타적 공동체성에 비추어 볼 때 오늘날의 죽음 문화는 어떤가? 현대인들의 죽음 이해와 실천에는 이웃을 위한 여지가 별로 없다. 나 혼자만의 죽음을 감당하기도 힘이 부치다. 왜냐하면 현대인들의 죽어감과 죽음은 고독하기 때문이요 공동체로부터 격리되어 있기 때문이다.

죽음의 부정과 수용의 변증법을 지향하며

죽음은 긍정의 얼굴과 부정의 얼굴을 동시에 지니고 있다. 오늘날의 축소, 분리, 망각, 부정, 배제의 단선적인 죽음 문화를 지양하고 미래에 좀 더 바람직한 생명 문화를 형성하려면 죽음의 이런 변증법적 성격을 주목해야 한다. 우리가 긍정하면서 기꺼이 자발적으로 수용해야 할 죽음이 있다. 그러나 부정하면서 수용하지 말아야 할 죽음도 있다. 우리는 자발적이고 주체적인 나의 죽음과 나아가 타자를 위한 공적인 죽음을 긍정하면서 수용할 수 있어야 한다.

먼저 죽음의 존엄성을 실현하기 위해서는 죽음의 부정적 얼굴을 회피해서는 안 된다. 고통스러운 죽음은 슬픔과 두려움이나 공포를 야기한다. 그러나 오늘날의 고통과 죽음의 문화는 죽음의 두려움이나 공포를 인정하고 받아들이기보다는 영웅적 충동이나 영웅 숭배와 같은 매우 건강하지 않은 기제들을 통해 억압하려고 한다. 억압된 고통과 죽음의 두려움이나 공포는 대단히 부정적이고 파괴적인 폭력과 대량 살상(전쟁)으로 표출될 뿐이다. 예수의 수난과 죽음은 죽음의 슬픔과 공포에 대한 연약한 인간의 수용의 자세를 보여준다. 그것은 영웅적 충동이나 영웅 숭배와 같은 과시적인 기제들이 아닌 성숙한 신앙을 통해 극복할 수 있음을 보여준다. 죽음의 폭력적인 얼굴에 대한 냉철한 인식이 필요하다. 예수의 수난과 죽음에 계시된 폭력성에 대한 끊임없는 숙고는 생명이 부정된 현세에서의 정의롭지 못한 폭력적인 고통과 죽음에 대해 늘 비판적으로 인식하게 한다. 정의롭지 못한 폭력적인 희생의 고통과 죽음을 정당화해서는 안 되고 오히려 지양해야 한다. 폭력적인 고통과 죽음을 지양하지 않고는 존엄한 죽음을 기대할 수 없다.

존엄한 죽음을 실천하기 위해 또 하나 중요한 사실은 삶의 완성으로서의 죽음을 수용할 수 있어야 한다는 것이다. 오늘날의 고통과 죽음의 문화는 고통과 죽음의 자발적이고 능동적인 수용의 여지가 너무 적다. 고통과 죽음을 망각하고 부정하며 배제하는 것은 죽음을 준비할 수 있는 여지를 박탈한다. 죽음을 이해하며 준비하지 않고는 존엄한 죽음을 맞이할 수 없다. 예수의 수난과 죽음은 준비된 죽음임을 보여준다. 죽음을 철저하게 준비해야만 죽음의 능동적인 넉넉한 수용이 가능할 것이다.

마지막으로 죽음의 존엄성을 실현하기 위해서 반드시 강조해야 할 점은 고통과 죽음에 대한 참여와 연대를 실천하는 것이다. 사람은 누구나 근본적으로 죽음 앞에서 평등하다. 누구도 죽음을 비켜갈 수 없다. 예수의 수난과 죽음을 통해서 우리는 고통과 죽음을 단순히 고립된 개인 혹은 개체의 죽음으로 이해할 것이 아니라 사회 나아가 온 생명 공동체의 고통과 죽음과 연관된 것으로 이해하는 노력이 필요함을 배운다. 예수의 죽음에 대한 기억은 개인의 이야기가 아니라 공적 담론, 곧 우리들의 이야기다. 모든 타자들의 고통과 죽음에서 온 사회의, 나아가 온 생명 공동체의 고통과 죽음, 곧 우리들의 고통과 죽음을 반추할 수 있어야 한다. 고통과 죽음의 벌거벗은 폭력성에 대한 공동의 인식이야말로 온 생명의 가장 보편적인 일치와 연대를 가능하게 한다. 고통과 죽음의 폭력성에 대한 공동의 인식과 실천(참여와 연대)이 이루어질 때 생명을 부정하는 폭력적인 고통과 죽음의 지양과 함께 참다운 생명의 존엄성이 실현될 수 있을 것이다.

제3부

죽음의 정의(正義)에 대한
신정론/반신정론의 성찰

6장 | 부조리하고 고통스러운 죽음의 정의에 대한 물음

세월호의 고통스러운 죽음의 기억

2014년 4월 16일 오전 8시 48분경 전남 진도군 조도면 부근 해상에서 청해진해운 소속의 인천발 제주행 연안 여객선 세월호가 아직도 정확히 알 수 없는 어떤 원인으로 침몰했다.[1] 이 사고로 탑승 인원 476명 가운데 295명이 사망하고 9명의 시신은 여전히 바닷속 어딘가에 상실된 채 떠돌고 있다 (2014.11.1 현재). 세월호 참사는 한국 사회를 통시적으로 또 공시적으로 성찰할 과제를 던져 주었다. 이 사건은 우리 사회의 바탕에 도사리고 있는 악과 무의 심연을 드러냈다. 꽃다운 어린 생명들이 속절없이 차디찬 바닷물 속으로 스러져 가는 광경을 지켜보는 국민들은 분노를 넘어 참담한 심정을 가눌 길이 없었다. 우리는 세월호와 함께 우리 사회의 신뢰와 희망이 깊은 바닷속으로 가라앉는 것을 체험했다. 사회 도처에는 생명을 잃은 아픔으로 인한 탄식 소리가 들린다. 그러나 생명의 탄식을 보듬어 미래 생명살림의 동력으로 삼을 만큼 우리 사회의 사유와 정신의 공간은 그다지 넉넉하지 못하다. 어린 생명들을 잃은 고통 못지않게 더욱 쓰라린 것은 우리 사회의 미래 희망의 동력이 될 사유와 정신의 포용성을 발견할 수 없었다는 점이다. 많은 국민들은 이 사건에서 한국 사회의 절망 표징을 보았을 것이다. 만일 절망 표징을 보지 못했다면 그것은 우리가 무감각할 뿐만 아니라 생명력을 상실했다는 부인할 수 없는 증거라 할 수 있다.

왜 이 참사에서 우리 사회의 미래 희망의 상실을 이야기해야 할까? 그 무엇보다 충격적이고 가슴 아픈 사실은 이 참사에서 드러난 인간으로서의 가장 기본적인 양심과 책임의 붕괴라고 하지 않을 수 없다. 어떤 기자는 침몰하는 세월호를 한국 사회에 비유했다. 인정하고 싶지는 않지만 쉽사리 부정할 수 없는 심각한 비유라고 하지 않을 수 없다. 자괴감이 들지만 그의 비유가 틀리다고 부정하기 어렵다. 세월호 침몰 과정에서 보여준 선원들의 판단과 행동은 가히 경악스러운 것이었다. 인간 본성의 어두움을 비관적으로 바라보지 않을 수 없었다. 그들의 이기적이고 무책임한 판단과 행동은 인간에 대한 가장 기초적인 신뢰마저 뒤흔드는 엄청난 충격을 야기했다.

승객들과 배의 운명을 책임져야 할 선장과 선원들은 침몰 사고 직전 승객들을 뒤로 하고 자신들만 아는 통로를 통해 배에서 탈출했다. 익명을 요구한 세월호 한 선원은 "기관장이 기관실 직원들에게 퇴선 가능한 지점에서 준비하라고 지시해 선원들만 아는 통로를 통해서 함께 내려가서 퇴선했다."고 한다. 선원들은 수백 명의 승객들이 배 안에서 절체절명의 상황에서 구조를 기다리며 남아 있는 것을 알면서도 탈출했다. 승객들 대다수는 이제막 자신의 꿈을 펼치기 위해 발돋움하는 어린 학생들이었다. 그러니 어린 생명들의 수장이 한국 사회의 미래를 바다에 묻은 것이나 진배없는 것이다. 선장은 대피 명령도 내리지 않은 채 배와 승객들을 버리고 탈출했다. 이들은 해경 함정에 구조된 후에도 자신들의 신분을 감추었다.

그동안 이 참사를 둘러싸고 벌인 논쟁의 과정에서 보인 일부 몰지각하고 사악하기조차 한 판단, 언사, 행동은 선장과 선원들의 판단과 행동이 아주 예외적인 죄악의 행위가 아니라 한국 사회의 비도덕 구조에 닿아 있다는 사실을 부인하기 어려운 것으로 보인다. 한국 사회가 아무리 보수와 혁신의 이념이나 정견의 차이와 갈등으로 나뉘어 있다고 해도 이런 몰지각하고 사악한 언사들과 행동들은 단지 여론의 다양성과 차이로 돌리기에는 너무나도 심각하게 병리적인 것이라 하지 않을 수 없다. 이러한 사회적 병리는 비록 지금은 요원하다 할지라도 미래에 이루어야 할 사회와 공동체의 화해와 일치에 대한 희망을 그 뿌리부터 잘라낼 수 있을 만큼 파괴적인 것이다. 끔찍한 재앙과 고통을 경험하고도 해석하고 반성하며 화해할 줄 모르고 배우지 못하는 사회는 얼마나 어리석은가?

우리 사회의 가장 지성적인 집단에 속한다고 자처하고 또 타천하는 사람들 가운데서도 심히 염려하지 않을 수 없는 주장이 나온다. '세월호 참사는 단지 우리 사회가 겪은 그 많은 일련의 끔찍한 재앙들 가운데 하나일 뿐이다. 그것보다 더 많은 인명을 손실한 참사도 많이 있었다. 뭐 그렇게 까지 법석을 떨 문제가 아니다.'라고! 언제까지 이런 산술적이고 양화된 경성적인 견해들이 계속해서 제시되어야 하는지 모르겠다. 그런 시각에서 보면 이런 비극적 사건은 비단 우리나라에서만 일어나는 것은 아닐 것이다. 그보다 더 끔찍한 재앙들이 세계 도처에서 일어났고 앞으로도 일어날 것이니까.

그동안 세계 도처에서 악의 심연을 드러내는 끔찍한 재앙과 고통은 끊임없이 일어났다. 엄청나게 파괴적인 자연재해들과 지극히 폭력적인 전쟁들을 제외하고도 많은 인재들이 세계 도처에서 일어났다. 가히 악과 고통의 세계화의 증후라고 부를 수 있다. 20세기 이후에 벌어진 끔찍한 재앙과 고통을 언급하는 것만도 이렇게 짧은 지면에서 가능하지 않다. 히틀러의 나치에 의한 유대인 대학살, 스탈린의 전체주의에 희생된 생명들, 남아프리카공화국의 인종차별 정책에 희생된 생명들, 히로시마와 나가사키에 투하된 원폭 희생자들, 캄보디아 킬링필드에서 생명을 잃은 수많은 무고한 사람들, 발칸 반도에서 이른바 인종청소(ethnic cleansing)라는 명목으로 희생된 생명들, 종족 간의 갈등으로 피살된 수백만의 르완다인들, 그리고 최근 미국 뉴욕에서 일어난 9.11 테러로 희생된 무고한 시민들 등을 상기할 수 있다.

한국 사회는 어떤가? 지난 세기 전반기의 일제 피식민 체험과 한국전쟁은 제쳐두고 가까운 한 세대만을 상기해 보자. 벌써 올해로 20주년이 된 1994년 성수대교 붕괴, 1995년 삼풍백화점 붕괴, 2003년 대구 지하철 화재, 2007년 태안 기름 유출, 2009년 용산 참사, 그리고 2010년 천안함 침몰 등을 기억할 수 있다.[2] 세월호 참사는 과거에 일어났던 많은 재앙들과 미래에 일어날 재앙들 가운데 하나일 뿐이라고 무마할 수 있을까? 오직 세월호 참사만 많은 무고한 사람들이 희생되고 고통을 당한 것은 아니라고 정당화할 수 있을까? 이런 모든 경솔하고도 무책임한 판단들은 우리 사회에 만연한 정신과 사유의 부재나 가벼움, 빈곤을 드러낸다. 이런 정신과 사유의 빈곤에서는 미래 생명의 희망을 위한 공간을 찾기 어렵다.

아서 코헨은 이렇게 말한 적이 있다. "유대인들이 죽음의 수용소에서 경험한 '몸이 떨리는 엄청난 두려움(tremendum)'은 독특했다고 한다. 이런 주장은 옳을 것이다. 그러나 이 땅에서 학살당한 다른 사람들도 그에 못지않다. 그들도 유대인 못지않게 자신의 존재를 도살당했고 유대인 못지않게 불합리하고 무제한적으로 죽임을 당했다."[3] 코헨의 주장을 부조리하고 모순적인 재앙과 고통은 필연적이고 보편적이어서 어떤 특수한 사례를 부각할 필요가 없다는 뜻으로 새겨들어야 할까? 한 사회가 성장하기 위해서 성장통으로 그 정도의 희생은 감수해야 한다는 경직되고 경성(硬性)된 해석을 계속해서 내려야 할까? 코헨의 주장은 많은 무고한 유대인들의 희생과 고통뿐만 아니라 모든 무고한 사람들의 희생과 고통도 똑같이 주목의 대상이 되어야 한다는 뜻을 강조하는 것이다.

그러나 참사 위에 더 절망적인 참사만이 있던 것은 아니다. 참사 중에 희망의 표징도 드러났다. 부조리하고 모순적인 악과 고통 중에도 고통이 무의미한 고통과 허무와 절망으로 끝나지 않고 희망으로 승화될 수 있는 표징들이 드러나기도 했다. 절체절명의 상황에서 여러 스승들은 제자들과 승객들을 먼저 구조하기 위한 이타적 사랑을 실천했다. 스승들은 제자들의 생명을 구하기 위해 마지막까지 배에 남아 있다가 결국 싸늘한 주검이 되어 돌아오기도 했다. 스승들은 바닷물이 갑자기 배 안으로 차 들어오는 긴박한 상황에서 어린 제자들의 생명을 구하기 위해 최선을 다했다. 제자들에 따르면 어떤 스승은 난간에 매달려 있던 제자들의 탈출을 돕다가 실종되었다.

또 다른 스승은 제자에게 구명조끼를 양보하고 구조를 돕다가 정작 본인은 생명을 잃고 말았다. 선생은 탈출하라고 목이 터져라 소리를 지르며 탈출을 도왔다고 한다. 구조된 제자들에 따르면 어떤 스승은 선체가 급격히 기울어진 위급한 상황에서 선실 비상구 근처에서 제자들에게 구명조끼를 일일이 챙겨 주고 제자들을 안심시키며 끝까지 대피를 도왔다고 한다. 교단에서 만났던 아이들을 한 명이라도 더 구하기 위해 죽는 순간까지 자신을 불사른 것이다. 나중에 주검으로 발견된 한 젊은 여교사는 침몰 중에 자신은 구조될 수 있었는데도 불구하고 다른 여선생과 함께 제자들을 구하기 위해 배의 아래층으로 내려갔다가 결국 돌아오지 못하고 말았다고 한다.

스승들은 제자들의 생명을 구하고 제자들은 살신성인의 스승을 따라 다른 친구들과 자신들보다 더 어린 생명을 구했다. 한 여학생은 자신의 생명을 구할 수 있는 갑판까지 나왔다가 선실에서 터져 나오는 친구들의 울음소리를 듣고 친구들을 구한다고 다시 배 안으로 들어갔다가 결국 돌아오지 못하고 말았다. 배가 침몰하는 상황에서도 친구들을 위해 생존의 기회를 과감히 내던진 것이다. 한 남학생은 여학생에게 먼저 탈출을 양보한 뒤에 갑판에 남아 자신보다 더 어린 승객을 들쳐 안고 구명보트에 뛰어내렸다고 한다.

참사가 여전히 현재진행형인 상황에서 후안무치의 뻔뻔함만이 판을 친것은 아니다. 인간의 본성 깊은 곳에 자리한 선한 양심이 내뿜는 죄책감으로 가슴 아파하는 슬픔도 얼굴을 드러냈다. 긴박한 상황에서 제자들과 다른 승객의 대피를 돕다가 가까스로 구조된 교감 선생은 혼자 살아남은 죄책감을 이기지 못하고 구조 직후 결국 유서를 남기고 스스로 목숨을 끊고 말았다. 그가 남긴 유서에는 수학여행 인솔 책임자인 자신이 구조된 것에 자책감과 함께 '내 몸뚱이를 불살라 침몰 지역에 뿌려 달라. 시신을 찾지 못하는 녀석들과 함께 저승에서도 선생을 할까'란 당부가 담겨 있었다고 한다. 그의 유해의 절반은 아직도 다 찾지 못한 제자들의 시신이 머물러 있을 바다에 뿌려졌다.

참사로 자식을 잃은 한 어머니는 참척의 고통을 이기지 못하고 수면제를 복용하고 자살을 기도하였고, 이틀 후에 또 다른 아버지도 숨진 아들을 그리워하며 자살을 기도하였다. 참사 이후 희생자 가족들의 고통을 함께하면서 봉사하는 한 정신과 전문의의 표현대로, 희생자의 가족들은 압도적인 고통, 비극, 불행, 절망, 그리고 무기력 등의 감정으로 몸서리치고 있다. 또 다른 50대 조문객은 합동분향소에서 분향을 마친 후 나무에 목을 매 스스로 목숨을 끊었다. 그의 바지 뒷주머니에서 발견된 편지지 한 장 분량의 유서에는 "어른이어서 미안하다."는 내용이 담겨 있었다고 한다. 세월호 승무원의 딸이 스스로 목숨을 끊기도 했다.

참사는 희생자들과 그 가족들뿐만 아니라 구조와 봉사에 참여했던 시민들과 일반 시민들의 가슴에 화해되고 치유되기 어려운 깊은 상처를 남겼다. 세월호의 죽음의 심연에서 살아 돌아온 생존자들은 극도의 불안 증세로 고통을 당하고 있다. 그들은 참사의 충격으로 극도의 불안감에 떨고 있다. 이른바 외상 후 스트레스 장애(Post-Traumatic Stress Disorder, PTSD)를 겪는 것이다. 이것은 생명을 위협하는 충격을 당하거나 목격한 이후 나타나는 불안함, 악몽 등의 정서적인 증상이다. 또한 세월호의 구조 수색에 참가한 잠수사들도 여러 외상과 정신적인 증상을 호소한다.

세월호 죽음과 한국사회의 자화상에 대한 물음

진도 앞바다에서는 꽃보다 아름다운 어린 생명들을 태운 세월호의 침몰과 함께 참으로 커다란 것들이 바닷속으로 무너져 내려갔다. 만일 우리가 이 참사를 제대로 복기하지 않고 넘어간다면—안타깝게도 이미 그런 증후들이 두드러지게 나타나지만—얼마 지나지 않아 이 참사에서 얼마나 많은 것이 무너져 내렸는지를 고통스럽게 곱씹게 될 것이다. 한국 사회에서 적어도 상식을 지닌 구성원이라면 이 참사에서 수백의 생명이 스러지는 소리뿐만 아니라 이 사회를 지탱하는 초석이 무너져 내리는 소리도 함께 들었을 것이다. 세월호 참사는 한국 사회의 자화상과 진로에 대해 근본적인 여러 가지 질문을 제기한다. 뒤따르는 장들에서 살펴보겠지만, 악과 고통의 구조적인 문제뿐만 아니라 고통의 보편성의 문제와 고통의 망각과 회피의 문제를 생각해 볼 수 있다. 한국 사회 과연 어디로 가는지를 묻지 않을 수 없다.

그러나 요즘 우리 사회를 보노라면 성서가 전해 주는 3천 년 전의 광야의 내러티브로 해석하는 것이 꼭 들어맞는다는 생각을 하게 된다. 그 옛날 광야의 백성들처럼 당장 눈앞의 떡 몇 조각에 눈이 멀어 생명의 미래의 희망을 내팽개치는 증후가 현저하게 드러난다. 광야에서 배고픔을 달래 주었던 단선적인 성장의 신화가 여전히 우리 의식을 지배한다는 생각을 억누를 수가 없다. 이 참사를 생명 존중과 살림을 위한 계기로 삼기보다는 오히려 사회 구성원들의 뿌리 깊은 갈등의 골을 더욱 고착화하는 계기로 탈바꿈시키는 이 사회의—특히 정치 지도층의—정신과 사유의 빈곤은 가히 절망적이라 하지 않을 수 없다.

모세는 정말 다른 그 무엇보다 떡이 필요한 광야의 굶주린 백성들에게 사람이 떡으로만 사는 것이 아니라 생명의 말씀으로 사는 줄을 알아야 한다고 반복적으로 역설한다(신명기 8:3 참조. 마태복음 4:4). 무슨 시대에 뒤떨어진 낡아빠진 얘기인가 하고 반문하는 이들이 있을 수도 있다. 그런 말씀은 먹을 것이 없어 배를 움켜잡고 씨름해야 하던 산업화와 도시화 이전의 과거에나 적용될 수 있는 것이지! 그럴 수도 있다. 그러나 모세의 귀에 들린 이 생명의 말씀은 이스라엘 백성들에게 광야의 위기 상황에서 지침으로 삼으라고 준 말씀이 아니다. 이스라엘 백성이 젖과 꿀이 흐르는 그 아름다운 땅에 들어가서 번영을 누리며 살 내일을 위해 주는 생명의 말씀이다. 그야말로 이 생명의 말씀은 산업화와 도시화 이후의 탈현대 지구화 시대에 필요한 정언명령(categorical imperative)이다.

우리가 일부러 자학적이고 가학적으로 고통을 되씹고 추체험할 필요는 없겠지만 현실에서 일어나는, 원하지 않고 불가피하게 찾아오는 고통에 대한 기억을 소화해 낼 정신과 사유의 능력을 키우는 노력은 중요하다. 그렇지 않으면 무의미한 고통의 반복이 우리 온 생명을 계속해서 위협할 것이다. 개인이든지 사회든지 재앙이나 고통을 당해 저절로 성숙하는 것은 아니다. 부조리한 재앙이나 고통을 인과응보 식으로 정당화하지 않고 진정한 성숙통으로 삼는 것은 쓰라린 체험의 사유와 성찰을 통한 회개와 화해로 가능하다. 그래야 더 나은 미래가 열린다. 따라서 부조리하고 모순적인 재앙이나 고통을 당해 사유와 성찰을 통해 쓰라린 과거와 화해하지 않거나 그것을 소홀히 하는 것은 그런 고통을 아주 쓸모없는 것으로 만들어 버리는 어리석은 일이다. 허무주의와 비관주의가 자라는 온상은 바로 이런 무사유와 무반성으로 책임을 떠넘기면서 은연중에 손쉬운 희생양에 기대려는 태도이다. 그리고 그런 무사유와 무반성은 또 다른 재앙과 고통을 부르게 된다.

부조리하고 모순적인 재앙과 고통을 사유하지 않고 성찰하지 않으면 사람들의 마음은 거칠어지고 행동은 폭력적이 된다. 이런 의미에서 우리 사회의 만성적인 성찰과 사유의 빈곤은 참사 위의 참사라 우려하지 않을 수 없다. 우리 사회는 계속되는 인재(人災)에서 여전히 배우지 못하고 있다. 세계에서 가장 부지런한 이 백성들은 늘 말해지듯이 냄비 근성대로 서둘러 잊어버리는 길로 너무 재빠르게 내달리고 있는 것이 아닌지 염려하지 않을 수 없다. 인재를 계속해서 겪으면서도 그것을 극복하기 위한 실천은 고사하고 사유조차 하려 하지 않는다. 이는 매우 단견적이고 단선적인 태도라 하지 않을 수 없다. 우리는 어찌된 일인지 역사의 흐름을 깊이 호흡하면서 사유하고 성찰하려 하지 않는다. 빨리 잊고 앞으로 달려가는 것이 능사라 여긴다.

저 절망의 바다 심연에서 울려나오는 무고한 생명들의 말 없는 외침을 경청하고 사유하지 않으면, 슬픈 일이지만 한국 사회는 희망을 잃을 수도 있다. 눈앞의 떡 몇 조각에 눈이 멀어 이 외침에 귀를 닫아 버린다면 아주 소중한 그 무엇을 잃어버릴 것이다. 이런 무지와 오류에서 벗어나기 위해 세월호 참사와 한국 사회의 자화상을 좀 더 깊고 넓게 사유하면서 성찰하고 넘어가야 한다. 이 대목에서 우리에게 필요한 덕목은 빠르지만 생각하지 않는 토끼의 발이 아니라 느리지만 인내하면서 생각하는 거북이의 발이다.

이제 세월호 참사와 한국 사회의 자화상을 좀 더 차분히 사유하고 성찰하면서 부조리와 모순의 부정성을 쉽사리 건너뛰려고 하지 말고, 고통에 대한 사회의 기억 공간을 넓힘으로써 참된 화해와 일치의 동력을 만들어 내야 한다. 우리 사회의 다수의 구성원들은 아직도 발전주의 패러다임에 기초한 단선적인 성장 신화의 향수에 젖어 있다. 지난 반세기 동안 단선적인 성장의 신화가 사회 구성원들의 행복을 보장해 주지 못하는 증후들이 우리의 눈에 현저하게 드러나고 있음에도 여전히 그 신화의 망령에서 벗어나려고 하지 않는다. 도대체 얼마나 많은 생명들이 온갖 폭력적인 죽음으로 희생되어야 생명 존엄의 정신이 생겨날 수 있을까?

나는 우리 사회의 생명의 미래와 희망을 위해서도 그것이 당장의 떡 몇 조각보다 더 중요하고 깊은 뜻이 있다고 판단한다. 이런 주장이 떡이 중요하지 않다는 이분법적이고 단선적인 주형에 걸려 곡해되어서는 안 된다. 예수도 모세도 성경 그 어디에서도 떡이 중요하지 않다고 말한 적이 없다. 그들은 떡만이 중요한 것은 아니라고 강조했을 뿐이다. 역사는 몇 세대의 삶으로 끝나지 않는다. 떡의 진정한 중요성을 알고 실천하기 위해서는 사유와 성찰을 통해 생명의 말씀을 경청하면서 고통을 기억하기 위한 정신의 곳간을 넉넉하게 넓혀 가야 한다. 그래야 다시는 그런 전철을 반복하지 않을 생명 존엄의 길로 나아갈 수 있다.

어제의 부조리한 재앙과 고통의 경험을 성찰하여 해석하고 화해하는 대신 서둘러 망각하고 앞으로만 달려가려는 조급함이 어제 오늘날의 일은 아니지만 여전히 수정될 기미가 보이지 않는다. 우리는 어제의 모순과 부조리를 서둘러 잊고 앞의 비전만을 찾으려 한다. 부조리하고 모순적인 재앙과 고통을 당해서 여전히 그 뜻을 이해할 수 없고 화해하지 못했는데 어찌 희생자들과 그 가족들은 말할 것도 없고 대다수의 선량한 사회 구성원들에게 일치와 통합을 기대할 수 있겠는가? 우리 모두의 탄식하는 양심이 일치와 통합을 거부한다.

모두 말로 표현하지 않지만 이런 고통의 상처(trauma)는 희생자들과 그 가족들뿐만 아니라 책임을 방기한 사람들의 심정에도 지울 수 없는 고통의 상처를 새겨 넣게 마련이다. 이것은 결국 공감과 연대의 공동체 붕괴와 더불어 상호 불신과 냉랭함만이 판을 치는 삭막한 사회로 귀결되고 말 것이다. 사회 구성원들이 심정적 화해와 일치를 느낄 수 없음에도 평화를 누린 사회가 역사를 통해 단 한 번이라도 존재한 적이 있는가? 아무리 물질적으로 성장하고 부유해진다 하더라도 부조리하고 모순적인 재앙과 고통을 당해 서로 비난하고 심지어 저주를 쏟아내며 책임 돌리기 급급한 사회에 무슨 미래가 있을 수 있단 말인가? 우리 사회는 여전히 이념에 사로잡힌 채 모든 문제를 이념의 안경으로 바라보는 고질적인 배타적 당파성으로 신음한다. 부조리하고 모순적이며 끔찍한 악과 고통의 현실에서, 보편적인 공감과 연대와 포용의 사회 공동체를 이루어 낼 정신과 사유 능력의 부족을 여실히 보여주는 실정이다.

'돌진적 근대화'와 '위험사회'에 대한 성찰

세월호 참사 이후에 어디에서 희망의 창을 찾을 수 있을까? 현재 우리 사회 환경에서 희망을 이야기하는 것은 들려질 수 없는 독백에 불과하다는 생각이 든다. 아무도 희망의 소리를 들을 수 없다. 왜냐하면 희망의 소리를 매개할 촉매가 모두 소진되었기 때문이다. 그래서 희망을 이야기하는 소리는 울리는 꽹과리에 불과하다. 때로는 반복과 복기가 필요하다. 지금이 그때가 아닐까? 우리가 다시 희망을 이야기하고 앞으로 달려 나가기 전에 지난 반세기의 정신없는 경주를 제대로 성찰해야 한다고 생각한다.

이미 많은 사회과학자들이 지난 반세기의 근대 산업화의 단선적인 성장 이념의 문제점을 지적하였고,[4] 특히 1997년 경제 위기를 거치면서 근대화 이후의 한국 사회의 위험성에 주목하면서 근대화 과정을 성찰해야 한다는 목소리를 내 왔다.[5] 한국 사회의 근대화는 양가적인 성격이 있는 것으로 평가된다. 즉 그것은 익히 자주 강조된 대로 세계사에서 유래를 찾을 수 없을 정도로 역동적이고 압축적 성격이 있을 뿐만 아니라 위험사회의 구조적 원인이 되는 파행적 성격이 동시에 있다는 것이다. 그래서 사회과학자들은 한국 사회의 근대화에 '돌진적 산업화(rush-to industrialization)' '돌진적 근대화' 또는 '돌진적 성장에 의한 파행적 근대화'라는 이름을 부여한다.[6] 다시 말하면 한국 경제는 '돌진적 성장'을 통해 총량 성장과 함께 산업화를 급속하게 이루었지만, 바로 그것이 파행적 근대화(limping modernization)를 야기해서 이중 위험사회가 초래되었다는 것이다.[7] 21세기의 한국 사회는 20세기 후반의 돌진적 근대화에 세계화가 맞물리면서 한층 더 위험한 사회로 변모해 가는 증후들이 나타난다.

한국 사회의 총체적 위기 내지 위험은 정신적이고 도덕적인 성숙을 등한시한 채 오직 돌진적 경제성장만을 단선적으로 추구한 결과라고 할 수 있다. 물질주의적 가치관과 개인적·집단적 이기주의는 타인에 대한 배려나 돌봄을 소홀히 함으로써 사회의 공동체적 기반을 흔들어 왔다. 이런 이타적이고 공동체적인 정신과 가치를 소홀히 한 결과가 생명의 상실이라는 부메랑으로 돌아오고 있는 실정이다. 이런 상황에서 근대화 이후 세계화의 현실에서 한국 사회 전반에 대한 구조적 성찰이 요청된다. 돌진적 근대화가 세계화와 맞물려 야기하는 부정의 결과들에 대한 성찰을 제대로 하지 않는다면 희망의 미래는 열리지 않을 것이다. 세월호 참사는 위험사회와 사회적 고통에 대한 더 심층적인 경고의 표지로 해석될 수 있다.

그런데 시야를 넓혀 보면 세월호 참사를 통해 드러난 고통과 위험은 한국 사회만이 아닌 지구촌 전체의 문제임을 알 수 있다. 서구의 근현대사의 전체상을 제시하는 데 탁월한 기여를 한 홉스봄(Eric Hobsbawm)은 20세기를 '극단의 시대'나 '폭력의 시대'로 규정하면서 20세기 말의 세계가 "역사적 위기의 시점"에 이른 징후들을 보인다는 역사적 진단을 내리고 있는데 이제는 역사가 되어 버린 20세기의 역사가의 진단에 귀를 기울일 필요가 있다.[8] 오늘날 많은 사회과학자들 역시 근대화 이후의 세계화의 지구촌을 근본적 성찰이 요구되는 위험 사회로 규정한다. '성찰적 근대화'라는 용어는 기든스(Anthony Giddens)가 처음 제시했고, 위험 사회라는 개념은 본래 독일의 사회학자 울리히 벡(Ulrich Beck)이 제시한 것이다.[9] 그에 따르면 위험사회는 전 세계적인 문제로 순간순간 엄청난 재난을 불러올 수 있는 상황이 지속되는 특징이 있다.[10] 기든스는 세계화와 맞물려 전개되는 고도의 위험이 도사린 세계를 '가공된 불확실성의 세계'라고 표현하면서 위험사회의 시각은 '근대화 자체가 자신에게 가하는 상처와 불안을 다루기 위한 체계적인 방법'이라고 한다.[11] 오늘날 세계가 엄청난 재난 가능성을 안고 있다는 위험사회 테제는 서론에서 언급한 고통의 세계화와 지역화라는 테제와 맥을 같이 한다.

그러나 사회과학자들과 의학자들이 전망하는 위험사회와 고통의 세계화·지역화의 문제는 인문학적으로 볼 때 더 심층적인 차원에 닿아 있다. 재앙과 고통에 대한 감수성을 고양하기 위해 내러티브 같은 증언과 고백의 활동이 더욱 활성화되어야 하리라 본다. 그동안 우리 사회는 특별히 이념 장벽이 주는 압박 때문에 고통을 서둘러 망각하거나 억압하는 암묵적인 전략을 구사해 왔다. 고통과 죽음을 부정하는 사회, 고통과 죽음을 망각하는 사회, 고통과 죽음을 억압하는 사회, 고통과 죽음을 성찰하지 않는 사회, 고통과 죽음에 대한 애도가 지연된 사회, 이것이 20세기와 21세기 초 한국 사회의 정신적인 자화상이다. 최근의 생명 경시와 파괴의 현실이 이런 사회정신과 무관하다고 보기 어렵다. 최근 생명 상실의 현실은 고통을 포함한 삶의 어두운 측면을 차분히 성찰하지 않고 단선적인 긍정의 논리만으로는 참된 생명의 문화가 뿌리내릴 수 없다는 엄연한 사실을 보여준다.

그동안 한국 사회의 고통에 대한 이야기 서술은 문학의 영역에서 그래도 꾸준히 전개되었다고 할 수 있다.[12] 고통과 고통의 기억을 건강하게 되새기는 내러티브 활동이 군이 문학의 영역에만 국한될 것이 아니라 문화 전반에 걸쳐 더욱 더 폭 넓게 이루어져야 한다. 화해와 치유는 고통의 상처에 대한 단층적인 처방을 하는 것으로 이루어질 수 없다. 그나마 고무적이고 희망적인 것은 산업화 이후 민주화의 맥락에서 인문학이나 대중 예술의 영역에서 우리 사회의 고통에 대한 관심과 성찰이 부쩍 늘고 있다는 점이다. 한편으로는 기존의 고통에 대한 억압이나 순응, 고통의 회피나 망각을 벗어나 고통에 대한 감수성을 강조하면서 고통을 적극적으로 표현하는 흐름이 생겨났다. 고통에 대한 증언과 성찰은 우리 사회 구성원들의 더 심층적인 화해와 치유를 위해 기여할 것이다.

그러나 고무적인 흐름만 있는 것은 아니다. 최근 고통에 대한 처방과 관련해서 우리 사회에 만연한 개인의 자구 노력을 강조하는 흐름의 건강하지 않은 측면에 대한 지적도 있다. 가령 최근 들어 대중들이 더욱 몰입하는 상상력을 강조하는 대중 영화에서 사회의 모순을 해결하는 방식으로 스릴러와, 역사 사실과 문학 허구를 결합한 이른바 팩션(faction) 사극이 부상하는 흐름에 대한 비판적 분석에 주목할 필요가 있다. 스릴러의 경우 개인적 복수라는 이야기 전개가 두드러지게 나타나고 팩션 사극의 경우 현재의 모순을 과거 속에서 유희적으로 풀어내는 경향을 보이는데, 이는 현재의 고통을 개인적으로 치유하거나 과거로의 도피로 풀어내려는 시도로 분석할 수 있다.[13] 민족의 영웅들을 소재로 한 대중 영화들이나 최근 방한한 프란치스코 교황에게 보인 사회 구성원들의 거의 광적인 몰입은 대중들의 기대와 열망을 반영하지만, 다른 측면에서는 우리 사회의 바탕에 자리한 건강하지 못한 영웅 숭배 욕망의 표출이 아닐까하는 염려가 들기도 한다.

7장 | 부조리하고 고통스러운 죽음에 대한 변신론/신정론의 성찰

부조리하고 고통스러운 죽음과 형이상학적 변신론

1) 형이상학적 변신론의 문제

도무지 납득할 수 없는 부조리하고 고통스러운 죽음은 악과 고통의 가장 끔찍한 현실이라 할 수 있다. 그러므로 변신론 또는 신정론(theodicy)[1]의 창으로 이 주제를 해명해 보지 않을 수 없다. 변신론은 악과 고통의 현실에서 신의 정의(正義)를 정당화하는 고도의 사유체계이다. 근대 이후 형이상학적 변신론들은 사람들이 악과 고통의 현실을 합리적으로 납득할 수 있도록 체계적인 설명과 정당화를 제시했다. 본래 형이상학은 신, 세계, 그리고 인간과 모든 생명체의 근본 구조를 문제 삼으면서 그 실재와 지식의 총체적 파악을 목적으로 탐구한다.[2] 변신론 또는 신정론은 존재형이상학에 기초해서 인간을 포함해 이 세계에서 일어나는 악과 고통에 대한 사유를 심화하고 확대해 왔다. 끔찍한 악에 직면해서 어떻게 신의 주권을 계속 긍정할 수 있을까? 신이 전능하고 선하다면 도대체 왜 이런 엄청난 악과 모순이 세상에서 일어날 수 있단 말인가?

변신론의 물음은 풀기 어려운 문제라고 할 수 있다. 일찍이 에피쿠로스는 변신론의 난제를 세 가지의 물음으로 정식화한 바 있다.

신은 악을 방지할 의지는 있으나 못하는 것인가? 그렇다면 그는 무능하다. 신은 악을 방지할 능력이 있지만 방지할 의지가 없는 것인가? 그렇다면 그는 악하다. 신은 악을 방지할 능력도 있고 의지도 있는가? 그렇다면 도대체 악은 어디에서 온 것인가?[3]

과연 변신론은 세월호 참사 같은 끔찍한 희생과 쓰라린 고통에 대해 도움이 될 만한 답을 줄 수 있을까? 에피쿠로스의 논리적인 접근은 그다지 도움이 되는 것 같지 않다. 고통의 무게는 산뜻한 논리로 가볍게 할 수 없는 듯하다. 우리는 세상에서 끊임없이 일어나는 악과 고통의 현실에 대한 충격적이고 잔혹하며 끔찍한 경험 때문에 신의 선하신 본성과 섭리의 돌보심을 의심하고 절망에 빠질 수 있다.

이 세상에는 역사를 통해 설명하고 이해하기 어려운 부조리하고 모순적인 재앙들이 무수히 많이 일어났다. 잘 알려진 대로 18세기 리스본 대지진이나 20세기 아우슈비츠 대학살은 악과 고통의 현실에 대한 변신론 또는 신정론의 이해를 촉발시켰다. 우리 감성과 지성으로 도저히 받아들일 수 없는 부조리하고 모순적인 악과 고통은 어떤 근본적인 형이상학적 목적이 있는 것인가? 변신론이나 신정론을 포함하는 존재형이상학은 사유를 통해 그 목적을 합리적으로 해명하려고 한다. 목적론이 과거 형이상학적 신정론의 뼈대가 되었다. 형이상학적 목적론에 따르면 (1) 신의 지혜와 사랑에 따라 설정된 목표가 있고 (2) 자연과 역사는 비록 고통스러운 과정을 거치기는 하지만 결국에는 그 목표(선)에 이르는 길을 보여주며 (3) 따라서 고통과 아픔에는 의미가 있다는 것이다.[4] 더 큰 선을 이루기 위해 신이 부조리하고 모순적인 악과 고통의 현실을 허용했다는 형이상학적 견해는 과연 타당한 것으로 받아들일 수 있을까? 아래에서는 몇 가지의 대표적인 유형들을 살펴볼 것이다.

2) 부조리한 고통스러운 죽음과 의지의 자유

아우구스티누스 이후 서구 신학과 철학의 전통은 이른바 비도덕적인 악과 고통의 원인과 책임을 신에게 돌리지 않고 인간의 의지 자유에 돌렸다. 신은 인간이 자유로운 판단과 의지를 행사하는 세상을 창조했고 또 인간에게 그것을 선사했다. 물론 신은 바른 판단과 의지를 행사하라고 인간에게 자유로운 의지를 선사했다. 그러나 인간은 자유로운 판단과 의지로 끔찍한 악과 고통을 야기할 수 있다. 신은 인간이 자유로운 판단과 의지로 끔찍한 악과 고통의 현실을 야기하는 것을 막을 수도 있지만 그의 자유를 존중하는 세상을 창조했고 그렇게 섭리한다. 이런 사유는 인간의 비도덕적인 악행에 의해 야기된 고통이나 죽음을 설명하는 데 매우 설득력이 있다.

이런 입장을 대변하는 가장 최근의 기독교 철학자인 반 인와겐(Van Inwagen)은 시나리오 형식의 이야기를 통해 고통이 의지 자유로 인한 것임을 논증한다. 신은 진화의 과정을 섭리해서 영장류가 생겨나게 했는데, 이 생명체에서 곧바로 생각하는 인간(homo sapiens)이 진화되어 나왔다. 비교적 적은 무리의 영장류들은 번식 공동체를 이루었고, 신은 기적적으로 그들이 합리성을 구비하도록 이끌었다. 그 결과 이 영장류들은 언어를 사용해서 추상적으로 사유하고, 겸애를 실천하며, 의지 자유를 가지고 행동하는 존재자가 되었다. 그들은 합리적으로 생각하는 능력을 구비함에 따라 일종의 신비한 관상도 할 줄 알게 되었고 그리스도인들이 이른바 지복(beatific vision)이라 부르는 천상의 연합도 누릴 줄 아는 존재자가 되었다. 신과 연합하여 완전한 사랑으로 서로 해를 끼치지 않고 조화로운 공동체로 살았다. 그들은 또 초자연의 능력을 가지고 짐승들이나 질병이나 자연재해에서 자신들을 지키며 살 수 있었다.[5]

그러나 설명할 수 없는 어떤 신비한 이유로 이 생각하는 존재자들은 자신의 의지 자유를 남용하였고 신과의 연합을 상실하게 되었다. 그 결과 초자연의 능력을 잃고 질병이나 노화나 끔찍한 자연재해나 죽음에 무방비로 노출되기에 이르렀다. 그러나 가장 심각한 문제는 자신의 유전적인 악한 성향을 다스릴 수 없게 됨에 따라 '일체의 인간의 노력을 쓸모없게 만드는 악을 행할 생래적인 성향'으로 인해 고통을 겪는 상황에 처하게 된 것이다. 신은 정의에 따라 인간들을 스스로 야기한 황폐한 세상에 내버려 두거나 더 나아가 그들을 멸절할 수도 있었다. 아니면 긍휼에 따라 인간들이 자신의 파괴적 본능에 따르도록 내버려 두지 않을 수도 있었다. 신은 인간들이 자유의지를 가지고 신을 사랑하고 다시 신과 연합하게 하는 방식을 선택했다. 그래서 신은 이런 목적을 위해 세상에서 모든 끔찍한 악들을 제거하지 않았다.[6]

이제 인간들은 신에게서 분리되어 있다는 것이 무엇을 의미하는지 알아야 한다. "신으로부터의 분리는 끔찍한 악과 고통의 세상에서 산다는 것을 의미한다. 신이 단지 끝없이 계속되는 기적을 통해 이 세상의 모든 끔찍한 악과 고통을 '취소하는' 것은 신 자신의 화해 계획을 스스로 좌절시키는 것이다. 만일 신이 그렇게 했다면, 인간은 인간의 운명에 만족하면서 신과 협력할 이유를 전혀 찾지 못했을 것이다."[7] 그러나 이 세상의 끔찍한 악과 고통에 절망할 이유가 없다. 그것들은 영원히 존속하지 않을 것이기 때문이다.

> 영원히 더 이상 부당한 고통이 없는 어떤 시점이 도래할 것이다. 즉 현재의 암흑과 같은 '악의 시대'는 결국에는 인간의 역사 시작의 짧게 깜빡거리는 불빛으로 기억될 것이다. 악한 자들이 무고한 이들에게 행한 모든 악에 대한 처벌이 이루어질 것이고 모든 눈물은 씻기어질 것이다. 그래도 여전히 고통이 있다면, 그것은 부당하지 않은 것이리라. 말하자면 신의 위대한 구출 작전에 협력하기를 거절해서 선택된 폐허 상태에 영원히 거하게 되는—한마디로 지옥에 거하는—사람들의 고통만이 있게 될 것이다.[8]

반 인와겐의 설명은 기독교의 전통적인 교리를 합리적인 이야기 형식으로 변형한 것이라 할 수 있다. 그의 설명은 목적론에 바탕을 둔 고도의 형이상학적 정당화라기보다는 성서의 종말론의 틀을 따르고 있다.

그러나 반 인와겐의 설명에서 신의 정의와 긍휼의 시행, 그리고 인간의 책임 있는 응답은 알 수 없는 미래의 어느 시점으로 연기된다는 느낌을 지울 수가 없다. 그는 부조리하고 모순적인, 끔찍하게 비도덕적이고 야만적인 현재의 악과 고통의 현실에서 희생당하고 신음하는 사람들에 대한 신의 긍휼과 정의, 그리고 책임 있는 인간의 응답이 어떻게 시행되는지에 대해서는 침묵한다. 세월호 참사 같은 인재를 인간의 의지 자유의 남용이나 그릇된 사용 때문에 야기된 것으로 이해하는 것은 지극히 타당하다. 그러나 끔찍한 악과 고통의 현실을 인간의 의지 자유의 결과로 설명하려는 시도는 신의 긍휼과 정의의 현재적 시행과 더불어 인간의 죄악과 비윤리적 행동에 대한 설득력 있는 해명이 수반되어야 할 것이다.

3) 부조리하고 고통스러운 죽음과 인격의 영적 성장

인간이 영적 성숙을 위해 악의 현실을 인내하고 고통을 수용해야 할까? 사람들을 충격에 몰아넣는 세상의 악과 고통은 신이 인격의 영적인 성숙을 위해 마련한 교육적인 환경으로 간주할 수 있다. 그 환경 속에서 사람들은 자신의 자유로운 선택을 통해서 영적인 성장과 성숙을 이루어 궁극적으로는 신과의 교제를 위해 적합한 품성을 갖출 수 있지 않을까? 지난 한 세대 동안 이런 변신론을 대변했던 힉은 이렇게 주장한다.

> 이런 견해에서 암묵적으로 끌어내어지는 가치 판단은 이것이다. 즉 유혹을 마주쳐서 결국에는 그것을 다스림으로써 또 구체적인 상황들 속에서 책임 있는 행동을 바르게 함으로써 선을 획득하는 사람은 맨처음부터(ab initio) 천진무구의 상태나 또는 덕의 상태로 지음을 받은 사람보다 풍성하고 가치 있는 의미에서 탁월하다. 전자는 인류의 실제 도덕적 성취의 경우라고 할 수 있는데, 이 경우에 개인의 선은 유혹의 극복이 가져다 준 강점, 즉 올바른 선택들의 축적에 기초된 안정성과 값 비싼 개인의 노력의 투자에서 오는 긍정적이고 책임적인 성품을 구비하게 된다.[9]

여기서 인격의 영적 성숙이라 할 수 있는 영혼의 형성은 위대한 선이라는 것이다. 부조리하고 모순적인 악에 의해 조성되는 고통의 조건이 성숙한 인격인 영혼이 형성되어 나오는 용광로 같은 것이 된다면 그런 악과 고통을 포함하는 세상은 잘 만들어진 것이고 그런 세상을 만든 신은 정당화될 수 있는 것 아닌가? 악의 현실을 단순히 문제로만 삼는 것은 세상이 쾌락주의적인 낙원(hedonistic paradise)이어야 한다는 그릇된 견해에서 비롯된 것이라 할 수 있지 않을까? "고통의 골짜기는 영혼을 빚어내는 계곡이다."[10]

물론 삶의 마무리 국면에서 끔찍한 질병의 고통을 통해 인격 성숙을 이루는 아름답고 심지어는 영웅적인 사례들을 부인할 수 없다. 그러나 타인의 비도덕적인 악한 행동이나 사회의 구조적인 불의 때문에 야기된 도저히 경감될 수 없는 고통으로 인격의 성숙은 고사하고 신음하는 보통 사람들의 경우는 어떤가? 더욱이 영혼의 성숙을 기대할 수조차 없는 어린 생명들의 희생과 고통은 어떻게 설명할 수 있을까? 세월호 참사에서 수백 명의 어린 생명들이 꽃도 피워 보지 못한 채 스러져 갔다. 고통의 골짜기가 영혼의 성숙을 위해 기여한다는 생각으로 세월호 참사 같은 인재의 희생자들과 그 가족들이 겪는 고통을 납득시키거나 위로하기에는 지나치게 소박한 이해라고 하지 않을 수 없다. 다만 세월호 참사를 타인의 재난이나 고통으로만 여기지 않고 전체 공동체에 아픔을 주는 지체의 재난이나 고통으로 공감하고 연대하는 사회 구성원들이 있다면 그들에게는 영혼의 성숙을 위한 조건이 될 수 있겠다는 생각을 조심스럽게 해 본다. 우리 사회는 이웃의 고통을 더욱 공감하고 연대하는 정신과 사유의 공간을 깊게 하고 넓혀서 이웃의 고통을 나의 인격 성숙을 위한 조건으로 삼을 수 있어야 한다. 이 경우에도 타인의 고통을 나 개인이나 우리 공동체의 선을 위한 수단으로 삼아서는 결코 안 된다.

그러나 세월호 참사에서 드러난 부조리하고 모순적인 악과 고통의 현실은 인간이 성숙하고 자유로운 인격의 존재로 성장할 수 있기 위한 조건으로 간주하기에는 지나치게 끔찍하다. 이런 종류의 변신론은 인간의 자유가 빚어내는 악과 고통의 현실의 어두운 측면을 심각하게 응시하지 않는다. 악과 고통의 경험을 수용함으로써 인격의 성숙을 기대할 수 있다는 접근은 지나치게 낙관적인 관점에 기초하고 있음을 알아야 한다. 현실에서 때로는 부조리하고 모순된 엄청난 악과 고통의 경험은 인격을 성숙시키는 데 기여하기보다는 희생자들을 삼켜 버리는 위협이 된다.[11] 실제로 어린 자녀가 무고하게 고통스러운 죽음을 당했다는 청천벽력 같은 소식을 들은 부모에게 부조리하고 모순적인 끔찍한 악과 고통을 수용해서 인격이 성숙하기를 기대하는 것은 관찰자의 관점에서는 어느 정도 가능할지 모르지만 적어도 참여와 공감의 관점으로는 매우 어려운 일이라 하지 않을 수 없다. 미처 꽃도 피워보지 못하고 차디찬 바닷물 속에서 고통스럽게 스러져 간 사랑하는 자식을 기억하는 것을 도저히 견딜 수 없어서 자식을 따라 스스로 목숨을 끊는 부모의 애끊는 심정을 헤아리기에는 턱없이 부족한 이해라고 하지 않을 수 없다.

4) 부조리한 고통스러운 죽음과 신이 창조한 가능한 최선의 세상

신과 악은 함께할 수 없다. 이것은 무신론의 뼈대가 되는 논리다. 전지하고 전능하며, 완전하게 선한 신이 존재한다면 악이 존재할 수 없고, 역으로 악이 존재한다면 그런 신은 존재할 수 없다는 논리다. 신이 전지하고 전능하며 선하다는 것은 신이 이 세계의 모든 것의 저자요 원인자로서 이 세계의 모든 것을 선하게 다스린다는 뜻이다. 그런 전지하고 전능하며, 완전하게 선한 신이 어떻게 부조리하고 모순적인 끔찍한 악과 고통의 현실을 허용할 수 있다는 말인가? 이는 매우 도전적인 물음이다. 부조리하고 모순적인 악과 고통의 현실을 체험하고 목도하면서 전지하고 전능하며 선하게 창조하고 섭리하는 신을 도대체 어떻게 신앙하고 이해할 수 있을까? 절대적으로 선하고 전지, 전능한 신이 이 세상을 창조하고 섭리한다면 과연 무수히 많은 재앙과 고통의 현실을 어떻게 설명하고 이해할 수 있을까?

그래서 신의 전지함을 부인하고 싶어 하는 사람들이 있었다. 소치누스를 따르는 사람들(Socinians)은 세상에 악이 존재한다는 사실은 전지전능한 선한 신의 존재와 양립할 수 없다고 보았다. 그러나 그들은 신의 존재를 부인하고 싶지는 않았다. 그래서 신의 전지함을 양보하는 전략을 선택했다. 말하자면 신은 미래의 우연한 사건들에 대한 지식을 결여한다고 전제해야 부조리하고 모순적인 악의 현실을 논리적으로 이해할 수 있다고 본 것이다.[12] 이는 전통적인 유신론의 신 개념을 부인하는 것이다.

그러나 라이프니츠(Gottfried Wilhelm Leibniz, 1646-1716)는 전통적인 유신론을 옹호하면서 소치누스파 사람들의 수정론을 받아들이지 않는다. 라이프니츠는 이 세계가 전지전능하고 선한 신이 창조한 가능한 최선의 세계라고 생각한다. 신은 정말 선택 가능한 모든 좋은 세상들 가운데 최선의 세상을 창조하고 섭리하는 것일까? 우리가 매순간 체험하는 세계를 보면 솔직히 라이프니츠의 주장을 수긍하기 어렵다. 우리가 체험하는 세계는 최선의 가능한 세상이 아니다.

차라리 신은 최선의 세상을 창조한 것이 아니라 무한히 많은 가능한 도덕적 세계들 가운데 하나를 자의적으로 창조하기로 선택했다고 보는 것이 더 타당하지 않을까? 라이프니츠에 따르면, 그렇지 않다! 그런 무한히 계속되는 다수의 세계들은 존재할 수 없다. 신은 가능한 최선의 세상을 창조했다고 보아야 한다.

그러면 이 세상은 왜 이렇게 부조리하고 모순적인 악과 고통이 범람하는가? 그래 맞다. 우리가 더 나은 가능한 세상들을 쉽사리 인식할 수 없기에 이 세상은 가능한 최선의 세상이 아니다. 세월호 참사로 인한 고통이 그 증거다. 이 참사가 일어나지 않은 세상이 실제로 일어난 세상보다 더 나은 세상임을 부정할 수 없다. 그리고 신이 그런 참사가 일어나지 않은 세상을 창조할 수 없었던 이유도 없다. 그러므로 세월호 참사 이후의 세상은 가능한 최선의 세상이 아니라고 할 수 있다.[13]

그러나 라이프니츠는 두 가지를 생각해 보라고 한다. 한편, 세월호 참사가 이 세상에서 일어나는 다른 사건들과 맺는 모든 연관 관계를 도무지 알 수 없지 않은가? 불행하게도 그런 참사의 개선이나 예방이 세상에 어떤 부정적인 변화를 주지 않거나 또는 세상을 더 나쁘게 만들지 알 길이 없지 않은가? 다른 한편, 신이 실제로는 이용하지 않는 세상의 선의 표준들을 이용한다는 사람들의 가정을 검토해 볼 수 있다. 예컨대 사람들은 보통 세상에 속한 고립된 각각의 부분이 선할 때만 세상이 선하다는 기준을 가정한다. 그러나 각각의 개별적 사건이 가능한 최선의 사건이라고 생각할 필요는 없다. 또는 유한한 지성을 통해 각각의 개별적 사건이 가능한 최선의 세상의 일부임을 입증하는 것도 불가능하다.[14]

인간들이 세상에서 행복을 누려야만 선하다는 기준을 다시 생각해야 한다. 이런 선 기준들은 인간의 기준들이지 신의 선 기준으로 볼 수 없다. 신이 의도하는 선 기준은 본질적인 덕이나 행복의 극대화라고 할 수 있다. 인간의 덕이나 행복을 세상의 선 기준으로 간주하는 것은 편협하다. 더 타당한 기준은 천사들과 같이 초자연적 존재자들과 외계의 지각이나 정신을 지닌 합리적인 모든 피조물들 또는 존재자들의 덕이나 행복이어야 하지 않을까?[15] 이런 시각에서 보면 어떤 기적적인 개입을 통해서든지 아니면 다른 방식으로 세월호 참사를 막는 것이 이 세상 최상의 선 기준이 되는지 확실히 알 수 없다는 것이다. 이런 참사 이후의 세상이 최선의 세상이 아님을 증명할 수 없다면 신이 가능한 최선의 세상을 창조하고 섭리한다는 주장을 반박할 수 없다고 한다. 오히려 전체로서 이 세상이 가능한 최선의 세상이라고 믿는 것이 타당하다는 논리다.

그러나 이런 신의 선 기준에 대한 변론은 이 세상이 가능한 최선의 세상이라는 주장을 뒷받침해 주기 어렵다. 이 세상에 부조리하고 모순적인 끔찍한 악과 그로 인한 엄청난 고통이 엄연히 존재하는데 이 세상이 가능한 최선의 세상이라는 논증은 납득하기 어렵다. 이것이 바로 『캉디드』(Candide)에서 볼테르(Voltaire)가 제기하는 비판이다.

이런 식으로 악과 고통의 실재를 정당화하는 형이상학을 어떻게 평가할 수 있을까? 그것은 악과 그것이 야기하는 고통에 대한 합리적인 이해의 지평을 넓혀 주는 긍정적인 역할을 한다. 그것은 개별적인 악과 고통의 사례들을 더 전체적인 지평에서 이해할 수 있는 지성적인 탐구를 촉발해 준다. 이런 의미에서 이런 종류의 형이상학적 변신론이 전혀 가치가 없다고 볼 수는 없다. 악의 기원과 고통의 원인에 대한 사유의 지평을 깊게 하고 넓게 하는 것이 사회 변화나 개선을 위한 유토피아적 상상력을 키울 수 있다면 유익할 것이다. 그러나 그것은 긍정적인 기여보다 더욱 큰 문제점을 드러낸다. 그것은 도덕적·윤리적으로 평가된 악과 고통도 궁극적으로는 형이상학적인 악과 고통으로 치환해 버릴 수 있다. 부조리하고 모순적인 악과 고통의 현실을 하나님의 섭리의 신비에 대한 형이상학적 설명으로 해소해 버린다. 부조리하고 모순적인 악과 고통을 정당화해서 그것들에 대한 저항과 극복을 위한 윤리적 노력을 회피하게 만든다. 모든 악과 그 때문에 야기되는 고통은 궁극적으로는 존재론적 불완전성에서 기인하므로 그에 대한 윤

리적 책임을 물을 수 없게 만드는 경향이 있다.[16]

악과 고통에 대한 합리적이고 목적론적인 해석과 설명이 빠지기 쉬운 함정은 부조리하고 모순적인 재앙의 현실에서 구체적인 개인들이 겪는 고통에 무감각하고 쉽사리 역사를 정당화하기 쉽다는 점이다. 악과 고통의 현실은 개념으로 축소될 수 없다. 그 어떤 부조리한 악과 고통의 현실도 객관적으로 또는 목적론적으로 정당화해서는 안 될 것이다. 개인의 고통을 보편사의 관념 아래 포섭해서 형이상학적으로 합리화하거나 정당화하는 것은 개인의 구체적인 고통에 대한 관심과 공감을 무시하기 쉽다. 어찌 보면 고통은 합리적인 설명을 거부한다고 할 수도 있다. 다음 장에서 고찰하겠지만, 이런 의미에서 고통에 대한 공감과 연대 없는 합리적인 설명보다는 차라리 침묵이나 저항하는 것이 더 낫다고 할 수 있겠다.

부조리하고 고통스러운 죽음과 성서의 신정론

1) 고통스러운 죽음의 원인에 대한 세 가지 해석 유형

부조리하고 모순적인 악과 고통의 현실은 성서에서 매우 비중 있게 증언되고 신학적으로도 깊고 넓게 성찰되었다. 악과 고통의 문제에 응답하기 위한 다양한 이론과 실천의 방안들이 모색되었다. 성서는 악과 고통의 현실에 대한 다양하면서도 매우 심오한 통찰들을 증언한다. 성서는 악과 고통의 현실에 대한 근본적인 통찰들을 포함한다. 먼저 죄악이 고통의 뿌리요 고통은 죄악의 결과라는 통찰이 있다. 또한 모든 고통과 재앙은 철저하게 하나님의 주권적 섭리에 따라 일어난다는 통찰이 있다. 그리고 하나님은 고통과 죽음에 대단히 민감할 뿐만 아니라 고통을 겪는 생명들에게 긍휼을 베푼다는 심오한 통찰이 있다. 그러나 그 무엇보다 중요한 통찰이나 비전은 고통과 죽음을 통해 화해와 치유가 일어나서 공동체가 조성되고 결국에는 생명의 갱신이 이루어진다는 것이다.

성서는 먼저 악과 고통의 기원에 심오한 관심을 모두(冒頭)에서 표명한다. 성서는 악과 고통의 기원이 죄에 있다고 증언한다. 다만 범죄의 과정은 다소 신비한 방식으로 이루어졌음을 증언한다.[17] 첫 인간들인 아담과 하와가 뱀의 유혹을 받고 하나님의 명령에 순종하지 않았기 때문에 고통이 비롯되었음을 증언한다(창세기 3장 참조). 고통이 죄악의 당연한 결과라는 견해는 예언서들을 포함해서 구약성서에 깊이 뿌리를 내리고 있다. 성서의 증언에서 죄악의 대가로 고통을 겪는다는 생각은 당연한 것으로 간주된다. "너희의 자녀들은 너희 반역한 죄를 지고…그 사십 년간 너희의 죄악을 담당할지니…(민수기 14:33-34 참조)". "악인은 그의 일평생에 고통을 당하며…(욥기 15:20)". "미련한 자들은 그들의 죄악의 길을 따르고 그들의 악을 범하기 때문에 고난을 받아(시편 107:17)". 잠언에도 고통은 악인의 죄에 대한 형벌이라는 견해가 나온다. "의인에게는 아무 재앙도 임하지 아니하려니와 악인에게는 앙화가 임하리라(잠언 12:21)". "악을 뿌리는 자는 재앙을 거두리라."(잠언 22:8) 구약성서는 죄악의 결과로 인한 고통을 분명히 하나님의 징계라고 규정하면서 그것은 당연히 인내하고 순종해야 할 것으로 가르친다.

그러나 이것이 나중에 인과응보 사상으로 경직화되는 길을 걷게 된다. 그래서 죄악의 형벌이 고통이라는 견해는 신약성서에서는 그다지 강조되지 않는다. 바울의 신학에 '죄의 삯은 사망'(로마서 6:23)이라는 주제가 등장하지만, 복음서에서 예수는 고통이나 재앙이 죄악의 인과응보라는 해석을 경계한다. 예수 시대의 많은 이스라엘 사람들은 고통이나 재앙을 죄악의 인과응보로 해석했다. 그들은 날 때부터 맹인 된 것도 부모나 누구의 죄로 인한 것이라는 매우 경직된 인과응보 사상에 붙들려 있었다. 예수는 이런 해석을 단호히 반대했다(요한복음 9:1-12 참조).

성서는 또한 여러 곳에서 고통을 매우 긍정적으로 간주하기도 한다. 고통은 하나님의 선택받은 백성들을 위한 사랑의 연단이라고 가르친다. 그것은 출애굽의 신학에서 현저하게 나타난다. "여호와께서 너희를 택하시고 너희를 쇠풀무, 곧 애굽에서 인도하여 내사 자기 기업의 백성을 삼으셨다(신명기 4:20; 8:2-6 참조)". 선지자 이사야도 이렇게 선포한다. "보라 내가 너를 연단하였으나 은처럼 하지 아니하고 너를 고난의 풀무에서 택하였노라"(이사야 48:10)". 고통을 통해 겸손을 배우고 고통을 통해 하나님의 말씀의 능력을 체험하고 고통 안에서 인내하며 하나님의 명령에 순종하는 제자도를 몸으로 배우게 된다는 생각은 신약성서에도 깊이 뿌리를 두고 있는 가르침이다. 특별히 히브리 사상의 영향을 많이 받은 히브리서에서 징계와 연단으로서 고통에 대한 견해가 현저하게 나타난다. 예수도 '받으신 고난으로 순종함'을 배웠다(히브리서 5:8). "주께서 그 사랑하시는 자를 징계하시고 그가 받아들이는 아들마다 채찍질하심이라(히브리서 12:6)". 심지어 징계를 받지 않는 사람은 하나님의 자녀가 아니라고까지 주장한다. 바울도 로마교회에 "환난은 인내를, 인내는 연단을, 연단은 소망을 이루는 줄 앎이로다"라고 힘주어 권면한다(로마서 5:3-4). 성서는 이렇게 고통을 인내하고 순종하라고 가르친다.

그러나 성서에는 왜 고통을 당해야 하는지 도무지 알 수 없는 이른바 의인의 고난이나 죄 없는 자의 고통이라는 것이 나온다. 악인이나 죄인은 현실에서 고통을 받지 않는데 왜 의인은 고통을 받아야 하는가? 이 물음에 대한 성서의 가장 심오한 대답은 이사야 53장에 나오는 이른바 '고난의 종'이라는 사상이다.

　　그는 멸시를 받아 사람들에게 버림을 받았으며 간고를 많이 겪었으며 질고
를 아는 자라 마치 사람들이 그에게서 얼굴을 가리는 것 같이 멸시를 당하였
고 우리도 그를 귀히 여기지 아니하였도다. 그는 실로 우리의 질고를 지고 우
리의 슬픔을 당하였거늘 우리는 생각하기를 그는 징벌을 받아 하나님께 맞으
며 고난을 당한다 하였노라. 그가 찔림은 우리의 허물 때문이요 그가 상함은
우리의 죄악 때문이라 그가 징계를 받음으로 우리는 평화를 누리고 그가 채
찍에 맞음으로 우리는 나음을 받았도다. 우리는 다 양 같아서 그릇 행하여 각
기 제 길로 갔거늘 여호와께서는 우리 모두의 죄악을 그에게 담당시키셨도
다. (3-6)

　　다른 사람의 허물과 죄로 인한 고통을 대신한다는 대속 고난은 매우 심오
한 신학이다. 구약성서의 이런 의인의 자기희생적 고난의 신학이 바로 예수
그리스도의 십자가의 수난과 죽음을 해석하는 구속사 신학의 뿌리가 되었
다.

　　그러나 이런 대속 고난 신학은 모순적인 죄악과 고통의 현실에 직면해서
하나님의 주권적 섭리에 오랫동안 많은 회의와 탄식을 통해 형성된 것이다.
특별히 부조리하고 모순적인 악과 고통의 현실은 하나님의 섭리와 주권뿐
만 아니라 하나님의 본성에도 근본적인 질문을 제기한다. 왜 이런 부조리하
고 모순적인 악과 고통이 존재하고 일어나는 것일까? 선하고 전지전능한 본
성을 지닌 하나님이 주권적으로 섭리하는 세상에서 부조리하고 모순적이기
그지없는 악과 고통이 발생하는 것은 참으로 이해하고 받아들이기 어렵다.

2) 부조리하고 고통스러운 죽음에 대한 순종과 저항

성서는 고통과 재앙에서 하나님의 섭리에 대한 인내와 순종을 가르치지만 부조리한 재앙과 고통에 탄식하고 저항할 것을 가르치기도 한다. 성서에는 살아 계신 하나님을 추구하는 강력한 불평과 저항 신앙과 영성이 포함되어 있다. 이런 불평과 저항의 물음들은 하나님이 살아 계시다면 불의하고 모순적인 상황에서 응답할 것이라는 믿음에 기초한다. 성서는 도무지 이유를 알 수 없는 불의한 고난이나 재앙을 당해 하나님에게 탄식하는 경우도 포함하고 있다. "여호와여 어찌하여 멀리 서 계시며 환란 때에 숨으시나이까?(시편 10:1; 22:2; 42:10; 88:15 참조)". 시인은 어리석은 사람들에게 질문을 받는다. 악이 관영하고 의인이 고통을 당할 때 하나님은 어디에 있는가? 어리석은 자들은 묻는다. 하나님은 어디에 있느냐고. 그들은 하나님이 없다고 한다(시편 14:1). 또 다른 신앙인은 사람들에게 종일토록 이런 질문을 받으며 고통을 당한다. "네 하나님이 어디 있느냐?(시편 42:3, 10)". 하나님의 백성 이스라엘은 하나님에게 따져 묻는다. "이방 나라들이 어찌하여 그들의 하나님이 어디 있느냐 말하나이까(시편 79:10)". "어찌하여 뭇 나라가 그들의 하나님이 이제 어디에 있느냐 말하게 하리이까(시편 115:2)". 예언자 요엘도 하나님에게 따져 묻는다. "어찌하여 이방인으로 그들의 하나님이 어디 있느냐 말하게 하겠나이까(요엘 2:17)". 고통을 당하는 하나님의 백성을 바라보며 이방 나라들이 섭리하시고 구원하시는 하나님은 어디에 있는가 물었던 것이다.

이렇게 부조리하고 모순적인 악과 고통의 현실에서 살아 계신 하나님의 응답을 구하는 부르짖음은 이스라엘의 신앙에 근본적이다.

내 하나님이여 내 하나님이여 어찌 나를 버리셨나이까. 어찌 나를 멀리 하여 돕지 아니하시오며 내 신음 소리를 듣지 아니하시나이까. 내 하나님이여 내가 낮에도 부르짖고 밤에도 잠잠하지 아니하오니 응답하지 아니하시나이다(시편 22:1-2).

예수의 십자가 수난과 죽음의 결정적인 순간에 공명된 이 외침은 고통 가운데 절망 표현이 아니라 하나님의 신실함에 대한 신뢰 표현[18]이기는 하지만 하나님의 정의에 대한 물음과 절규이다. 또한 "하나님, 도대체 어느 때까지 참고 기다려야 합니까?"라고 절규한 신앙인들처럼(시편 13, 35, 74, 82, 89, 90, 94) 하나님과 대결하면서 부르짖어야 하지 않을까? 이는 끔찍한 악과 고통의 경험에 대한 맹목적인 수용과 순종의 가르침이 아니다. 그것은 모순적이고 불의한 현실에 대한 신앙의 저항 정신을 담고 있다. 불의한 악과 고통에 대한 저항은 하나님에 대한 신실한 신앙의 자세의 정당한 부분이라고 본다. 이런 하나님의 현존과 동행을 부르짖는 것은 십자가의 예수의 외침에서 정점에 도달한다. "엘리 엘리 라마 사박다니." 즉 "나의 하나님, 나의 하나님 어찌하여 나를 버리셨나이까(마가복음 15:34)". 성서에서 "하나님이 어디에 계신가?"라는 물음은 의로운 하나님을 찾고자 하는 씨름에서 그 적절한 삶의 자리(Sitz im Leben)를 발견한다.[19] 성서에서 바른 신앙은 의로운 하나님에 대한 질문을 가지고 부르짖는다.[20]

하나님의 섭리에 대한 우리 이해가 매우 제한적이기에 극도의 고통 앞에서 그 이유를 조리 있게 설명하기보다 때때로 침묵하는 편이 훨씬 더 적절한 응답이다. 그러나 이런 침묵의 응답이 모든 의문을 억누르는 방향으로 작용해서는 안 된다. 부조리하고 모순적인 악과 고통의 현실에 순응하는 방향으로 작용해서는 안 된다. 욥기 전체는 하나님에게 항의하는 것을, 부조리하고 모순적인 비극적 사건들을 통해 드러나는 하나님의 통치에 의문을 품는 것을 정당화한다. 도저히 이해할 수 없는 부조리한 사건 앞에서 욥의 경건과 인내만을 강조하는 것은 정당화될 수 없다. 욥은 부조리하고 모순적인 상황을 하나님께 항의했다. 하나님도 이론적이고 사변적으로 정당화하는 친구들이 아닌 항의하는 욥의 손을 들어 주었다(욥기 42:7). 성서는 하나님의 사람조차도 극도로 견디기 힘든 부조리한 고통과 악에 직면해서 하나님의 정의를 의심하는 것을 정당화하는데 이는 신학적이고 목회적인 심오한 뜻을 담고 있다.[21]

악과 고통의 현실에 대한 성서의 증언에서 핵심적인 주제는 하나님이 주권적으로 섭리한다는 사상이다. 성서는 악과 고통의 현실을 철저하게 하나님의 주권적 섭리의 관점에서 이해한다. 심지어 하나님이 악한 의도와 행위를 정한다고 주장하는 구절들도 많다(사무엘상 16:14; 19:9; 열왕기상 18:37; 이사야 10:45; 29:9-10; 에스겔 20:21-26; 아모스 4:6-11 등등). 예컨대 출애굽기의 증언에 따르면 하나님은 이집트의 왕 바로의 마음을 계속해서 강퍅하게 만든다(출애굽기 7:3; 9:12; 10:20, 27; 11:9-10; 14:15-18). 물론 하나님이 어떤 인물의 마음을 강퍅하게 할 때 그는 그것을 미리 안다. 정의의 선지자도 모든 고통이나 재앙은 하나님의 주권과 섭리에 따라 일어난다고 확고하게 고백했다. "여호와의 행하심이 없는데 재앙이 어찌 성읍에 임하겠느냐(아모스 3:6)".

성서는 철저하게 하나님의 주권과 섭리를 강조해서 증언한다. 성서의 증언에 따르면 하나님은 주권으로 섭리를 통해 세상을 이끄시고 돌보신다. 성서에는 악의 원인과 관련해서 인간의 의지 자유와 하나님의 주권 사이에 작용하는 긴장이 그대로 노출된다. 특히 구약성서는 하나님의 주권을 매우, 철저하게 강조한다. 이 세상의 악을 포함한 모든 것은 하나님의 주권의 다스림을 받는다. 성서에는 수많은 인물들의 삶을 통해 피조물을 향한 하나님의 놀라운 섭리의 경륜이 증언된다. 그런데 성서에는 하나님의 본성과 섭리와 주권에 서로 모순으로 보이는 응답이 나타난다.

3) 부조리하고 고통스러운 죽음과 하나님의 긍휼

성서의 증언들에서 무엇보다도 가장 주목해야 할 점은 하나님은 악과 고통의 현실에 매우 민감한 긍휼의 하나님이라는 사실이다. 신구약 모두 생명 복음의 빛이 비치기를 대망하던 '흑암에 행하던 백성'과 '사망의 그늘진 땅에 거주하던 자'(이사야 9:2), 즉 '어둠과 죽음의 그늘에 앉은 자'(누가복음 1:79)의 암울한 죄의 현실을 증언한다. 하나님은 인간의 악에 철저하게 분노하면서 그것에 완전하게 대립한다. 악과 고통의 현실에 대한 성서의 증언의 중심은 하나님의 긍휼이라고 할 수 있다. 성서는 악과 고통의 현실에서 베풀어지는 하나님의 긍휼을 증언한다. 하나님의 긍휼 능력은 죄와 죽음의 힘보다 더 강하다. 긍휼은 이웃과 함께 고통을 겪는 것을 의미한다. 성서의 증언에 따르면 하나님은 생명에 대한 긍휼 때문에 생명과 함께 고통을 당하신다. 복음서의 증언에 비추어 볼 때 하나님은 예수 그리스도 안에서 고통과 소외와 죽음의 길을 가신다고 이해할 수 있다.[22] 성서가 증언하는 생명 복음의 심장에 바로 이 성삼위 하나님의 긍휼이 자리하고 있다(출애굽기 32:7-14; 이사야 49:15; 53:4-6; 54:7-10; 55:7; 호세아 11:8-9; 요한복음 3:16; 에베소서 2:4-5; 요한일서 4:7-21 참조). 생명의 복음은 성삼위 하나님의 긍휼, 곧 하나님께서 자신의 형상을 심어 생명을 주시고, 예수님의 십자가와 부활을 통해 왜곡된 생명을 회복시키셨으며, 성령께서 오늘도 이루 말할 수 없는 탄식으로 생명을 돌보심을 증언한다.

구약성서에서 하나님은 이스라엘 백성들에게 용서의 긍휼을 베풀기도 하며, 이스라엘의 고통의 신음 소리를 듣고 구원한다(출애굽기 2:23-25; 32:9-14; 사사기 2:18; 3:7-11; 6:1-9 등등 참조). 선지자 이사야 또한 이런 고백의 행렬에 동참한다. 하나님은 목자같이 그의 양 떼를 먹이시며, 어린 양들을 팔로 모으시고, 품에 안으시며, 젖을 먹이는 어미 양들을 조심스럽게 이끄시는 사랑의 하나님이다(이사야 40:11). 하나님은 피곤하여 지친 젊은이들에게 기력을 주시며 마치 독수리가 날개를 치며 솟아오르듯 올라갈 수 있는 새 힘을 주시는 분이다(이사야 40:29-31).

예수는 하나님이 한결같은 긍휼의 마음으로 돌보심을 아주 일상적인 예들을 통해 선포한다. 하나님은 공중의 새도 먹이고 들의 백합화도 입히시는 긍휼이 한량이 없으신 분이다(마태복음 6:26-30). 하나님은 우리 한 사람 한 사람의 머리털까지 세시는 자상하시고 섬세하신 분이시다(마태복음 10:30). 생명에 대한 긍휼은 예수께서 선포하시고 몸소 실천하신 생명 복음의 근본 정신에서 확인할 수 있다. 예수는 생명 파괴와 상실의 사변적인 원인을 따지지 않고 오히려 그들에게 하나님의 긍휼에서 비롯되는 치유의 은총을 먼저 베풀었다(마가복음 1:23-26; 누가복음 4:31-37; 마가복음 5:1-5; 마태복음 8:28-34; 누가복음 8:26-39 참조). 생명 복음은 성삼위 하나님의 긍휼을 탕자를 불쌍히 여기시는 아버지(누가복음 15:11-32)로, 도저히 갚을 길 없는 빚을 진 자를 불쌍히 겨 그 빚을 탕감해 주는 주인(마태복음 18:21-35)으로, 그리고 강도를 만나 거의 죽은 사람에게 자비를 베푸는 사마리아 사람(누가복음 10:25-37)으로 비유한다. 예수의 하나님나라의 모든 사역이 하나님의 긍휼 여정이라 할 수 있다. 예수는 인간의 연약함을 직접 시험받았다(히브리서 2:18). 예수는 인간의 약함과 부조리, 곤경과 비극을 체휼하는 분이다.

이렇게 성서는 악과 고통의 현실에서 하나님의 긍휼에 대한 증언과 함께 하나님의 주권적인 의지와 인간의 의지 실행에 따른 악의 개시 사이의 분명한 대립을 보여주는 당혹스러운 변증법도 포함하고 있다.[23] 이 둘 사이의 관계는 쉽사리 해결될 수 없는 난제(aporia)임이 틀림없다. 성서의 난제는 이후 고전신학과 현대신학의 전개 과정에서 더욱 더 깊이 체계적으로 사유된다.

8장 | 부조리하고 고통스러운 죽음에 대한 반(反)변신론의 성찰

신의 정의에 대한 회의와 저항

부조리한 고통의 죽음과 같은 악과 고통의 현실에 대한 서구의 심층적인 탐구의 노력은 19세기와 20세기에 이르러 문학과 철학의 영역에서 풍성한 결실을 거두었다. 무고한 어린 생명들의 희생과 그로 인한 사회적 고통을 야기한 부조리하고 모순적인 악의 현실에서 하나님의 본성과 주권을 의심하는 것은 어찌 보면 지극히 정당하다 할 것이다. 하나님의 본성과 주권에 대한 새로운 신학의 재현과 해석으로 나아가기 전에, 오늘날 부조리하고 모순적인 죽음과 죽임이 만연하는 악과 고통의 현실에서 하나님의 본성과 주권에 대해 제기하는 근본적인 물음들을 살펴볼 필요가 있다. 긍휼을 헤아릴 수 없고 선하고 전지전능하기 그지없는 하나님이 이 세상만사를 경륜한다고 고백한다면, 그런 하나님이 도대체 무슨 연고로 무고한 어린 생명들이 차디찬 바닷속으로 스러져 가는 참담한 사태를 그냥 내버려 두었는지 묻는 것은 지극히 당연하다. 참으로 이해하고 납득하기 어려운 것이다! 현실에서의 이런 부조리와 모순은 하나님의 정의에 대한 성서의 도전적인 물음으로 인도한다.

오늘도 이 세상에서 일어나는 악하기 이를 데 없는 사건들은 하나님이 창조 세계를 스스로 돌아가도록 내버려두는 것이 아닌가라는 의혹이 들게 한다. 하나님은 진정 창조세계를 신실과 사랑으로 지탱하고 생명과 정의가 강같이 흐르는 그분의 나라로 정녕 인도하시는 것일까? 악과 고통의 형이상학이 신은 도대체 왜 이런 악과 고통을 허용하는지를 묻는다면 성경에서도 이런 참사들에 직면해서 많은 신앙인들이 하나님에게 '도대체 왜?'라고 묻는다. 성경에는 하나님의 부정된 현존 또는 부재에 대한 외침 또는 물음이 도처에 등장한다. 성서는 부조리하고 모순적인 끔찍한 악과 고통의 현실에 직면해서 인내하면서 동시에 저항할 것을 가르친다.

근대 저항의 무신론(Protest Atheism)

1) 이반 까라마조프의 반항

근대에 이르러 부조리하고 모순적인 끔찍한 악과 고통의 현실은 많은 무신론자들의 항변을 낳았다. 우리는 부조리하고 모순적인 악과 고통의 현실에서 하나님의 섭리와 주권에 항변하는 세 명의 문학자에 주목한다. 먼저 고전이 되다시피 한 도스토예프스키(Fyodor Mikhailovich Dostoevskii, 1821-1881)의 『까라마조프가의 형제들』에 나오는 이반의 저 유명한 무신론의 항변을 기억할 수 있다. 널리 알려진 장인 「대심문관(The Grand Inquisitor)」에 앞서 그것과 나란히 붙어 있는 「반항(Rebellion)」이라는 제목의 장에서 이반은 종의 신분인 한 소년에게 가해진 끔찍한 악과 고통을 이야기하면서 그 어떤 지성적인 합리화에 저항한다. 이 가엾은 노예 소년은 놀다가 우연히 장군의 사냥개 앞발을 다치게 한다. 그 대가는 참으로 참혹하기 그지없다. 장군은 도저히 인간의 성정으로는 할 수 없는 요구를 한다. 소년은 벌거벗긴 채로 피에 굶주린 사냥개들 앞에 내던져진다. 소년은 그의 어머니가 보는 앞에서 갈기갈기 찢겨 죽임을 당하게 된다.[1]

비록 이 내러티브는 소설적 상상을 통해 만들어진 히구이기는 하지만 도스토예프스키는 이 이야기를 통해 인간들이 얼마나 악하고 잔인해질 수 있는지를 극적으로 보여준다. 이 이야기는 단순히 허구라기보다 20세기 서유럽의 실제 현실을 예기하는 경악스러운 부정적 힘을 느끼게 해 준다. 20세기 실제 현실에서 이런 끔찍한 악행들이 다반사로 일어난 것이다. 이반은 그런 극도의 잔인한 폭력에 희생된 어린 소년과의 '연대'의 문제를 제기한다. 이반은 그 어떤 지성적인 합리화에 저항한다. 그런 세상을 만든 하나님을 철저히 문제 삼는다.

2) 알베르 까뮈의 저항

도스토예프스키가 19세기 러시아를 배경으로 한다면, 다음 두 소설가는 20세기 계몽되고 문명화된 서유럽을 무대로 한다. 이 두 문호는 자신들의 문학적 고발로 노벨 문학상을 받았다. 모두 제2차 세계대전의 참상을 포함해서 엄청난 폭력과 죽음의 부조리한 현실을 체험했다. 그들은 문학적 감수성으로 이 세계의 부정성을 예민하게 형상화한다. 먼저 알베르 까뮈(Albert Camus, 1913-1960)의 항변을 들어 보자. 까뮈는 『반항』에서 현실의 부조리에 대한 반항 문제를 해명한다. 부조리에 반항하기로 선택할 때 우리는 반항의 가능성 조건들, 말하자면 모든 생명 있는 것들과의 연대(solidarity)를 선택하는 것이라고 한다. 그는 이렇게 말한다.

인간의 연대는 반항 위에 세워진다. 그리고 반항은 오직 이런 연대에 의해서만 정당화된다. 그러므로 우리는 이런 연대를 부인하거나 파괴할 권리를 주장하는 어떤 유형의 반항은 동시에 반항이라 불릴 권리를 상실하고 실제로 살인에 공모자가 되는 것이라고 말할 권위를 가진다. 동일하게 이런 연대는, 오직 종교와 관련해서만을 제외하고, 반항의 차원 위에서만 생명에 이르게 된다. 그 결과 진정한 혁명적 사유의 드라마가 드러난다. 인간은 실존하기 위해 반항해야 한다, 그러나 반항은 반항이 본래적으로 발견하는 한계들—지성이 만나고 또 그 만남에서 비로소 실존하기 시작하는 한계들—을 존중해야 한다.[2]

오더넬(John O'Donnell)은 까뮈의 설명이 철학의 합리적인 변론이 제공하는 것보다 많은 것을 제공해 준다고 본다. 까뮈는 윤리적인 명령을 말하는 것이다. 그는 『반항』의 말미에서 도미니크 수도회의 라투르-모부르(Latour-Maubourg)에게 말하면서, 그가 느끼는 악이 주는 극도의 혐오감을 공유할 수는 있지만 그의 희망을 공유할 수는 없다고 한다. 그리고 무고한 아이들이 고통을 당하고 죽어 가는 이 세상에 맞서서 계속해서 싸울 것이라고 말한다.[3]

같은 시기의 다른 소설 『페스트』에서 페스트 재앙에 대한 두 부류 등장인물들의 전형적인 반응을 통해 자신의 견해를 피력한다. 첫 부류인 예수회 신부 파넬루(Paneloux)는 도시 재앙이 죄에 대한 신의 처벌이라고 주장하는데, 가슴이 미어지는 오송의 무고한 어린 아들의 죽음 앞에서 그런 주장은 공허한 것으로 드러날 뿐이다. 예수회 신부의 설명은 무신론자들에게는 말도 안 되는 소리다. 그들은 세상의 부조리한 고통에 대한 유일하게 가능한 응답은 희생자의 편이 되는 것이라고 주장한다. 그들은 고통과 죽음에 맞서 저항하면서 마치 하나님이 존재하지 않는 것처럼 행동하는 것이 더 낫다고 주장한다.[4]

3) 엘리 위젤의 체험적 물음

마지막으로 히브리 성서의 저항 정신을 물려받은 유대 사상가들은 2차 세계대전 중에 홀로코스트의 가공할 악과 고통을 경험한 후에 부조리하고 모순적인 악과 고통에 대해 저항할 것을 요구하는 신정론을 전개했다. 하나님이 선하시다면 어찌 그런 끔찍한 악이 날뛰고 고통을 허용한다는 말인가? 하나님이 선하시다면 어찌 이 세상에 도저히 이해할 수 없는 그렇게 많은 비극과 불의와 폭력적인 죽임이 넘쳐난다는 말인가? 하나님은 선하시고 또 사랑이기에 그 하나님의 선하심과 사랑을 신뢰하여 악과 고통의 현실을 수용해야 한다고 어찌 주장할 수 있다는 말인가? 이런 항의는 끔찍한 악의 심연을 들여다보고 무고하게 고통을 당한 많은 사람들에 의해 제기된다. 리처드 루벤쉬타인(Richard E. Rubenstein, 1924~)은 그런 목소리를 대변한다. "역사의 하나님이 존재한다면, 그는 아우슈비츠의 궁극적인 책임자(author)이다. 나는 기꺼이 우리 원천이요 종국적인 운명인 거룩한 무(Nothingness)의 하나님을 믿지 역사의 하나님을 결코 다시 믿지는 않을 것이다."[5] 충분히 이해할 수 있는 항변이 아닌가?

또한 잘 알려진 엘리 위젤(Elie Wiesel, 1928~)의 증언은 루벤쉬타인의 항변과 좀 다른 분위기를 발산하지만 마찬가지로 악과 고통의 문제에 대해 근본적인 도전을 제기한다. 실제 현장에서 체험자이고 나중에 그에 관한 기록으로 노벨상을 수상한 엘리 위젤은 20세기 아우슈비츠 대학살에 대한 성찰을 통해 심오한 변신론 또는 신정론의 통찰을 제시한다. 그는 자신의 자전적인 소설과도 같은 『밤(Night)』에서 아우슈비츠의 끔찍한 현장에서 일어났던 자신의 경험을 전해 준다. 어느 날 피펠이라는 이름을 가진 열세 살 난 어린 소년 하나가 포로수용소 안에서 발견된 무기로 인해 심문을 받고도 끝내 입을 열지 않은 일 때문에 수천 명의 포로들이 보는 앞에서 교수형을 당하게 되었다. 소년의 목이 줄에 달려 30분 넘게 숨이 넘어가지 않은 채 삶과 죽음의 경계를 넘나들며 몸부림치고 있을 때 누군가가 뒤에서 위젤에게 묻는다. 도대체 지금 "하나님은 어디에 있는가?" 그때 위젤의 마음속에서 어떤 목소리가 대답하는 것을 들었다. "하나님이 어디에 있느냐고?" 바로 "여기 교수대에 매달려 있지."[6] 위젤의 고통스러운 통찰은 20세기 신정론뿐만 아니라 신학의 물꼬를 바꾸는 데 커다란 계기가 되었다.

끔찍한 악과 그 악으로 야기된 엄청난 고통에 직면해서 합리적인 정당화를 통해서는 도저히 이해할 수 없다고 판단하는 일군의 사상가들은 특히 인간이 저지른 비도덕적 악에 저항하고 또 나아가 악과 고통을 적극적으로 제거해야 한다는 이른바 저항의 변신론 또는 신정론을 개진한다.[7] 이런 무신론의 항변들과 저항의 변신론의 주장을 어떻게 받아들여야 할까? 끔찍한 악과 고통의 현실에서 제기되는 무신론의 항변들과 저항의 신정론의 주장을 경청하는 신학은 하나님의 본성과 주권을 어떻게 이해해야 할까? 무고하게 희생당한 어린 생명들과 함께 고통당하는 생명들의 외침은 말할 것도 없고 그에 대한 무신론의 근본적인 항변을 억눌러서는 안 될 것이다. 기독교 신학은 이런 부조리하고 모순적인 악과 고통의 현실에서 제기되는 항변을 경청하고 그것에 책임 있게 응답하는 하나님의 본성과 주권에 대한 이해를 내놓아야 하지 않겠는가?

레비나스의 무한 책임의 윤리형이상학

1) 악과 고통의 수동성, 부정성, 무용성, 그리고 무의미성

모든 존재형이상학(ontological metaphysics)은 악과 폭력을 정당화한다고 할수 있는가? 부조리하고 모순적인 악과 고통을 궁극적으로 또는 전체적으로 선을 이루기 위한 목적의 수단으로 정당화하는 존재형이상학에 대해 강력하게 저항하는 새로운 형이상학의 주장을 경청할 차례이다. 히틀러와 그 전체주의에 의해 저질러진 아우슈비츠의 참상을 직접 경험한 임마누엘 레비나스(Emmanuel Levinas, 1906-1995)는 존재형이상학을 반대하면서 윤리형이상학(ethical metaphysics)을 내세운다.[8] 레비나스의 주장은 실제 고난의 풀무불에서 달구었기에 추상적이라고 몰아세울 수 없다. 왜 존재형이상학이 아니고 윤리형이상학인가? 레비나스는 서구 철학의 역사를 통해 형이상학이 존재론에 사로잡힌 것으로 해석한다. 왜 형이상학을 사로잡은 존재론이 문제일까? 레비나스가 보기에 서구 존재론의 문제는 형이상학의 본질을 총체성을 추구하는 주체의 사유로 환원한 데 있다. 형이상학이 주체의 사유로 환원됨으로써 형이상학의 본질에 담긴 초월, 무한, 거리, 그리고 타자의 생각을 상실하는 동일성의 철학이 되어 버렸다.[9]

레비나스는 형이상학을 존재론에서 건져 내고 싶어 한다. 하이데거(Martin Heidegger)가 형이상학의 본질을 찾기 위해 고대 그리스 사유의 기원이 되는 망각된 '존재'를 회복해야 한다고 주장하듯이, 레비나스는 하이데거의 존재의 사유가 망각한 '타자'에서 형이상학의 본질을 찾는다. 그래서 레비나스에게 형이상학은 자아가 존재론을 통해 추구하는 익숙한 세계에서 자아 밖의 낯선 세계로 나아가는 것이다. 형이상학은 자아와는 완전히 다른 것, 즉 레비나스의 표현으로 무한(the infinite)에 대한 갈망(desire), 곧 물릴 줄 모르는 채 남는 갈망이다.[10] 레비나스는 서구 형이상학의 존재론의 주형을 해체하면서도 형이상학의 개념을 보존한다. 레비나스가 형이상학이라는 개념을 포기하지 않는 이유는 하이데거의 기초존재론(fundamental ontology)을 비판하면서도 사유를 포기하지 않는다는 뜻이 있다. 다만 레비나스는 사유의 본질을 하이데거처럼 '존재'에서 찾는 것이 아니라 '타자'에서 찾는다고 할 수 있다.

그러면 레비나스의 타자의 윤리형이상학에서 고통은 어떤 위상을 차지할까? 주체형이상학의 폭력에서 야기된 타자의 고통이 레비나스의 윤리형이상학의 출발점이라 할 수 있을 것이다. 레비나스의 윤리형이상학에서 고통은 그의 사유의 바탕이다. 언젠가 "어떻게 사유가 시작하는가?"라는 물음에 레비나스는 이렇게 대답한 적이 있다. "이별이나 폭력 장면, 갑작스럽게 찾아온 시간의 단조로움에 대한 의식, 이와 같이 말로 표현할 수 없는 상처나 망설임에서 시작하지 않을까 생각한다."[11] 그러니까 레비나스는 사유를 존재와 다른(otherwise than being) 방식으로 수행하는 것이다. 레비나스는 히틀러의 나치 전체주의가 자행한 아우슈비츠의 비극적 참상에 대해 존재와 다른 사유와 성찰을 수행한다. 그는 여러 형태의 다양한 악과 고통에 대한 성찰을 자신의 여러 저작들을 통해 지속적으로 제시했다.[12] 이런 뜻에서 레비나스의 고통 담론을 고통의 윤리형이상학이라 부를 수 있다.[13]

레비나스는 본래 후설(Edmund Husserl, 1859-1938)의 현상학에서 출발해서 하이데거의 기초존재론과 대결하면서 그것을 비판하고 자신의 윤리형이상학을 전개한다. 레비나스는 고통을 현상학적으로 해명하는데, 그의 해명에는 몇 가지의 뚜렷한 특징이 드러난다. 고통은 어떤 심리학적 내용같이 의식에 주어져 있다. 그러나 레비나스는 고통과 다른 현상학적 대상(noema)의 결정적인 차이를, 바로 의식에 주어져 있지만 파악이 불가능하다는 사실에서 찾는다. 고통은 사유의 존재론적 총체성의 대상이 될 수 없다. 레비나스는 칸트(Immanuel Kant, 1724-1804)가 보인 '긍정으로 넘어가는 것에 대한 어떤 깊은 경멸'을 고통의 현상에 적용하는 것으로 보인다. 우리에게 칸트 식으로 가능한 긍정적 인식의 한계에 대한 사고가 필요한 대상이 있다면, 레비나스가 보기에, 그것은 바로 고통의 현상이라는 것이다.[14] 그러나 동시에 고통은 칸트의 사유("나는 생각한다.")의 종합 작용에 의해 통일적으로 종합될 수 없는 현상이기도 하다.[15]

그러면 도대체 왜 고통 현상은 의식에 주어져 있음에도 불구하고 능동적으로 수용되거나 사유에 의해 통일적으로 파악될 수 없을까? 레비나스는 고통 현상의 두 가지 특징에 주목한다. 먼저 고통은 의식에 의해 능동적으로 수용될 수 없는 모호한 현상이다. 고통은 매우 수동적이다. 고통 자체가 감성 수용에 수동적일 뿐만 아니라 결코 수용할 수 없는 것이다. 고통의 어원을 주목해 보면 이런 사실을 알 수 있다. 고통은 그 어원(passion, passive)이 담고 있듯이 수동적 성격을 지닌다. 레비나스는 고통의 수동적 성격을 이렇게 설명한다.

> 고통의 수동성은 일상적 감각의 수용성보다 더욱 깊이 수동적이다. 일상적 감각의 수동성은 환영하는 능동성이고 또 그러기에 곧 바로 지각이 된다. 고통의 감수성은 상처받기 쉬운 연약한 성격(vulnerability), 즉 수용성보다 더 소극적인 성격을 지닌다. 고통은 경험보다 더욱 수동적인 시련이다.…고통은 당하는 것(undergoing)이다.[16]

고통 현상은 나 자신의 능동적 활동을 불가능하게 하는 경험이다. 고통의 이런 감각 수용성을 넘어서는 수동성은 사유의 종합적 인식 작용을 불가능하게 한다고 볼 수 있다.

레비나스는 고통 현상의 또 다른 특징을 부정성에서 찾는다. 레비나스는 고통을 철저하게 악한 것으로 규정한다. "고통은 정확히 하나의 악이다. 고통의 수동성을 통해 악을 기술할 수 있는 것이 아니라 악을 통해서 고통이 이해될 수 있다; 고통의 악, 곧 고통의 해악 자체는 부조리의 폭발이고 가장 심원한 부조리의 표현"이다.[17] 어떤 의미에서 고통이 부조리한 악이라고 할 수 있을까? 고통은 인간 존엄성의 본질에 속하는 자유를 파괴하기에 악이라 할 수 있다. 고통은 인간의 자유를 강탈함으로써 인간의 품위를 실추시킨다. 고통은 인간으로 하여금 '굴욕의 수동성'에 처하게 한다. 이런 굴욕의 수동성 상태에서 인간은 '사물과의 동일성'을 허용하는 지점까지 자유를 제한당한다. 레비나스는 악이 인간성에 가하는 부정성을 이렇게 설명한다.

악은 고통을 겪는 사람의 인간성을 파괴한다. 악은 부자유가 인간성을 짓누르는 것과는 다르게 인간성을 짓누른다. 말하자면 그것은 부자유 가운데 행위를 지배하거나 마비시키는 부정보다 더욱 폭력적이고 잔인하며, 용서하기 어려운 것이다. 부자유(non-freedom) 또는 고통을 당하는 것에서 중요한 것은 부정(not)의 구체성이 어떤 논리적인 부정(not)보다 더 부정적인 상처란 이름으로 불쑥 나타난다는 사실이다. 악의 부정성은 아마도 모든 논리적 부정(not)의 근원이요, 핵심일 것이다. 악의 부정성은 일체의 의미를 허용하지 않을 만큼 부정적이다.[18]

이러니 고통을 생명과 존재의 막다른 골목이라고 할 수밖에 없다. 고통의 수동성, 부정성과 더불어 레비나스가 밝혀 주는 고통의 마지막 특징은 바로 무의미성과 무용성이다. 극도의 수동성, 불능(impotence), 포기, 그리고 고독을 야기하는 고통의 현상 그 자체, 곧 "순수한 고통(pure suffering)"은 본디 무의미하고 비난받아 마땅하다. 니체가 주장하듯이 고통에서 의미를 찾을 수 있다면 그 고통을 견뎌낼 수 있을 것이다.

> 인간의 문제는 고통 자체가 아니었고, '무엇 때문에 고통스러워하는가?'라는 물음의 외침에 대한 해답이 없다는 것이었다. 가장 용감하고 고통에 익숙한 동물인 인간은 고통 그 자체를 부정하는 것은 아니다. 인간에게 고통의 의미나 고통의 목적이 밝혀진다고 한다면, 인간은 고통을 바라고, 고통 자체를 찾기도 한다. 지금까지 인류 위로 널리 퍼져 있던 저주는 고통이 아니라, 고통의 무의미였다.[19]

그러나 레비나스에게 고통의 악은 어떠한 의미도 없고 쓸모도 없는 무가치한 경험일 뿐이다. "고통은 그 자체의 현상성에서는 본래적으로 쓸모없는 것이며 '아무것도 아닌 것을 위한 것'이다."[20] 이런 사실은 고통 경험의 상황이 확인해 준다. 이렇게 고통에 본질이 있다면, 그것은 실로 '부조리, 무의미, 반의미 또는 반이성'이라고 할 수 있다.[21] 그러니 고통을 의미 전체로 통합하는 것은 더욱 불가능하다고 말할 수밖에 없다. 그래서 레비나스는 처음부터 고통은 '수용할 수 없는', 곧 '수용 불가능성'이라고 전제한다.[22]

2) 악과 고통에 대한 합리적인 정당화(변신론)의 해체

레비나스는 고통 자체가 극도로 수동적이고 부정적이며 무가치하고 무의미하다고 결론을 내린 후에 악과 고통의 합리적인 정당화를 모조리 거부한다. 레비나스는 고통을 합목적적으로 또 유의미하게 해석하면서 정당화하는 모든 사고 기제들을 검토한다. 고통은 생물학적으로 생명 보존을 위해 모든 종류의 생명 위험을 경고하는 신호로 그 존재 의미를 지닌다고 주장된다. 고통을 개인의 영적 성장이나 성품 함양을 위해 기능하는 것으로 정당화할 수 있다. 고통을 사회의 안녕을 위해 꼭 필요하다는 사회의 유용성이라는 미명 아래 합리화할 수 있다. 사회 공동체를 유지하기 위해 사회 구성원들 일부의 고통은 필연적일 수밖에 없다는 논리다. 고통은 권력자들에 의해 정치적 목적론을 섬기는 방식으로 정당화될 수도 있다. 그러나 고통에 대한 이런 모든 합리적 기제들 뒤에 도사리고 있는 사악한 의지를 지닌 강자들에 의해 약자들에게 가해진 온갖 자의적이고 부조리한 억압, 범죄, 그리고 전쟁을 통한 몹쓸 고통은 도대체 무엇을 말하는 것인가?[23]

아울러 서구의 종교와 사상은 악과 고통의 현실을 합리적으로 정당화하기 위해 고도의 형이상학적 목적론을 전개해 왔다. 부조리하고 모순적인 악과 고통의 현실을 납득시키기 위해 하나님의 절대적인 선에 의지하는 초월적인 목적의 왕국 같은 형이상학적 질서를 내세우기도 했다. 악과 고통의 현실은 보이지 않는 총체적인 선의 질서에 속한 부분에 불과할 뿐이다. 그것은 궁극적 선의 완성에 기여할 것이다. 원죄나 선천적인 인간의 유한성이 강조되기도 하고 온갖 역사의 진보에 대한 거창한 관념들이나 논리들이 고안되기도 했다. 또 현세에서 충족되지 못한 부정의에 대한 보상이 시간의 끝, 즉 종말에 이루어질 것이라는 종교적인 논리들이 제시되기도 했다. 이런 초-감각적이고 초-경험적인 전망들은 모두 본질적으로 근거 없고 부조리하고 자의적이기 그지없는 악과 고통의 현실에서 삶의 의미와 질서를 제공하기 위해 동원되었다.

그 가운데 대표적인 것이 변신론이다. 유대인 디아스포라가 이스라엘의 죄로 인한 것이라는 구약성서 신학에서 아우구스티누스의 원죄의 신학, 그리고 계몽주의의 이신론까지 모두 다 이런 변신론의 다양한 형식들이라 할 수 있다. 그러나 악과 고통의 현실에 의미를 부여하기 위한 정당화 기제가 반드시 종교적인 변신론에만 국한되는 것은 아니다. 무신론적 진보주의 또한 자연과 역사를 통해 작용하는 일종의 섭리를 인정한다는 점에서 일종의 변신론이요 형이상학적 목적론이라 할 수 있다.[24]

그러나 레비나스는 수천 년간 지속된 여러 다양한 형태의 변신론이 종말을 고한 것으로 간주한다.[25] 그는 멀리 갈 필요 없이 20세기 전반기와 중반기에 일어난 가공할 악과 고통의 현실들을 나열한다. 양차 세계 대전은 말할 것도 없고, 히틀러의 나치즘과 스탈린주의 같은 좌우에 의한 전체주의, 히로시마와 굴락(Gulag)에서의 생명 상실, 그리고 아우슈비츠와 캄보디아에서 무고한 대량 생명 살상 등을 기억할 수 있다. 이런 끔찍한 인재들은 악과 고통과 온갖 명시적이고 암시적인 변신론들 사이의 균형을 무너뜨렸다. 그가 보기에 이런 비극적 참사들에 대한 변신론은 엄청난 악과 고통의 현실을 해소하기에는 턱없이 모자란 정당화이다. 다시 말하면 부조리하고 모순적인 악과 고통의 무게에 비하면 변신론들이 제시하는 정당화의 설득력의 무게가 턱없이 모자란다는 뜻이다.

레비나스는 악과 고통과 변신론의 불균형(disproportion)을 가장 극적으로 보여주는 사례로 자신이 직접 체험한 홀로코스트의 악과 고통을 성찰한다.

홀로코스트에서 그 어두운 심연을 드러낸 악과 고통은 그야말로 '몹쓸' 무의미한 고통이었다. 이런 '몹쓸' 악과 고통의 현실에서 악한 수단을 사용해서 선한 목적을 이루는 자비의 손길이 작용한다기보다는 어떤 맹목적인 야만적 폭력이 작용했다. 이런 맹목적인 야만적 폭력의 현존은 목적론적인 형이상학의 명제들의 타당성을 근본적으로 뒤흔든다. 과연 수천만 명이 죽어 나가고 수백만 명이 학살당하는 처참한 악의 현실을 더 큰 선을 위한 수단이라고 정당화할 수 있는가? 특별히 100만 명에 달하는 무고한 어린이들의 학살에 그 어떤 의미를 부여할 수 있단 말인가? 레비나스는 목적론적인 형이상학의 명제들을 뿌리부터 불신한다.

홀로코스트를 포함한 20세기 대재앙들은 온갖 변신론과 목적론적인 형이상학의 논리를 무너뜨리기에 족하다. 레비나스는 부조리하고 모순적인 대재앙과 고통의 현실에 이성적이고 합리적인 변신론이 더 이상 가능해서는 안 된다고 역설한다. 부조리하고 모순적인 타자의 고통을 결코 정당화해서는 안 된다고 강조한다. "이웃의 고통의 정당화는 확실히 모든 부도덕성의 원천"이다.[26] 고통의 현실을 도구적이고 합리적이며 목적론적으로 정당화하기보다는 고통 현상 자체의 민낯이 지닌 모호성을 그대로 직시해야 한다는 뜻이다.

악과 고통의 부정성을 합리적이고 목적 지향적으로 지양하는 형이상학의 논리에 대한 레비나스의 강력한 비판은 변증법의 논리적 지양에도 불구하고 악과 고통은 실제로 끝까지 잔존한다는 아도르노의 부정변증법과 통한다. 아도르노는 이렇게 주장한다. "경험된 세계 속의 무의미한 고통의 극히 미세한 흔적만 있어도, 경험에는 고통이 없다고 변명하려 드는 동일철학의 전체가 허위라고 비난할 수 있을 것이다."[27] 인간의 악에 의한 사회적 고통의 극단화로 인해 형이상학적 목적론에 기초한 변신론은 근본적으로 불가능해졌다. "아우슈비츠는 순수 동일성은 죽음이라는 철학 명제가 진실임을 입증했다."[28]

악과 고통의 부정적인 경험이 단지 형이상학적인 목적론에 따라 대긍정의 종합을 위한 수단으로서의 부정의 반제로 간주되기보다는 그 부정성에 대한 깊은 천착이 이루어져야 한다는 레비나스나 아도르노의 주장은 매우 강한 설득력을 지니고 있다. 끔찍하기 이를 데 없는 악과 고통의 현실은 사유를 통해 그것을 수용할 정신 능력을 키울 것을 요청하지만 동시에 우리의 사고를 마비시키는 그 무엇이 있다. 부조리하고 정의롭지 못한 끔찍한 악과 고통의 현실을 변신론의 논리만으로 설명하는 것은 턱없이 빈곤하다. 인과론적이고 목적론적인 해석을 통해 현재의 사회 구조적 악과 고통의 현실을 개선하지 않고 미래로 이월하는 방식으로 정당화해서는 안 된다.

3) 타인의 고통에 대한 무한책임의 연대

고통의 악에 대한 레비나스의 견해는 역설적이다. 위에서 살핀 대로 레비나스는 한편으로는 고통 자체의 부정성과 무용함과 무의미함을 역설하면서도, 다른 한편으로는 결코 정당화될 수 없는 타인의 '몹쓸' 고통을 통해 정당화될 수 있는 의미 있는 고통의 가능성과 그로 인한 희망의 가능성을 주장한다. 고통 자체는 정의롭지 못할 뿐만 아니라 철저하게 무의미하고 몹쓸 것이라고 주장하는 레비나스가 어떻게 고통의 의미를 찾을 수 있으며, 고통을 야기하는 끔찍한 악에도 불구하고 희망을 이야기할 수 있을까?

레비나스는 온갖 변신론이 종말을 고한 후에 여전히 종교성과 선에 대한 도덕성이 유지될 수 있는 의미에 대해 질문한다. 그는 타인의 고통은 철저하게 '몹쓸' 것이기 때문에 절대 정당화될 수 없다는 원칙을 분명히 한다. 타인의 고통을 정당화하는 것은 확실히 모든 비도덕성의 원천이다. 그럼에도 '더 이상 몹쓸 고통이 아닌 고통(또는 사랑),' 즉 타인의 몹쓸 고통에 의해 고무된 고통, 그래서 곧장 의미를 갖는 그 공감적인 고통(compassion)에 호소하는 자아의 원천에 대한 요구에 관심을 가질 수 있다.[29] 레비나스는 이런 고통을 '고통에 대한 고통'이라고 부른다. 말하자면 이런 고통은 타인이 당하는 무의미하고 몹쓸 고통을 위해 내가 자발적으로 또는 의무적으로 겪는 연대적 고통이다. 다시 말하면 그것은 '타자(the Other)의 정당화될 수 없는 고통을 위해 내 안에서 일어나는 정당한 고통'이다.

이런 대리적이고 연대적인 고통은 주체성의 타인을 향한 어떤 근본적인 방향 전환에 의해 가능하다. 타자에 대한 가장 방정한 관계라고 할 수 있는 타자를 위함(the for-the other)은 주체성의 가장 심오하고 분별 있는 체험이나 행동이다. 바로 이런 윤리적 의미의 대리적 또는 연대적 고통이 '인간 상호 간의 윤리적 전망(the ethical perspective of the inter-human)'을 열어 준다.

> 이런 전망에서 '타자 안의 고통(suffering in the Other)'과 '내 안의' 고통(suffering in me)의 근본적인 차이가 전개된다. 전자는 내게는 용서될 수 없고 나를 유인하며 나를 부르는 고통이다. 후자는 내 자신의 고통의 모험, 그것의 구성적인 또는 선천적인 몹쓸 성격이 의미를 얻게 된다. 비록 면제될 수 없지만 누군가 타인의 고통을 위한 고통이 될 때 그것은 수용할 수 있는 유일한 의미를 지닌 고통이다.[30]

타인에게는 몹쓸 무의미한 고통이지만 내게는 의미 있는 이런 고통에 대한 레비나스의 생각은 보통 목적론적인 변신론이 주지 못하는 심오한 뜻을 담고 있다. 레비나스는 오직 이런 고통의 연대성에서만 이 시대의 부조리하고 모순적인 끔찍한 참사들이 긍정될 수 있고 희망을 기대할 수 있다고 본다.

이런 인간 상호 간의 윤리적 전망에서 고통을 생각하는 것은 일상적인 상호성(reciprocity) 윤리나 상호 상품 거래나 계약에 기초한 정치나 경제 질서에서는 결코 생각할 수 없는 것이다. 레비나스는 그것을 이렇게 주장한다.

> 우리가 몹쓸 고통의 현상을 분석하려고 했던 것은 바로 서로 공평하게 주고받아야 한다는 상호성에 대한 관심 없이 타인을 위한 '내' 책임의 인간 상호 간의 전망에서, 즉 '한 사람'의 '타인'에 대한 관계의 비상호성(asymmetry)에서 까닭을 묻지 말고 타인을 도우라는 나의 부름 안에서였다.[31]

결국 레비나스에게 의미 있는 고통이란 타인의 몹쓸 고통에 대가를 생각하지 않고 동참하는 책임 있는 행동을 통해서 가능하다. 타인의 고통은 주체가 자신의 주체성에서 방향을 돌려 이타적 주체가 되는 데 핵심적인 요소가 된다. 자신의 여러 저작들을 통해 레비나스는 주체를 '상처받을 가능성'으로, '외상에 열려 있음'으로, '타자에 대한 노출'로, 타자에 대한 '대리자'로, 타자를 위한 '볼모'로 서술한다. 그는 타인의 고통을 걸머지는 고통받는 주체의 모습을 제시한다. 진정한 의미의 주체는 타인의 고통에게 자신을 열고 공감하고 연대할 뿐만 아니라 더 나아가 타인을 위해 대신 고통을 받을 수 있는 책임적인 주체라고 할 수 있다.[32]

레비나스의 모든 형태의 변신론과 형이상학적 목적론의 종말 선언은 신학과 윤리에 근본적인 물음을 제기한다. 부조리하고 모순적인 악과 고통의 현실은 변신론이나 형이상학적인 목적론의 논리로 설명하고 응답하는 것으로는 턱없이 부족하다. 부조리하고 모순적인 악과 고통의 현실은 지성적으로 이해되기에 앞서 존재론적이고 윤리적인 참여적 공감과 연대를 요구한다. 그러면 모든 형태의 변신론이나 목적론적 형이상학에 대한 레비나스의 물음과 부정은 하나님과 윤리에 비추어 고통을 생각할 수 있는 길을 아예 막아 버리는가? 결코 그렇지 않다.

레비나스는 부조리하고 모순적인 악과 고통의 합리적인 정당화 이후의 신학의 과제를 제기한다. 부조리하고 모순적인 악과 고통의 현실을 합리적으로 정당화하는 변신론을 포함하는 목적론적 형이상학 또는 형이상학적 목적론에 대한 레비나스의 해체는 경청해야 할 깊은 진리를 담고 있다. 그러면 형이상학적 목적론의 해체와 저항의 윤리학 이후의 신학은 끔찍한 악과 고통의 범람 와중에서 하나님과 인간을 어떻게 말할 수 있을까? 과연 부조리하고 모순적인 끔찍한 대형 참사들에 직면해서 생명의 복음을 담아낼 악과 고통에 대한 신학은 무엇인가? 레비나스의 주장대로 타자를 위한 피할 수 없는 의무에 대한 의식은 하나님 개념을 더욱 어렵게 만든다. 그러나 그것은 또한 그 어떤 변신론에 대한 확신보다 더욱 영적으로 가까운 하나님 개념으로 이끈다.[33] 레비나스의 윤리형이상학은 죄악과 고통의 현실에 민감한 하나님의 본성과 주권에 대한 신학적인 탐구를 촉구한다.

제 **4** 부

생명을 위한
하나님의 긍휼

9장 | 고통과 죽음에 대한 섭리 이해

고통과 죽음의 섭리론

오늘날 우리는 끔찍한 사회적 고통의 세계화-지역화의 현실에 직면하고 있다. 고통과 죽음을 신정론 또는 변신론에 비추어 성찰하면서 확인했지만 고통과 죽음을 야기하는 죄와 악을 단순히 환영으로 격하할 수 없다. 끔찍하기 짝이 없는 고통과 죽음을 야기하는 악의 현실을 부인하거나 하찮게 여기는 모든 교설들은 얄팍하다. 기독교 신앙은 입을 떡 벌린 채 그 심연을 내보이는 고통과 죽음의 현실에서 '도대체 하나님은 왜?' 아니 '도대체 하나님은 어디에?'라는 변신론 또는 신정론의 물음뿐만 아니라 하나님의 다스림에 대한 근본적인 신학적 물음을 추구하고 또 책임 있게 응답해야 한다. 그리스도인들은 예수 그리스도 안에 드러난 하나님의 계시에 비추어 하나님과 우리 자신과 세계를 이해하고 실천한다. 독일의 신학자 요하네스 메츠가 환기시킨 대로 그리스도인들은 고통과 희망이 교차하는 위험스런 기억인 예수 그리스도의 십자가와 부활에 대한 기억[1]을 반복적으로 실천한다. 그리스도인들이 예수 그리스도의 죽음과 부활을 반복적으로 기억하는 것은 참된 미래와 희망을 조성하는 하나님나라의 도래를 염원하기 때문이다.

부조리하고 모순적인 고통과 죽음의 현실에서 생명을 위한 희망을 어디에서 찾을 수 있을까? 우리는 거대한 악과 고통의 문제 앞에서 모든 물음에 답을 줄 수 있다고 자만하는 신학 체계들의 착각과 허상을 깊이 통찰해야 한다. 이 세상에서 무고하게 죽은 생명들에게 생명의 미래가 있다고 쉽사리 정당화하는 모든 교설들을 의혹의 눈으로 보아야 한다. 하나님께서 선물로 주신 이 세상에서의 생명의 꽃을 피워보지도 못하고 꽃다운 청소년 시절에 스러져 간 어린 생명들의 미래는 과연 무엇일까? 오늘날의 생명을 위해서 살아 있는 자의 정의도 중요하지만 죽은 자들의 정의도 역시 중요할 것이다. 역사는 과연 정의로 귀결되는 미래를 지니고 있는 것일까? 하나님의 다스림을 믿는 그리스도인들은 당연히 이런 물음을 던지지 않을 수 없다.

그리스도인들은 이 세상의 역사에 대한 하나님의 주권적인 섭리와 그것의 궁극적 완성을 신앙한다. 하나님이 이 세계의 모든 것을 다스린다는 것은 기독교 신앙과 교리의 기본적인 확신에 속한다. 기독교 신학의 한 주제인 섭리 이해는 고통스러운 죽음을 조망할 수 있는 신학의 창이라고 할 수 있다. 하나님의 섭리와 종말론적 완성에 비추어 이런 부조리하고 모순적이며 끔찍한 인재의 현실과 그 사회적 고통의 의미를 마땅히 물어야 한다. 하나님의 섭리(divine providence)라는 용어는 하나님이 제공한다(창세기 22:8)는 문자적 의미를 지니고 있다. 이 세상에서 일어나는 고통과 죽음의 문제들을 조명하는 접근이라는 점에서 앞서 살펴본 신정론과 이제 살펴볼 섭리론은 서로 통하는 면이 있다고 할 수 있다. 하나님은 과연 세월호 참사로 고통을 겪은 희생자들과 계속해서 고통을 겪는 가족들과 나아가 한국 사회에 선한 그 무엇을 제공하고 계신 것인가? 세월호 참사의 희생에 직면해서 부조리하고 사악하기 짝이 없는 고통과 죽음의 현실을 하나님의 본성과 주권, 그리고 인간의 자유와 관련해서 어떻게 이해해야 할지, 또 하나님이 주권적으로 이루실 하나님나라의 궁극적 완성의 현실에 참여하는 인간의 자유의 본질을 과연 어떻게 이해해야 할지를 더욱 깊고 넓게 사유해야 할 것이다. 과연 고전신학은 고통과 재앙의 현실에 어떻게 응답할까? 이 곤혹스러운 주제를 해명하는 데 있어서 하나님의 주권적 섭리를 강력하게 내세운 대표적인 두 신학자, 아우구스티누스와 칼뱅의 고전적인 해석을 살펴보는 것이 도움이 될 것이다.

아우구스티누스의 변증적 섭리론

1) 섭리론의 출발점으로서의 악의 문제

아우구스티누스는 서방교회 섭리 교리의 고전 형식을 제공했다. 그는 회심 후에 하나님의 섭리에 대한 자신의 고백을 기념비가 되는 저작『고백록』 5권 8장 13절에 담았다. "나의 하나님, 당신께서 그것을 하셨습니다. '주께서 사람의 걸음을 정하시고 또한 그의 길을 선택하실 것이니' (시편 37:23)[2] 당신이 이미 창조하신 것을 다시 창조하시는 당신의 손을 떠나서 우리가 어찌 구원을 얻을 수 있겠습니까?"[3] 그는 성서가 증언하는 하나님의 섭리를 고백을 넘어 역사철학으로 정립했다.

아우구스티누스는 또한 악의 실재에 대한 탐험가이기도 하다. 아우구스티누스는 자신의 오랜 구도와 신앙의 여정을 통해서 악의 기원과 관련해서 인간의 의지 자유와 하나님의 주권 사이의 난제를 깊이 있게 해명했다. 그는 또한 성서의 여러 곳에 등장하는 당혹스러운 악과 고통과 관련하여 야기되는 인간의 의지 자유와 하나님의 주권이 상충하는 난제를 서구신학의 역사에서 체계적인 틀을 갖춘 섭리론으로 전개했다. 물론 그 이전에 동방의 이레네우스(Irenaeus)나 오리게네스(Origen) 같은 교부들도 아우구스티누스와 다른 역사신학의 전망을 제시한 바가 있다. 그러나 아우구스티누스의 섭리 이해가 고대 후기와 중세를 거쳐 종교개혁 시기에 이르기까지 서구 교회와 사회에 결정적인 영향을 미쳤다. 그는 초기 마니교의 체험을 통해 이원론적인 결정론에 반대해서 의지 자유의 원칙을 확고하게 세웠고 후기 펠라기우스주의자(Pelagians)와의 대결을 통해 의지 자유에 반대해서 하나님의 은총과 예정 원리를 강하게 내세웠다. 결정론에서 의지 자유를 통해 예정론으로 나아가는 구도를 보여주는 아우구스티누스의 섭리 이해는 이후의 서구 신학의 표준 역할을 수행했다고 할 수 있다.[4] 아우구스티누스는 고전적 섭리 이해의 뼈대가 되는 기본적인 원리들을 분명하게 제시했다.

하나의 분명한 원칙은 하나님의 섭리는 인간의 죄와 악을 야기하는 의지의 자유로운 의도와 활동을 통해서 실행된다는 것이다. 악의 기원과 현실의 문제는 아우구스티누스가 섭리론을 형성해 가는 데 결정적으로 중요하다. 그의 섭리 이해의 여정은 실제로 악의 원인을 밝히기 위한 탐구에서 출발한다. 인간의 행위를 통해 부정할 수 없이 드러나는 악의 현실이 그의 신학 사유에 불을 지폈다. 그는 악의 원인을 탐구하는 동안 심한 괴로움을 느꼈고 신음하기까지 했다.[5]

아우구스티누스가 초기에 악의 기원을 인간 의지의 자유로운 실행에서 찾게 된 계기는 마니교의 이원론적인 결정론과의 만남을 통해 마련되었다. 마니교는 4세기 바울의, 특히 로마서 7장의 가장 극단적인 해석을 추구하는 종교 집단이었다. 마니교의 주장에 따르면 인간이 악을 행하는 것이 아니라 하나님의 본성이 악의 침해를 받는다. 마니교는 인간의 의지와 악의 실행이 이원론에 기초한 이해하기 힘든 어떤 '어두움의 권세'에 의해 결정되는 것으로 가르쳤다. 아우구스티누스는 초기에 마니교를 직접 체험한 후 마니교의 결정론에 반대해서 의지의 자유를 주장한다. 이 초기에 그가 후기에 이르러 반박하게 될 '펠라기우스(Pelagius)보다도 훨씬 더 펠라기우스 식으로' 자유의 지를 옹호하였다는 사실은 참으로 흥미롭기 짝이 없다.[6] 아우구스티누스는 초기에 의지의 자유를 분명하고도 확고하게 내세웠다. "그러나 우리는 성경 그 어디에서도 하나님에게서 오지 않는 그 어떤 인간의 의지는 존재하지 않는다는 주장을 발견할 수 없다."[7]

아우구스티누스는 회심을 기점으로 해서 악의 기원이 인간의 자유의지의 왜곡된 실행에 있음을 분명하게 제시한다. 그는 이런 견해를 자신의 신앙과 신학의 성찰을 담은 『고백록』에서 상세하게 서술한다.[8] 그는 하나님이 모든 것을 창조했고 창조한 모든 실재는 선하다는 결론을 내린다. 따라서 악은 실재(실체)가 없고 선의 상실 또는 결핍이 있을 뿐이라고 한다. 만일 악이 실재한다면 그것은 선을 위해 존재할 뿐이다.[9] 인간의 사악함도 실체가 없다. 인간의 사악함은 인간 의지의 왜곡에서 생긴다. 의지의 왜곡은 의지가 가장 고차적인 실체인 하나님을 버리고 열등한 사물로 떨어져 나가 왜곡된 것이다.[10]

2) 하나님의 주권과 의지의 자유의 긴장

그러면 하나님은 주권을 어떻게 행사하는가? 하나님은 주권을 인간의 의지의 자유를 존중하는 유비적인 방식으로 간접적으로 실행한다. 하나님은 인간의 본성이 의지의 자유로 행하는 것을 직접적으로 의지하거나 동인을 부여하거나 강요하지 않는다. 인간의 본성은 그것이 의지하는 것은 무엇이

든지 행한다. 인간은 스스로 의지하는 것을 행하고 의지하지 않는 것을 행하지 않는다.[11] 따라서 하나님은 인간 세상에서 일어나는 악을 직접 의지하지도 명령하지도 않는다. 악의 유일한 원인은 인간의 의지의 자유, 더 정확히는 의지의 왜곡에 있다.[12] 인간이 죄악 행위를 자발적으로 의지하고 행한다. 죄악의 동기와 행위가 반드시 필연적으로 실행되는 것은 아니다. 그것은 인간의 자유로운 본성 안에 고유한 가능성으로서의 선한 본성에 속한 것이 아니다. 하나님이 창조한 인간의 선한 본성에서 인간이 자발적으로 일탈해서 죄악이 생겨났을 뿐이다. 그러므로 하나님에게서나 하나님에게 속한 인간의 선한 피조본성에서 악의 원인을 찾아서는 안 된다.[13]

그러나 실천의 측면에서는 도대체 왜 인간의 의지가 완전한 자유를 누리지 못하고 왜곡되어 죄악의 동기와 행위에 빠지게 되는지의 문제는 여전히 해결되지 못한 채 계속해서 씨름해야 할 과제로 남았다.[14] 아우구스티누스는 이 문제와 씨름하면서 의지의 자유와 하나님의 주권의 관계성을 좀 더 깊이 해명하는 방향으로 나아간다. 하나님은 이 세상의 모든 사건들을 직접적으로 결정하고 명령하지 않는다. 하나님은 인간이 스스로 의지의 자유를 가지고 실행하는 악한 동기나 행동을 직접 결정하고 명령하지 않는다. 그는 하나님이 인간의 의지의 자유를 통해 실행하는 악한 동기와 행위를 직접 의지하거나 명령하지 않는다는 점을 밝히기 위해 예지와 허용이라는 개념을 끌어들인다. 하나님의 주권은 인간의 악한 동기와 행위를 허용하고(permit) 또 미리 아는(foreknow) 방식으로 실행된다는 것이다.[15] 하나님은 피조물의 능력과 활동에 내적으로 참여함으로써 주권을 실행한다. 그는 인간의 의지의 자유를, 하나님이 의지하는 것을 인간이 자발적으로 의지하는 것으로 이해하는 식으로 문제를 풀려고 했다. 이것은 후에 칼뱅에게서 현저하게 나타나는 이중적인 인과작용(double causation)을 예기하는 것으로 보인다. 아우구스티누스의 이런 해결은 악의 기원과 관련해서 의지의 자유와 하나님의 주권 또는 예정의 관계에 대한 이해에서 명백한 모순을 해결하지 못한 것으로 평가된다.[16]

3) 하나님의 주권의 절대성을 향하여

이렇게 인간의 의지의 자유를 새롭게 이해하는 방식으로 난제를 풀려는 노력이 만족스럽지 못했기 때문에 아우구스티누스는 결국 후대 칼뱅의 입장에 접근하는 또 하나의 중요한 원칙을 강조하게 된다. 말하자면 하나님의 주권의 절대성을 강조하는 방향으로 선회한다. 그러나 아우구스티누스의 하나님의 주권에 대한 이해는 인간의 상대적 독립성과 자유, 즉 의지의 자유를 약화시키는 딜레마를 야기한다. 결국 인간의 자유를 하나님의 주권, 즉 예정에 종속시키는 방향으로 나아간다. 섭리는 인간의 자유로운 결정이 아니라 결국 하나님의 영원한 예정에 따라 결정된다. 타락에서 천사들과 인간이 범한 원죄나 원악은 처음에는 그들의 자유의 결과이면서 동시에 결정적으로는 하나님이 첫 사람들의 온전함의 지속을 위해 필요한 충만한 은총을 거절한 결과이기도 하다.[17] 그리고 결국 이중예정을 주장함으로써 하나님의 주권을 일방적으로 강조하는 방향으로 치닫게 된다.[18]

후기에 이르러 하나님의 은총과 예정을 강조하는 하나님의 주권에 대한 이해는 인간의 의지의 자유를 약화하면서 섭리를 하나님이 일방적으로 선택하는 의지에 따라 결정되는 방식으로 설명하기에 이른다. 아우구스티누스의 이해는 세 가지의 특징을 지닌다. (1) 은총의 절대적인 우선성과 하나님의 선택의 칙령의 우선성(물론 아우구스티누스에게 하나님의 은총이나 선택하는 칙령은 인간의 자유를 위협하는 것이 아니라 세운다). (2) 하나님의 섭리에서 세상의 역사를 선행하는 영원한 예정을 강조. (3) 외적인 역사의 사건들을 규정하는 내적인 역사의 외적인 역사와의 상관관계. 그러나 오늘날의 관점에서 볼 때 그는 하나님의 주권과 인간의 자율성 사이의 딜레마를 해명하는 데 뚜렷한 노력을 보여주었지만 그다지 성공하지 못한 것으로 평가된다.[19]

4) 목적론적 섭리 이해

결국 아우구스티누스는 하나님의 은총과 예정에 기초한 하나님의 주권과 인간의 의지의 자유 사이에 놓인 부조리하고 모순적인 악과 고통의 현실이라는 딜레마를 창조-구속-종말의 완성이라는 거대한 목적론적 구도를 통해 해결하기에 이른다. 하나님은 악의 부정적이고 파괴적인 얼굴을 드러내는 사건들에서 선한 결과를 이끌어내는 방식으로 악에 대한 자신의 주권을 행사한다. 하나님의 섭리는 '긍휼의 그릇들'의 유익을 섬기기 위해 '분노의 그릇들'을 사용한다.[20] 하나님은 현실에서는 납득할 수 없는 이런 부조리하고 모순적인 악의 현실을 통해 궁극적으로는 선을 이루어 간다. 하나님의 주권을 절대로 강조하는 패러다임에서 악의 허용과 예지는 종말론적 구원이라는 선한 목적을 이루기 위해 악을 사용한다는 목적론으로 귀결된다.

아울러 아우구스티누스는 점점 더 영원한 하나님나라와 지상의 하나님의 도성을 분리하는 하나님의 주권에 대한 이원론적 이해로 나아간다. 하나님의 섭리는 감추어진 신비의 측면과 함께 개인, 사회 그리고 우주를 통해 역사한다. 유한한 인간은 하나님의 선한 섭리의 과정을 온전하게 이해할 수 없다. 단지 현재 자신의 제약적인 위치에서는 섭리 전체 광경의 경이로움을 이해할 수 없고 완성이 이루어질 때에야 비로소 알 수 있다.[21] 이렇게 아우구스티누스는 엄밀한 의미에서 서구 신학의 역사에서 최초로 하나님의 섭리에 역사신학, 역사철학 체계를 부여했다고 할 수 있다. 아우구스티누스는 하나님의 주권의 섭리를 영원과 역사의 지평으로 뚜렷하게 확대해서 해석했을 뿐만 아니라 그것에 목적론적인 통일성을 부여했다.[22]

칼뱅의 주권적 섭리론

1) 철저한 하나님의 주권

종교개혁자 칼뱅은 핍박과 고통을 아주 민감하게 느꼈을 부조리하고 모순적인 종교적·정치적 현실에서 가히 불굴의 신앙의 헌신과 신학의 사유를 실천했다. 그는 개인의 행복을 거의 포기한 사람처럼 일평생 개혁자로 살았다. 칼뱅은 악과 고통을 하나님의 본성에 존재론적으로 결속시켜 이해할 여지를 거의 주지 않고 아우구스티누스와 아퀴나스의 서방 전통을 따라 철저하게 하나님의 주권적인 섭리의 영역에서 다룬다. 그것을 주로 그리스도인의 제자의 삶의 맥락에서 십자가를 지는 문제로 다루었다.[23] 이런 특징은 하나님의 본성에 대한 신학적 사유가 개혁주의 기본 원리 가운데 하나, 곧 절대적인 하나님의 초월성과 전적 타자성의 전제(finitum non capax infiniti)에 의해 규정되기 때문에 생기는 것이다.[24] 그 결과 불가피하게 하나님의 존재 또는 본성·본질과 주권을 지각하고 이해할 수 없다는 하나님의 불가해성의 인식론의 원칙이 강조된다.[25] 하나님은 근본적으로 믿음 또는 참된 경건, 곧 '하나님께 대한 존경과 사랑이 함께 결합된 것'을 통해 경배되어야 할 감추어진 존재이다. 하나님의 본성에 대한 사변의 금지와 불가해성의 강조는 삼위일체 이해에도 그대로 관철된다. 『기독교강요』의 신론 부분에서 삼위일체의 해설을 위해 할애된 공간은 그다지 크지 않다. 그 해설의 내용도 거의 논쟁의 맥락에서 논의된다.[26]

이렇게 칼뱅의 신학에서 악과 고통의 문제는 하나님이 불굴의 주권으로 행하는 섭리 이해의 영역으로 이월된다. 아우구스티누스의 후기 섭리 이해에서 더욱 두드러지는 하나님의 주권 강조는 칼뱅에 이르러 더욱 강조된다. 칼뱅은 하나님의 주권을 아우구스티누스보다 더욱 철저하게 강조한다. 앞서 살펴보았듯이 아우구스티누스는 초기에는 마니교의 결정론과 대결하면서 의지의 자유를 개진하고 후기에는 펠라기우스(Pelagius)의 의지의 자유에 대한 견해와 대결하면서 철저한 은총론을 펼쳤다. 이와는 달리 칼뱅에게는 하나님의 주권과 의지의 자유 사이의 변증법적 긴장이 별로 나타나는 것 같지 않다. 칼뱅은 그 시대의 인문주의의 요람에서 호흡했음에도 처음부터 인간의 자유의지에는 눈을 두지 않고 오직 하나님의 주권에만 철저하게 집중하는 것으로 보인다.

2) 하나님의 주권 개념의 특징

칼뱅의 섭리 이해에서 나타나는 하나님의 주권 개념의 두드러진 특징으로 먼저 언급할 수 있는 것은 철저한 의지적 성격이다. 그는 하나님의 주권을 철저하게 의지(will)의 문제로 이해한다. 그는 하나님의 주권을 설명하면서 성서의 인격적 범주들을 그대로 사용한다. 칼뱅은 하나님의 주권을 이해하는 데 형이상학의 개념들에 호소하지 않는다. 칼뱅의 섭리론에는 어찌 보면 성서, 특히 구약성서에 있는 하나님의 주권에 대한 야생적인(논리의 모순을 그대로 드러내는) 묘사가 어떤 세련된 형이상학의 정제를 거치지 않고 그대로 나타나는 것 같다. 하나님의 경륜을 이해하는 데 칼뱅만큼 성서의 가르침을 철학적인 정제 과정을 거치지 않고 받아들이려고 하는 신학자가 있을까? 나중에 좀 더 언급하겠지만, 이런 성격은 칼뱅의 섭리 이해를 한편으로는 형이상학적 정당화를 추구하는 다른 철학적 이해들이 빠지기 쉬운 함정을 피하게 해 주지만, 다른 한편으로는 많은 논리적 모순점을 남기는 듯하다.

다음 특징으로 언급할 수 있는 점은 하나님의 주권의 영역에서 맹목적인 숙명(fate)이나 우연(chance)의 여지를 철저하게 부정한다는 것이다. 그는 인간을 포함한 이 세상의 만사가 숙명이나 우연의 맹목적인 충동으로 일어난다는 주장을 강력하게 반박한다. 이 세상에서 일어나는 모든 사건들은—부정적이든지 아니면 긍정적이든지—철저하게 하나님의 주권의 다스림을 받는다. 이 세상의 그 어떤 사건도 하나님의 주권을 벗어나 우연하게, 변덕스럽게, 또는 숙명적으로 일어나지 않는다. 이 세상의 어떤 것도 하나님의 뜻과 명령이 없이는 일어나지 않는다. 하나님이 "스스로 아시며 원하셔서 결정하시지 않는 한 아무것도 발생하지 않는다."[27] 하나님의 주권에 대한 이런 강한 결정론적 이해에서 숙명이나 우연이 들어설 여지는 전혀 없다. 하나님이 머리털까지 다 세신다는 말씀(마태복음 10:30)은 바로 숙명이나 우연은 없다는 뜻으로 읽힌다. 하나님의 계획과 결정을 벗어나는 것은 아무 것도 없다. 인간사에는 숙명이나 우연이라는 말이 존재할 수 없다. 하나님은 자연과 역사의 방향을 가장 세세한 부분까지 통치한다.[28]

칼뱅의 섭리 이해에서 하나님의 주권은 그야말로 미시와 거시의 모든 영역에 미친다. 그것은 '빗방울'과 '부는 바람'에서 인간의 모든 생각, 성향, 그리고 행위에까지 미친다. 하나님이 '만사의 창시자'요 하나님의 의지가 '만사의 원인'이라고 단호하게 주장한다. 물론 사악한 자들의 생각과 성향과 계획까지도 포함한다.[29] 그러면 생각하고 판단하고 행동하는 데 인간의 의지의 자유는 완전히 부정되는 것이 아닌가? 칼뱅은 인간의 의지의 자유를 하나님의 주권적 의지의 결정에 단호히 종속시킨다. 칼뱅에 따르면 하나님은 인간이 의지하고 행하는 것을 이미 정했다.

> 하나님이 미래의 사건들을 예견하는 것은 그런 사건들이 일어나도록 스스로 결정했기 때문이며 하나님의 확실한 예지에 대해 논쟁하는 것은 쓸모없다. 만사는 하나님의 결정과 명령으로 일어나는 것이 분명하다.[30]

하나님이 모든 것을 결정한다면, 인간은 하나님의 결정을 반복하는 꼭두각시에 불과한 것이 아닐까? 그렇게 되면 논리적으로 인간의 생각과 판단과 행위의 오류들에 대한 책임을 인간에게 돌릴 수 없지 않은가? 칼뱅은 악인의 생각, 판단, 그리고 결정과 행위도 하나님이 예외 없이 주권적으로 미리 결정한다고 주장하는데, 이런 주장을 어떻게 받아들일 수 있을까? 이런 반론들은 이미 칼뱅 당시에도 제기되었고 칼뱅은 그것들을 반박한 바가 있다.

칼뱅에 따르면 하나님은 악인들의 생각과 결정과 행동을 섭리의 수단으로 사용한다. 악인도 오직 하나님의 뜻과 명령에 의해서만 행동할 능력이 있다.

> 악마와 사악한 무리들이 하나님의 굴레에 의해 하나님의 손에 붙잡혀 있기 때문에 그들은 하나님께서 명령하시지 않는 한, 어떤 악의도 품지 못하고 또 악의를 품었을 때에도 그 일을 저지르거나 그것을 행하기 위해 손가락 하나 까딱할 수 없다. 그뿐만 아니라 그들은 속박과 규제로 묶여 있고 굴레의 재갈에 의해 통제되고 있다. 이 사실을 성도가 깨달을 때 성도는 충분한 위안을

얻게 되는 것이다.[31]

칼뱅은 이런 설명이 하나님의 정의에 모순된다고 생각하지 않는다. 그러나 이는 반론을 제기하는 사람들 편에서는 논리적으로 납득하기가 결코 쉽지 않은 주장이다.

하나님이 섭리의 목적을 이루기 위해 사탄이나 악인조차 이차적 도구로 사용한다면 악과 고통의 책임을 악인에게 돌리는 것이 어떻게 가능하다는 것일까? 그러나 칼뱅은 그런 반론을 받아들이지 않는다. 칼뱅의 논리는 역설적이다. 그는 이렇게 간결하게 대답한다. "사람은 하나님의 섭리가 정한 대로 넘어지지만 자신의 허물 때문에 넘어지는 것이다."[32] 그는 악인에 대한 철저한 하나님의 주권적 결정과 명령을 강조하면서도 악행의 책임을 철저하게 악인에게 돌린다. 칼뱅은 하나님의 섭리에서 하나님의 주권을 철저하게 관철시키면서도 동시에 인간의 윤리적 책임을 강조한다고 할 수 있다.[33] 악인이 하나님의 섭리에 순종할 목적으로 악을 행할 수 없다는 것이다.[34] 칼뱅은 악인들이 악행을 범하도록 이끈 자신들의 사악한 의도 때문에 정죄를 받게 될 것이라고 하면서 동시에 하나님은 악인들의 악행을 선한 목적을 위해 사용한다는 사실이 악인들의 의지의 악함을 조금도 완화하지는 못한다고 주장한다.[35] 인간의 생각과 행동에 대한 하나님의 강력한 주권적 예정을 주장하면서도 하나님의 정의와 악인의 책임을 동시에 주장하는 칼뱅의 논리는 분명히 역설적이다.

칼뱅의 하나님의 주권적 예정론에서 하나님의 주권적 결정과 인간의 행동 사이의 이런 역설적 관계를 어떻게 이해할 수 있을까? 칼뱅의 설명에서 하나님의 선행 결정과 인간의 자발적인 의지의 행동은 동시에 일어난다. 칼뱅은 둘의 관계를 일종의 이중 인과(two levels of causation)의 방식으로 설명한다고 할 수 있다.[36] 앞서 살펴보았듯이, 아우구스티누스는 이 문제를 풀기 위해 하나님의 '예지'와 '허용'이라는 생각을 끌어들였다. 그러나 칼뱅은 하나님의 '허용'이라는 생각을 전적으로 반대하는 것 같지는 않지만[37] 하나님에게 죄의 책임을 돌리는 것을 피하기 위해 하나님의 '의지'와 '허용'을 구별함으로써 합리화하는 것을 반대한다. 그런 생각은 하나님의 주권에 비성서적이고 파국적인 제약을 가하는 것이라고 본다.[38] 하나님의 허용이라는 논리적 완충장치를 인정하지 않는다면 역설의 논리가 야기하는 모순을 어떻게 해소할 수 있을까?

3) 형이상학의 정당화를 추구하지 않는 종말론

이런 물음은 하나님의 주권적 섭리에 대한 논변의 마지막 국면으로 인도한다. 칼뱅은 목적 지향의 종말론적 완성의 논리를 주장하면서 이런 역설의 논리가 주는 모순을 완충한다. 칼뱅도 목적의 완성을 이루는 하나님의 경륜에 호소한다. 하나님은 "측량할 수 없는 자신의 지혜로 만물을 인도하고 그것을 하나님 자신의 목적에 맞게 사용한다."[39] 하나님은 사탄과 악인까지 이차적 도구로 사용한다. 이 모든 도구는 하나님이 자신의 뜻을 완성하기 위해 사용하는 수단에 불과하다.[40] 하나님의 일반 섭리는 피조물 가운데 역사하여 자연의 질서를 유지할 뿐만 아니라 놀라운 계획으로 본래의 확실한 목적에 부합하도록 그것들을 사용하신다.[41] 우리는 하늘과 땅 그리고 무생물뿐만 아니라 인간의 계획과 의지까지도 하나님의 섭리로 다스림을 받아 지정된 목적으로 향하게 된다는 것을 단언할 수 있다.[42] 칼뱅의 섭리론도 아우구스티누스의 그것처럼 목적 지향의 틀에 호소한다. 그러나 아우구스티누스와의 차이도 분명하게 나타난다. 그는 아우구스티누스처럼 하나님의 섭리를 어떤 형이상학적 역사신학이나 역사철학의 기초 위에 세우지 않는다.[43]

그래서 칼뱅은 섭리를 설명할 때 하나님의 주권을 철저하게 목적 지향적으로 이해하지만 합리적으로 정당화하는 것 같지는 않다. 이런 차이는 두 신학자의 철학이나 형이상학에 대한 태도의 차이에서 기인한다고 할 수 있다. 칼뱅은 철학이 전부 무용한 것이라고 주장하지는 않지만 종교개혁자들에게 공히 나타나는 중세 형이상학의 체계에 대한 비판의 정신이 강하게 나타난다고 하겠다. 따라서 칼뱅의 하나님의 주권에 대한 이해의 장점은 그가 구사하는 합리성에서 찾으면 안 된다고 생각한다. 그의 이해는 오히려 앞서 살핀 형이상학적 목적론에 기초를 둔 변신론들보다 더 나은 어떤 측면이 있다. 사실 하나님의 주권에 대한 철저한 강조는 성서의 강력한 뒷받침을 받는다. 오히려 하나님의 주권의 섭리에 대한 신앙에서 악한 의도와 행위의 예정을 분리하려는 지적으로 세련된 시도가 성서와 상충되는 측면이 있음을 유념해야 할 것이다.

우리는 이제 칼뱅이 왜 하나님의 섭리에서 인간의 의지의 자유를 거의 희생할 정도로 하나님의 주권을 강조할 때 야기되는 논리적인 어려움에 대해 세련된 형이상학적 정당화를 추구하지 않는지 그 이유를 따져 물을 지점에 다다랐다. 그는 섭리에서의 부조리와 모순을 사변을 통해 합리화하려 하지 않는다. 칼뱅의 섭리 이해는 모순을 지성의 기교로 정당화하지 않는 '지성의 희생(sacrificium intellectus)' 같은, 성서가 분명하게 증언하는 어떤 투박한 정신을 포함한다. 칼뱅의 섭리 이해는 바르트(Karl Barth)가 괴팅겐에 부임하여 칼뱅의 신학을 읽고 처음 느꼈던 바를 비유로 표현한 바와 같이 '강력한 폭포' 또는 '기이하고 신화적인 힘을 지닌 원시림' 같은 길들여지지 않은 어떤 야생성을 포함한 것으로 보인다.[44] 하나님의 섭리에 대한 흔들림 없는 믿음으로 외아들을 제단에 바치는 아브라함의 그 굳센 믿음(창세기 22:8)에 육박하는, 그야말로 어떤 역경도 꿋꿋하게 이겨 나가는 불굴의 신앙에 대한 권면이 있다. 칼뱅의 섭리와 하나님의 주권에 대한 이해가 사변적인 형이상학의 틀로 전개된다면 오히려 매우 심각한, 논리적이고 심지어 윤리적인 난제의 늪으로 빠져들고 말 것이다.

아우구스티누스도 전반적으로 그렇지만 칼뱅은 섭리를 철저하게 경건의 실천 교리로 다룬다. 칼뱅은 사변이 들어설 여지를 거의 허용하지 않는다. 이것이 아우구스티누스와 구별되는 점일 것이다. 아우구스티누스도 섭리를 신앙 실천의 관점에서 다루지만, 그래도 사변 여지가 적지 않게 있다. 이에 비해 칼뱅은 하나님의 주권에 대한 지나친 강조가 야기하는 논리적인 난점을 사변을 통해 해결하는 데 그다지 관심을 두지 않을 정도로 신앙의 실천을 추구한다. 그래서 경건의 실천 교리로서 하나님의 주권을 대단히 강조하는 칼뱅의 섭리 이해는 교회와 또 목회를 위한 함의가 있다. 그러나 동시에 칼뱅은 하나님의 섭리의 불가시성을 강조하는 방향으로 나아가는 것으로 보인다.

4) 순종의 섭리론에 대한 평가와 제언

그럼에도 칼뱅의 하나님의 섭리, 주권, 그리고 인간의 의지의 자유에 대한 이해가 부조리하고 모순적인 악과 고통의 현실에 직면해서 실천적으로 권면하는 전반적 성격은 비판적으로 검토해 볼 필요가 있다. 칼뱅은 모든 사건 발생을 맹목적인 숙명이나 우연에 내맡길 수 없다는 생각으로 하나님의 주권에 철저하게 돌림으로써, 피조물의 자유와 책임을 희생할 정도로 성서의 변증법이 지닌 긴장을 해소시키는 경향이 있다. 칼뱅의 하나님의 의지와 결정 중심의 섭리 이해에서 하나님의 주권은 현저하게 경성화의 길로 치닫는 것으로 보인다.

물론 칼뱅은 하나님의 섭리를 설명하기 위해 다양한 부드러운 비유들을 사용한다. 하나님의 섭리는 아버지의 간섭하는 사랑의 돌봄이다.[45] 이 세상을 섭리하는 하나님은 '키를 잡고 있는 배의 선장'과 같다. 섭리는 "은밀한 계획 속의 다스림'이요 '하나님의 눈' 또는 '하나님의 손길'이다. 칼뱅의 섭리 이해에서 하나님의 주권은 하나님의 '보호'나 '돌보심'과 같은 연성 개념으로 설명되기도 하지만, 하나님의 주권 이해가 전반적으로 경성적임을 부인하기 어려운 것 같다. 이런 경성적인 이해는 악과 고통의 현실에서의 태도에 대한 관점에 그대로 반영된다. 칼뱅에게서 악과 고통의 현실은 하나님의 징계(divine chastisement) 또는 하나님의 훈육(divine pedagogy) 심지어는 하나님의 처벌(divine punishment)을 위한 학교로 이해된다.[46] 앞서 살펴본 대로 재앙이나 고통이 하나님의 훈육이라는 생각은 분명히 성서에 그 전거를 두고 있다. 그러나 성서에는 또 다른 정신도 있다. 즉 재앙과 고통의 현실에 직면해서 탄식하면서 부조리와 모순에 강력하게 저항하는 신앙의 정신도 있는 것이다. 칼뱅은 성서가 간직한 이런 변증법적 긴장을 온전히 유지한다고 할 수 있는가?

칼뱅은 하나님의 섭리와 주권에 대한 철저한 신앙에 입각하여 인내와 순종의 응답을 가르친다. 그는 하나님의 주권을 철저히 강조하는 섭리에 대한 이해와 신앙이 '번영할 때 감사하게 하고 역경 속에서는 인내하게 하며 미래에 대한 근심에서 믿을 수 없을 정도로 자유'롭게 해 준다고 주장한다.[47]

칼뱅에 따르면 하나님의 주권적 섭리에 대한 철저한 신뢰는 역경 속에서 겸손과 감사와 자유의 마음을 빚어낸다. 칼뱅의 신앙 실천의 관점은 비록 논리적으로 투박하기는 해도 고도의 세련된 형이상학을 통해 악과 고통의 현실을 정당화하는 입장보다는 더 신실한 어떤 정신을 담은 듯하다. 욥의 친구들처럼 악과 고통의 현실에서 그 원인을 경박하게 논리적으로 설명하기보다는 차라리 침묵하는 것이 고통을 당하는 사람에게 더 나은 위안을 줄 수도 있을 것이다.

칼뱅의 하나님의 섭리에 대한 인내와 순종의 가르침은 개혁 교회 신앙고백에 커다란 영향을 미쳤다. 하나의 예로 개혁 교회 신앙고백의 하나의 모범이 되는 하이델베르크 요리문답에는 하나님의 섭리를 이렇게 정의한다.

> 하나님은 그의 전능하시고 항존하시는 권능으로 하늘과 땅과 그 가운데 있는 모든 것을 그의 손으로 직접 지탱하시고 통치하시니 나무 잎새와 풀, 비와 한발, 풍년과 흉년, 먹을 것과 마실 것, 건강과 병고, 부와 빈곤, 그 이외의 모든 것이 우연에 의하여 우리에게 오는 것이 아니라 하나님의 아버지다운 손길에 의하여 오는 것입니다.[48]

섭리의 유익은 이렇게 대답하도록 가르친다.

> 우리가 역경에 처하여 인내할 수 있으며, 축복 가운데서 감사의 생활을 하고, 미래의 모든 일을 위해서 우리의 신실하신 하나님과 아버지를 신뢰할 수 있게 됩니다. 우리는 그 어떤 피조물도 하나님의 사랑으로부터 우리를 끊을 수 없음을 확신할 수 있게 됩니다. 왜냐하면 모든 피조물은 전적으로 하나님

의 수중에 있으며, 그의 뜻이 없이는 그들이 결코 움직일 수 없기 때문입니다.[49]

그러나 성서가 증언하는 하나님의 주권적 섭리에 대한 신앙과 이해는 하나님에 대한 신뢰와 순종도 포함하지만 또한 부조리하고 모순적인 악과 고통의 현실에 대한 절규와 저항의 정신도 포함한다. 욥기나 시편에는 부조리하고 모순적인 악과 고통의 현실에서 하나님의 주권과 섭리에 대해 의문을 품고 심지어는 항의하는 태도를 허용하는 본문들이 있다. 칼뱅의 하나님의 주권과 섭리에 대한 이해는 악과 고통의 현실에 직면해서 하나님의 사랑과 정의를 신뢰하면서 오직 인내하고 순응할 것을 강조하는 경향이 강하다. 그러나 이 세상에는 생명의 하나님나라의 완성을 위해 기꺼이 감수해야 하는 고통도 있지만, 결코 일어나서도 또 수용해서도 안 될 부조리하고 모순적인 고통도 있음을 생각해야 한다.[50] 온갖 부조리하고 모순적인 개인적·사회적 악과 고통을 하나님이 더 큰 선을 이루기 위해 결정하고 사용하는 수단으로 보면서 순종할 것만을 가르치는 신앙 실천의 해석은 성서가 가르치는 순종과 저항의 변증법의 지혜를 놓치는 접근일 수 있다.

칼뱅의 하나님의 섭리와 주권에 대한 이해는 성서가 증언하는 생명의 복음과 하나님나라의 통치 원리의 본질에 대한 온전한 재현을 위해 보충을 기다리는 부분이 있을 것이다. 먼저 아우구스티누스와 칼뱅이 하나님의 주권에 부여한 신학적 무게중심을 과소평가해서는 안 된다는 점을 지적하고 싶다. 성서가 전하는 근본적인 메시지는 온갖 우상들의 지배에서 자유로운 하나님의 다스림과 인간의 자유 또는 해방의 비전이다. 메시아의 희망 가운데 고대하고 추구하는 하나님의 주권은 긍휼과 정의가 입을 맞추는 하나님나라의 통치를 떠받치는 핵심적인 원리이다.

이런 측면에서 칼뱅의 섭리 이해에 들어 있는, 악과 고통이 그 민낯을 드러내는 이 사회를 위해 매우 설득력 있는 통찰에 주목해야 한다. 하나님이 이스라엘과 그리스도와 함께한 특별한 섭리의 활동은 이 세계의 삶과 역사를 해석하기 위한 유비가 된다. 예수의 삶, 죽음, 그리고 부활은 이 세상의 감추어진 섭리의 역사를 조명하는 하나의 실마리, 사실상 유일한 실마리(the clue)가 된다. 그리스도의 유비를 통해서 우리는 우리 역사, 우리 운명, 우리 고통, 그리고 우리 희망의 의미를 이해할 수 있다.[51] 칼뱅의 그리스도론의 통찰은 하나님의 본성을 고통과의 존재론적인 결속을 통해 더욱 더 복음적으로 숙고할 필요가 있는 것으로 보인다.

그러나 부조리하고 모순적인 재앙과 고통에 직면해서 과연 성서에서 증언되고 신앙과 신학에 의해 고백되는 하나님의 섭리는 아무런 의문도 없이 받아들일 수 있을까? 우리는 하나님의 주권과 인간의 자유를 성령의 능력 가운데 예수 그리스도 안에 나타난 생명의 복음에 비추어 해석하는 신학을 20세기의 신학들에서 발견할 수 있다. 나아가 성서의 생명의 복음이 담고 있는 하나님의 주권의 원칙은 새로운 역사의 맥락에서 여전히 창조적 재현을 기다린다고 할 수 있겠다.

10장 │ 생명의 고통에 참여하는 긍휼의 하나님

죽음이 생명에 삼켜질 것입니다(고린도후서 5:4, 사역).

'하나님은 사랑'이라는 성서의 증언을 다시 생각한다!

20세기에 발생한 1차, 2차 세계대전을 포함한 폭력 사건들을 통해 드러난 악과 고통의 현실은 하나님의 본성과 섭리에 대한 이해의 갱신을 촉발했다. 서구의 신학자들은 끔찍한 악과 고통의 현실에서 매우 심오하고 원대한 신학적 사유와 성찰을 수행해 왔다. 범위를 좁혀서 20세기 중후반의 신학만 보더라도, 상당히 많은 신학자들은 20세기 참상의 폐허에서 심오한 신학적 통찰을 길어 올렸다. 앞서 살핀 대로 양차 세계대전이 야기한 폐허 상황과 특별히 2차 세계대전의 참상의 중심에 놓였던 홀로코스트는 서구 사회의 정신과 가치의 근본을 뒤흔들어 놓기에 충분했다. 홀로코스트는 이후 20세기 서구 기독교 신학뿐만 아니라 인문학 전반의 사유와 실천의 물줄기를 바꾸는 촉매제가 되었다. 우리는 서구의 지성들이 홀로코스트를 단지 유대인의 특수한 민족 고난으로만 접근하지 않고 서구 사회 전체의 보편의 문제로 접근했다는 점을 주목해야 한다. 홀로코스트 참상의 신학적인 성찰은 희생자들의 정의를 환기시키고, 사회 전반의 폭력과 고통에 대한 무감각증에 경종을 울릴 뿐만 아니라, 감수성을 발양하여 고통의 공감과 연대를 고무시켰다.

특히 아우슈비츠의 참상은 서구 신학에서 하나님 이해에 대한 광범위한 갱신을 이끌어냈다. 엄청난 폭력과 고통의 현실은 하나님의 본성과 경륜에 새로운 성찰을 고무시켰다.[1] 신학자들은 끔찍한 악과 고통이 세상을 위한 하나님의 본성과 섭리와 의미 있게 잘 조화되지 않는 부조리하고 불합리한 폭력이라는 점을 깊이 사유했다. 희생자들의 침묵의 소리들은 정의에 대한 신학적 사유를 추동했다. 신학자 메츠는 현재 고통을 당하는 사람들뿐만 아니라 이미 죽은 자들에게 가해진 정의롭지 못한 폭력과 고통에까지 문제를 제기한다. "세상에서 자유의 조건을 개선하는 것이 이미 부당하게 죽은 자의 정의를 회복시켜 주거나 과거 고통의 부정의와 무의미를 결코 변형해 줄 수 없다."[2] 그 어떤 현 세계의 개선도 이미 무고하게 죽은 자들을 정의롭게 대하는 데에는 충분하지 않다고 한다. 부조리하고 모순적이며 끔찍한 악과 고통은 기존의 하나님의 본성 이해와 목적론적인 섭리 이해에 엄청난 충격을 주었다. 이런 충격의 혼돈에서 하나님의 이해에 더 깊고 넓은 복음적인 통찰이 이루어졌다.

앞서 살핀 대로 아우슈비츠 이후에 악과 고통의 현실에서 하나님의 본성과 섭리의 합리적인 정당화를 추구하는 형이상학적 사유는 막다른 골목에 도달했다. 엄청난 악과 고통은 살아 계신 하나님에 대한 신학적 사유의 방향을 새롭게 바꾸었다. 기존의 목적론을 지향하는 형이상학으로는 하나님의 본성과 섭리를 설득력 있게 설명할 수 없다. 선하고 사랑이신 하나님이 도대체 왜 그런 부조리하고 모순적인 악과 고통을 허용했는가? 이런 끔찍한 악과 고통의 현실을 하나님의 섭리와 화해시킬 수 있는 것일까? 악과 고통에 대한 목적론적 형이상학을 강력히 비판한 레비나스가 보여주듯이, 전통적인 변신론은 악과 고통의 현실에 대한 응답으로서는 커다란 결함이 있다. 특별히 엄청난 악과 고통의 현실을 전지전능하며 선한 사랑의 하나님과 합리적으로 화해시키려는 시도는 그것을 사소한 것으로 만들어 버리거나 그에 대한 감각을 무디게 함으로써 악과 고통의 현실을 진정으로 지양하기 어렵게 만들 수 있다.

　이런 문제의식은 하나님의 사랑의 본성과 고통을 결합시키려는 하나님 이해의 다양한 갱신으로 표출되었다. '하나님은 사랑'(요한일서 4:8)이라는 성서의 핵심 증언을 고통과 죽음에 결속시켜서 하나님의 창조적인 사랑을 깊이 성찰하는 신학의 흐름이 조성되었다. 악과 고통의 현실을 하나님의 섭리나 주권의 영역에서 다루는 고전신학을 넘어서 현대신학들은 하나님의 존재 영역에 고통을 포용할 수 있는 가능성을 추구하기에 이르렀다. 이 세계에 만연한 악과 고통의 현실은 하나님의 본성과 능력의 창조적인 재해석을 촉진했다. 이 세상의 악과 고통에 둔감하다고 여겨지는 무변화(immutability)와 무감정(impassibility)의 개념을 통한 하나님의 본성 이해, 곧 그리스의 고전적인 형이상학의 영향을 받은 하나님의 본성 이해에 대해 비판적 성찰들이 이루어졌다.[3] 많은 신학자들 사이에서 고통에 대한 감수성을 배제하는 형이상학은 하나님을 이해하기 위한 해석 틀로서 적절하지 못하다는 공감대가 조성되었다. 그 결과 고전 형이상학보다는 성서의 증언에 더욱 가깝다고 할 수 있는 긍휼과 자비의 하나님(compassionate God)에 대한 깊고 넓은 신학적 재조명이 이루어졌다.[4]

　고통과 죽음의 현실을 하나님의 존재와 결합시키려는 시도는 이미 종교개혁 전통에서 발견된다. 루터의 십자가 신학은 그리스도론 차원에서 그리스도의 두 본성인 신성과 인성 사이의 속성교류(communicatio idiomatum)의 이해에 대한 논쟁을 통해 이러한 시도를 깊이 있게 전개했다.[5] 그러나 20세기에 들어와 그 주제는 일찍이 순교의 신학자 본회퍼의 아주 짧은 신학적인 묵상을 통해 촉발되었다. 그는 감옥에서 죽음을 앞둔 절대 고통의 순간에 매우 인상적인 묵상을 펼쳤다. "오직 고난을 당하시는 하나님만이 우리를 도울 수 있다."[6] '고난을 당하시는 하나님.' 하나님의 고통이라는 주제는 세상으로부터 초월한 채 죄악의 현실을 예지와 예정을 통해 주권적으로 또 목적론적으로 섭리하시는 고전신학의 하나님의 위엄(majesty)에 대한 이해에 더욱 더 성서적이고 그리스도적인 복음의 깊이를 더하는 보충이라 할 수 있다.

20세기 후반기 이후 한편으로 악과 고통의 현실에서 하나님 이해의 갱신은 형이상학 전통에 대해 비판적인 페미니스트 신학에 의해 광범위하게 제기되었다.[7] 여성신학자들은 그동안 서구에서 하나님의 본성에 대한 이해가 남성적인 가부장의 이미지들이나 은유들을 통해 편향적으로 이루어져 왔음을 비판하면서 여성적이고 모성적인 은유들이나 이미지들을 통해 하나님을 폭넓게 이해하려고 한다. 여성신학자들이 하나님 이해의 갱신을 추구하는 실천적인 목적은 권력이 지배적으로 행사되고 폭력이 만연한 현실에서 남성과 여성이 상호 평등한 관계를 이루어내고, 나아가 우주 안의 모든 생명들과의 새로운 방식의 공생을 위한 해방적 변화를 이루어가는 것이라할 수 있다. 그렇다고 해서 모든 여성신학자들이 전통적인 하나님 이해와의 과격한 단절을 추구하는 것은 아니다. 그들은 모성이나 여성의 감수성에 대한 페미니스트적인 통찰과 고전적인 지혜를 연결하고 서로 보충해서 하나님의 본성을 깊고 넓고 더욱 온전하게 이해하는 데 기여하려고 노력한다.

다른 한편 20세기에 악과 고통의 현실에 대한 가장 체계적인 형이상학적 응답은 과정사상에 의해 이루어졌다고 할 수 있다. 화이트헤드의 과정형이 상학에 영향을 받은 과정신학의 창조적인 해석과 성찰은 주목할 가치가 있다. 화이트헤드는 자신의 전체 철학을 신정론 문제를 조명하기 위한 시도로 간주한다.[8] 그는 '신은 고통을 이해해주고 함께 나누는 위대한 동반자'[9]라는 매우 감성적인 느낌을 주는 신 개념을 제시한다. 화이트헤드의 실재 이해에 영향을 받은 과정신학은 현대 무신론과 고통의 현실의 도전에 직면해서 하나님을 더욱 더 기독교적으로 온전하게 이해하는 것이 중요하다는 점을 부각했다. 과정신학은 하나님의 본성과 능력을 위계나 지배의 개념을 통해 이해하지 않는 길을 제시한다. 하나님의 권능은 설득(persuasion)의 방식으로 행사된다는 것이다. 또 악과 고통의 현실에서 하나님이 피조물의 고통을 공유한다는 생각을 심도 있게 제시한다.[10] 과정 철학자나 신학자들이 고전 형이상학의 경성적인 하나님 이해를 거부하는 좀 더 심오한 이유는 그런 경성적인 이해가 성서가 증언하는 생명의 복음의 핵심 주제, 즉 하나님은 사랑이라는 주제에 적합한 신학적인 해명을 해주지 못할 뿐더러 원칙에 있어서도 해줄 수도 없다는 문제의식에서 찾을 수 있다.[11]

그러면 고통과 죽음의 현실에서 피조 생명의 연약함을 포용하는 하나님의 존재 또는 본성을 새롭게 사유하고 성찰하는 현대신학의 흐름이 지닌 의의를 어떻게 평가할 수 있을까? 전통적인 신학과 교회에 기반을 둔 신학자들은 20세기의 현대신학들에 의해 이루어진 하나님의 본성에 대한 맥락적인 해석을 지나치게 과격한 것으로 받아들일 수 있다. 그러나 고통과 죽음을 존재론적으로 또는 윤리적으로 포용하는 신학적인 사유와 성찰에 동기를 부여한 끔찍한 악과 고통의 현실을 등한시할 수는 없을 것이다. 왜냐하면 그런 현실은 생명살림의 선교의 전망에서 오늘날의 기독교 신학이 당면하고 있는 매우 시급하고 공적인 성격을 지니고 있기 때문이다. 오늘날 재앙과 폭력과 고통의 현실은 개인의 차원을 넘어 사회적인 차원에서, 또 지구촌의 차원뿐만 아니라 지역의 차원에서 공론화되고 있다.

사회를 거시적으로 조망하는 사회과학자들은 그동안 고통의 문제에 그다지 관심을 두지 않았다고 할 수 있다. 사회과학의 영역에서 고통이나 죽음은 기껏해야 심리학의 관심 대상이었을 뿐이었다. 고통이나 죽음은 주로 종교나 문학의 실존적인 관심의 주제였을 뿐이다. 아니면 고통이나 죽음은 환자의 질병을 치료하면서 직면하게 되는 의사들의 관심 대상이었다. 그래서 고통이나 죽음의 개인적인 성격은 강조되었지만 사회적인 성격은 그다지 주목과 조명을 받지 못했다고 할 수 있다. 그러나 오늘날 지구화 시대에 재앙과 고통의 공적인 성격이 점점 더 중요하다는 인식이 증대하고 있다. 고통이나 죽음의 주제는 근본적으로 사회적이고 공적인 성격을 지닌다. 재앙과 고통은 극복되어야 할 부정의 현실인 것은 분명하지만 삶 속에서 단선적으로 배제되어야 할 그 무엇이 아니라 삶의 일부를 이루는 어떤 불가피한 실재임을 인정하고 성찰해야 할 것이다. 따라서 사회적 재앙과 고통의 문제는 신학적 토대의 재해석과 재성찰을 제기한다. 재앙과 고통은 인간학적이고 윤리적인 성격을 지닐 뿐만 아니라 신학적인 성격도 지니고 있다. 고통이나 죽음의 현실은 하나님의 본성과 주권과 분리되는 외연적인 것이 아니고 내연적인 존재 연관을 지닌다.

생명이 겪는 고통과 죽음을 단선적으로 배제해서는 안 될 것이다. 고통과 죽음의 현실을 배제하는 사유나 성찰에서 고통과 고통을 겪는 사람들을 포용하고 그들과의 보편적인 연대, 더 나아가 화해와 일치를 추구하는 생명살림의 정신과 문화를 조성하기는 어려울 것이다. 신학의 차원에서도 마찬가지다. 고통이나 죽음의 현실은 생명을 돌보시는 하나님의 존재나 본성의 깊이에 닿아 있는 문제이다. 또 그렇게 접근하는 것이 더욱 더 성서적이고 복음적인 신학이다. 성서적이고 복음적인 신학은 생명을 위해 고통이나 죽음을 배제하고 퇴치해야 할 것으로 여길 것이 아니라 그것을 포용하고 다스리는 지혜를 제공해야 한다. 세상의 모든 생명들이 하나님의 긍휼 또는 사랑의 대상이라면 그 생명들이 겪는 고통과 죽음에 민감한, 즉 고통에 함께 참여하고 고통받는 생명들과 결속하고 연대하는, 좀 더 고통을 포용할 줄 아는 신학을 추구해야 할 것이다. 고통과 죽음의 현실과 그에 대한 성찰은 생명의 복음의 주변부에 속한 부수적인 주제가 아니라 중심에 속한 핵심적인 주제인 것이다.

성서가 증언하는 하나님의 긍휼 또는 사랑의 본질은 고통과 죽음의 현실로부터의 도피나 단선적인 극복을 약속하지 않고 고통과 죽음의 현실을 통한 온전한 지양을 약속한다. 서구의 고전적인 형이상학적 개념을 통한 하나님 이해는 악과 고통의 현실에 직면해서 '하나님은 사랑'이라는 성서의 증언의 핵심에 속하는 생명의 복음을 적절하게 해명해 주지 못했다. 캐스퍼는 이렇게 주장한다. "하나님은 결코 변할 수 없기 때문에 어떤 것도 행할 수 없고 그런 이유로 어떤 생명도 하나님에게서 나올 수 없다. 하나님은 죽었다. 그러므로 니체의 '하나님은 죽었다'는 주장은 오직 이런 형태의 서구의 형이상학의 최종적 함의이다."[12] 따라서 지구촌과 지역 차원에서의 악과 고통의 현실에 직면해서 성서의 증언의 심해를 관류하는 하나님의 긍휼에 더욱 더 상응하는 복음적인 생명신학을 추구하는 것은 생명선교의 하나의 중요한 과제라 할 것이다.

생명의 고통에 참여하기 위해 스스로 낮추시는 하나님의 긍휼

1) 예수 그리스도의 수난과 죽음의 내러티브

아우구스티누스와 칼뱅이 성서의 증언을 기반으로 해서 확립한 변증적인 순종의 섭리 이해와 그것의 뼈대로 삼은 하나님의 주권 개념은 중요하다. 하나님의 주권 개념은 궁극적으로는 우리의 신학적 상상력이 집중되어야 할 하나님나라에 대한 희망과 직결되어 있다는 점에서 중요하다. 하나님의 주권은 하나님이 이 세상에 관여하는 방식을 규정하는 핵심적인 개념이다. 그러나 아우구스티누스나 칼뱅의 하나님의 주권과 섭리에 대한 체계적인 생각은 그들이 명시적으로(아우구스티누스) 또 암묵적으로(칼뱅) 영향을 받은 서구의 형이상학적인 하나님의 본성 이해에 기초하고 있다. 하나님의 주권에 대한 이해는 하나님이 이 세상의 고통과 죽음에 참여하는 본질을 규정한다고 할 수 있는 예수 그리스도의 수난과 죽음에 결속되어 있는 하나님의 본성에 대한 신학적인 이해에 보다 확고하게 토대를 두어야 한다.

칼뱅은 피조물의 조건에 자발적으로 조절(accommodation)하는 하나님의 본성에 대한 이해에 깊이 몰입하면서도 피조물의 연약함과 고통과 죽음으로부터 신적 본성을 분리시키려는 경향을 보였다.[13] 하나님의 불변하는 신실하심에 대한 그의 심오한 직관은 아마도 서방교회의 정통신학이 물려준 헬라의 변화와 무관한 정적인 하나님의 존재 이해를 고수하고 진정으로 계시적이고 복음적인 신적인 약함과 자기희생으로서의 그리스도의 죽음 이해로부터 뒷걸음질 치게 하지 않았을까 하는 평가를 받기도 한다.[14] 고전 시대와 종교개혁 시대를 대표하는 위대한 두 신학자의 하나님의 주권 개념은 악과 고통의 현실에 대한 성서적인 응답의 아주 중요한 본질을 신학적으로 체계화했지만 동시에 악과 고통의 현실과 그 극복을 하나님의 긍휼의 본성에 비추어 온전히 복음적으로 사유했다고 평가하기 어려운 점도 있을 것이다. 그래서 악과 고통의 현실에 대한 아우구스티누스와 칼뱅의 고전적인 해석은 오늘날의 맥락에서 창조적인 보충을 요청한다.

20세기의 끔찍한 악과 고통의 현실은 수난을 받고 죽어 묻힌 예수 그리스도와 하나님의 존재론적 연합 내지 결속에 대한 아주 심오하고 대담한 신학적인 사유들을 고무시켰다.[15] 하나님의 본성과 능력에 대한 이해의 방향전환을 위한 기초는 이미 성서의 핵심적인 증언에서 찾을 수 있다. 5세기에서 20세기까지 서방교회에 의해 채택된 형이상학은 예수 그리스도의 십자가와 무덤에서 함께한 하나님의 현존에 대한 복음서의 내러티브를 개념화하여 서구 교회와 사회에 복음을 뿌리내리는 데 커다란 기여를 하였다. 그러나 동시에 그것은 성서가 증언하는 생명의 복음을 환원시켰다. 고통, 질병, 그리고 죽음의 현실에 대한 질적으로 새롭고, 양적으로 엄청난 악의 경험은 하나님과 고통의 현실을 좀 더 적극적으로 결속시키는 신학의 사유를 촉진시켰다. 그래서 예수의 십자가와 무덤을 하나님의 열정과 아픔의 자리로 증언하는 복음서 내러티브의 신학적인 의미가 좀 더 적극적으로 탐색되기에 이르렀다. 이는 성서가 증언하는 생명의 복음과 하나님의 긍휼에 좀 더 적절하게 상응하는 하나님의 본성에 대한 신학적 이해로의 이행이라 할 수 있을 것이다. 다시 말하면 이런 이해의 전환은 성서가 고통과 죽음의 길을 걸어간 인간 예수와의 하나님의 동일시를 증언하고 긍정하는 사실을 신학적으로 더욱 더 진지하게 받아들이게 되었다는 것을 뜻한다.

하나님의 본성과 경륜을 철저하게 예수 그리스도에 비추어 이해하는 것은 환원적 이해일까? 장엄하고 아름다운 창조의 세계를 제쳐두고 오직 예수 그리스도에 비추어 하나님의 본성과 경륜을 이해하는 것은 양적으로 축소적인 이해로 비칠 수도 있다. 그러나 적어도 고통과 악의 현실과 관련해서는 반드시 그렇게 보기 어렵다. 그래서 성서와 전통적인 신학을 존중하는 신학자들은 그리스도 안에 계시된 하나님에 대한 이해를 철저하게 추구할 것을 제안하게 되었다.[16] 하나님의 본성과 주권 개념을 성육신과 십자가에 나타난 하나님의 겸비와 사랑의 개념으로 재해석해야 한다는 것이다.

2) 생명의 연약함을 포용하는 하나님의 겸비

모든 인간의 권세로부터의 하나님의 소외는 하나님의 아들의 육화와 탄생 이야기를 포함해서 십자가의 현실에서 분명히 드러나는 유한성, 약함, 고통과 죽음에서 드러난 자발적인 힘의 내려놓음으로서의 하나님의 궁극적인 모습에서 그 절정에 도달한다. 예수는 '나를 본 사람은 누구나 아버지를 본 것(요한복음 14:10)'이라고 하나님과의 일치를 선포한다. 바울의 복음에서도 자발적인 능력의 내려놓음, 겸비(humility), 고통, 그리고 죽음의 변증법은 역사 안에서의 하나님의 현현의 양태로 또한 하나님의 구원 역사의 표지로서 반복해서 증언되고 있다. 하나님은 그리스도 안에서 인간의 약함, 죄, 고통, 그리고 죽음에 참여한다. 마찬가지로 그리스도 안에서 드러난 약함, 죄, 고통, 그리고 죽음에 대한 우리의 참여를 통해 우리의 고통과 죽음이 극복된다. 바울은 오직 하나님의 어리석음과 약함을 상징하는 '십자가의 도'가 사람의 능력과 지혜보다 더 강하고 지혜로운 '하나님의 능력'이요 "하나님의 지혜'라고 증언한다(고린도전서 1:18-25 참조). 바울은 스스로 약함을 추구한 '그리스도의 능력'을 구한다(고린도후서 12:8-10; 13:3-4 참조).

궁휼 또는 사랑이 하나님의 본성이라면 하나님은 마땅히 피조세계의 고통에 영향을 받을 것이다. 하나님의 참된 창조성은 재앙, 고통, 그리고 피조성의 사멸로부터의 신적인 면책이나 면역(immunity)을 지향하지 않고 피조성과 분리되지 않는 연대를 지향한다고 해석하는 것이 성서가 증언하는 생명의 복음에 좀 더 충실한 것이다. 신약성서의 증언에 따르면 고통과 죽음은 하나님의 아들의 생명의 형식과 본질에 속한다. 생명의 복음은 십자가의 수난과 죽음으로부터 부활의 새 생명으로의 단선적인 넘어감을 증언하지 않는다. 부활의 새 생명은 십자가의 수난과 죽음을 통해(through) 죽음이 극복되면서 일어난다. 따라서 고통과 죽음은 생명 갱신의 매개가 되는 것이다. 부활 생명은 고통과 죽음으로부터의 단선적인 분리가 아니다. 예수의 십자가 수난과 죽음을 목격했던 로마인 백부장은 이렇게 고백한다. "이 사람은 진실로 하나님의 아들이었도다(마가복음 15:39)." 이 장면에서 이방인 백부장은 부활하신 그리스도를 보고 이 고백을 하고 있는 것이 아니다. 예수의 공생애와 십자가의 수난과 죽음은 하나님의 본성에 대한 가장 온전하고 심오한 진리를 드러내준다. 하나님의 온전함이 예수 안에 육체로 거했다(골로새서 1:19; 2:9). 따라서 이렇게 주장할 수 있다. 예수 그리스도의 십자가의 수난과 죽음이 축소될 때 부활의 생명 복음 자체가 위협을 받는다고 할 수 있다.[17]

예수의 생애와 죽음과 부활에 대한 복음서의 증언과 바울의 그리스도론은 하나님이 고통과 죽음을 포용한다는 신학적 사유에 자양분을 제공했다. 즉 하나님이 예수 그리스도 안에서 인간의 고통과 질병과 죽음 등의 연약함을 포용하기 위해 스스로 낮추시고 비우신다는 바울신학의 주제는 특별히 루터의 신학적 계승자들을 통해 계속해서 새롭게 해석되었다. 17세기 루터교 정통주의는 예수 그리스도의 자기 비움(kenosis)의 신학적 의미를 부각시

컸다. 그러나 자기 비움의 행위를 성육신의 신성과 인성의 일치 안에서 오직 그리스도의 인성에만 돌림으로 인해 가현설의 경향을 야기하고 말았다. 그 결과 인간의 연약함을 포용할 자기 비움의 행위가 신성의 깊이에서 성찰되지 못하고 말았다. 19세기 독일의 루터신학에서 자기 비움에 대한 새로운 신학적 해석의 사조(kenoticism)가 생겨났지만 이 또한 논리적인 자기모순을 드러내고 말았다. 17세기 정통주의의 가현설의 경향을 피하기 위해 그리스도의 자기 비움을 신성에 돌리는 복잡한 논리를 구사했지만 결국 이번에는 하나님의 신성을 부정해 버리는 결과(dedivinized divinity)를 낳고 말았다. 다시 말하면 삼위일체의 제2격인 말씀(the Word)이 죽을 인간 예수 안에서 스스로 낮추었다는 증언이 신학적으로 의도하는 바, 곧 예수의 십자가에서의 버려짐과 묻힘이 하나님의 부재의 와중에서의 역설적인 더욱 충만한 임재로 드러나는 것이 아니라 절대적인 부재로 판명되고 말았다.[18]

인간의 고통과 질병과 죽음에 대한 하나님의 참여를 신학적으로 담보하기 위한 자기 비움의 신학은 19세기 말과 20세기 초에 포사이드와 맥킨토시와 같은 신학자들에 의해 영국의 성공회 신학에서 부활했다.[19] 이들은 하나님의 위엄과 능력이 그리스도 안에서 이루어진 인간의 연약함에 스스로 맞추는 하나님의 자기 비움의 행위를 통해 완성(plerosis)된다는 생각을 제시했다. 다시 말하면 하나님의 자기 제한을 통해 하나님의 본성이 일식되거나 감소되는 것이 아니라 오히려 점차적이고 진화적으로 성취된다는 것이다. 하나님은 점진적인 성취를 통해 가장 손상되고 치명적인 인간의 조건들을 치유하고 극복하신다.[20] 그러나 이들의 논리 또한 결함을 지닌 것으로 평가된다. 즉 자기 비움이 점차적이고 진화적인 과정을 통해 성취 또는 완성에 이른다는 논리는 하나님의 자기 비움이나 낮추심이 여전히 신성의 온전함(fullness)의 표현이라기보다는 하나님의 본성 혹은 능력의 일시적인 철회 (retraction)라는 생각에 기초하고 있다는 인상을 준다는 것이다.[21] 하나님의 자기 비움이나 낮추심 자체를 하나님 능력의 일시적인 철회로 보기보다는 그 적극적인 표현으로 이해해야 하지 않을까. 예수 그리스도 안에서 이루 어진 하나님의 자기 비움과 낮아짐은 마치 음악회의 간주(intermezzo)와 같이 하나님의 일시적인 현현을 의미하는 정도가 아니라 '하나님의 은혜로운, 능 동적인 자기 현현'으로 이해되어야 한다.[22] 이런 해석은 부활을 십자가의 취 소나 폐기로 해석하는 것이 오해라고 보는 또 다른 심오한 견해와 맥을 같 이 한다고 할 수 있다.[23]

하나님의 자기 비움과 낮아짐이 하나님의 본성과 능력의 일시적인 철회 나 일식이 아니라 그 적극적인 표현이라는 생각이나 부활이 십자가의 취소 나 폐기가 아니라는 생각은 매우 혁신적이고 심오할 뿐만 아니라, 성서가 증언하는 예수 그리스도 안에 계시된 하나님의 본성과 능력을 좀 더 복음적 으로 해설하는 것이라 할 수 있다. 성서의 증언과 예수 그리스도의 계시에 비추어 하나님의 본성과 능력 자체에 대한 이해를 완전히 갱신하는 것이 필 요하다. 하나님은 생명과의 보편적인 동일시의 능력을 지닌 것으로 이해할 수 있다. 그리고 그런 하나님의 본성과 능력이 생명의 고통과 죽음과 같은 연약함에 노출되어 있다는 견해는 성서가 증언하는 복음의 정신에 빗나가 는 것이 아니라, 오히려 그것에 확고한 기반을 둘 뿐만 아니라 이 시대의 악 과 고통의 현실에서 신학적으로 매우 적실하다. 예수 그리스도 안에서 계시 된 하나님의 겸비는 하나님의 긍휼과 피조 생명의 고통과 심지어 죽음의 현 실을 창조적으로 결속시킨다. 그것은 이 세상에 만연한 악과 고통은 하나님 의 창조적인 사랑의 고통의 역사를 통해 극복될 것이라는 신앙의 비전을 제

공해준다.[24]

생명의 고통에 참여하는 하나님의 자유로운 사랑

1) 오직 예수 그리스도(solus Christus)!

20세기 신학의 흐름 속에서 칼 바르트(Karl Barth, 1886-1968)는 생명, 특별히 인간 생명과의 연대를 추구하는 하나님의 창조적인 자유와 사랑에 대한 아주 인상적이고 우아한 신학적 성찰과 내러티브를 제시했다. 그는 20세기의 양차 세계 대전 이후의 신학에서 하나님의 주권을 강조하는 개혁 전통(Reformed tradition)의 흐름에 굳건히 발을 디디면서도 하나님의 주권 개념뿐만 아니라 더욱 심오한 의미에서 하나님의 본성 개념에 대해 성서의 증언의 복음적인 성격, 특히 예수 그리스도에 비추어 가장 유력한 재해석과 성찰을 제시했다.[25] 바르트는 하나님의 본성과 경륜을 예수 그리스도의 두 본성의 온전한 일치(칼케돈 그리스도론)에 비추어 철저하게 재해석했다. 그래서 바르트의 신학은 이른바 '그리스도론의 집중'[26]에 빠져 있다는 다분히 부정적인 평가를 받기도 한다. 바르트 신학은 기독교 신학의 다양하고 복잡한 주제들을 예수 그리스도의 초점으로 축소했다는 비판을 받음에도 불구하고 현대의 맥락에서 기독교의 고전적인 신학적 주제들이 지닌 강력한 복음적 힘을 분출시킨 공로를 결코 과소평가할 수 없다. 바르트의 그리스도 중심의 축소는 결코 무미건조하거나 빈곤하지 않다. 오히려 여러 가지 결함에도 불구하고 바르트가 교리들의 본성을 성서가 증언하는 예수 그리스도의 계시에 비추어 창조적으로 재조명함으로써 그 복음적 성격을 갱신한 점을 경시해서는 안 된다.[27] 여러 비판에도 불구하고 바르트의 복음적 통찰은 언제나 심오한 메아리를 일으킬 수 있다.

바르트는 하나님의 말씀을 이해하는 가운데 그리스도의 신성과 인성의 온전한 일치와 구별을 강조한 고대 교부인 아타나시우스(Athanasius)와 니케아 신조를 따라 예수 그리스도는 '하나님과 한 본체'요 '인격적으로 말씀하는 하나님(Dei loquentis persona)'임을 분명히 전제한다.[28] 바르트는 19세기 신학에서 주변부로 밀려난 고전적인 삼위일체론을 20세기 신학의 본령으로 끌고 들어오면서 하나님의 존재가 정적인 것이 아니라 동적인 것임을 시사했다. 바르트의 삼위일체 하나님 이해는 하나님의 존재(being)가 되어감(becoming) 속에 있음을 제시한 것으로 평가된다.[29] 이는 하나님이 생명이 겪는 고통의 현실에서 변할 줄도 모르고 감수성도 없는 정적인 본성을 지닌 존재, 즉 자유하지도 못하고 사랑할 줄도 모르는 형이상학적 개념을 통해 추상적으로 이해되는 존재가 아니라는 바르트의 열정적 복음 해설을, 동적이지만 여전히 추상적인 존재론의 언어를 빌려 표현한 평가라고 할 수 있다. 루터의 역설적인 하나님의 죽음 신학을 계승하는 윙얼의 해석에 따르면 "하나님의 존재가 되어감 속에 있다면 그 하나님은 한 인간으로 죽을 수도 있다!"[30] 바르트는 하나님의 존재를 예수 그리스도의 십자가의 수난과 죽음, 그리고 무덤에 비추어 해석함으로써 서방교회와 신학이 오랫동안 견지해 온 하나님의 무감정의 공리를 갱신할 수 있는 신학적인 전망을 열어주었다.[31]

2) 계시, 선택, 섭리, 그리고 화해에 나타난 하나님의 자유로운 긍휼

바르트는 예수 그리스도의 계시를 통해 성삼위 하나님의 본성과 영원한 생명이 드러난 것으로 이해한다. 예수 그리스도의 계시는 하나님의 본성과 주권, 그리고 인간의 자유에 대한 바르트의 복음적인 재해석의 토대가 된다. 하나님의 주권과 자유는 계시 사건, 즉 하나님의 자기-내어줌(self-giving)과 자기-드러냄(self-disclosure)을 통해 손상되는 것이 아니라 긍정된다.[32] 하나님은 자유롭게 사랑하는 존재이다. 하나님의 자유란 철저하게 '사랑의 자유'다.[33] 예수 그리스도의 죽음과 부활과 성령 강림에서 드러난 하나님의 자신을 내어주는 자유로운 사랑은 인간의 죽음과 연대하기까지 피조세계에 동참하는 하나님의 주권의 본성을 보여준다. 인간 생명이 겪는 고통에 대한 하나님의 존재의 참여를 가장 극적으로 드러내주는 것은 예수 그리스도의 십자가 수난과 죽음이다. 바르트는 그리스도의 십자가 수난과 죽음, 그리고 교회가 그리스도의 수난에 동참한다는 사실이 이른바 '신정론'의 물음에 관하여 교회가 세상에 줄 수 있는 대답이라고 말한다.[34]

하나님의 본성과 주권 개념에 대한 바르트의 열정적인 복음적 해석은 다른 어떤 주제들보다 선택론에서 가장 뚜렷하게 펼쳐지고 있다. 바르트가 선택과 예정을 단지 특별 섭리나 구원론의 주제로 다루지 않고 하나님의 존재 또는 본성에 속하는 신론의 주제로 다룬다는 점을 주목해야 한다.[35] 바르트는 하나님의 선택에 대한 해설에서 하나님의 은총의 위대한 긍휼이 예수 그리스도 안에서 어떻게 나타났는지를 극적으로 묘사한다. 바르트는 하나님의 주권을 가장 강력하고 심오하게 표현하는 아우구스티누스와 칼뱅의 이중예정의 교리를 수용해서 그것을 예수 그리스도의 십자가의 수난과 죽음에 비추어 철저하게 은총의 교리로 재해석한다. 바르트가 보기에 아우구스티누스와 칼뱅은 예정론에서 예수 그리스도의 중심 지위를 인식했지만 적절하게 해명하지 못했다.[36] 두 신학자의 예정에 대한 설명에서 하나님의 주권은 추상화되어버린다. 다시 말하면 이중예정론에서 하나님의 선택하는 결정은 어떤 맹목적인 숙명의 자의적인 통치와 비슷한 것이 되어 버린다는 뜻이다. 바르트에 따르면 하나님의 예정이나 선택은 추상적인 주체의 행동으로 이해될 수 없다. 하나님의 예정과 선택의 토대는 철저하게 예수 그리스도 안에 놓여야 한다. 바르트는 "하나님이 예수 안에서 하나님의 모든 충만으로 기하기를 기뻐하셨다"는 골로새서 1장 19절의 말씀을 하나님의 신택의 신비를 이해하는 열쇠로 삼고 싶어 한다.[37] 하나님의 선택과 예정이 예수 그리스도 안에 기초될 때 그것은 철저히 생명의 갱신과 살림을 위한 은총의 선택과 결정이 된다.[38] 하나님의 선택과 예정이 복음의 정수로 간주되는 이유가 바로 여기에 있다.[39]

하나님의 선택과 예정은 생명을 위하여 그리스도 안에서 하나님이 자신을 내어주는 사랑과 자유의 표현이다. 하나님은 인간 생명이 겪어야 할 심판과 유기를 그리스도에게 대신 지우도록 영원 전부터 이미 선택하고 결정했다.[40] 이 위대한 선택과 예정의 내러티브에는 생명을 탄식하게 하는 죄와 고통과 죽음을 극복하기 위해 하나님이 어두운 현실에 참여하여 그것을 존재의 방식으로 포용하는 긍휼과 공의가 표현되어 있다. 예수 그리스도 안에서 하나님의 선택과 예정에서 나타나는 하나님의 주권은 생명에 대한 사랑의 결단이요 의지다. 하나님의 선택은 '인간을 위한 하나님 자신과의 교제'의 결정이다.[41]

바르트는 섭리에서 작용하는 하나님의 주권을 전인과율(omnicausality)과 같은 추상의 논리로 해석하는 것을 문제 삼는다. 예수 그리스도의 내러티브에서 드러난 하나님의 본성과 주권에 비추어 볼 때 하나님의 섭리가 하나님의 전능과 선에 대한 추상적인 논리를 통해서 개진되어서는 안 된다는 뜻이다. 바르트는 선택론에서 그랬던 것처럼 아우구스티누스와 칼뱅의 하나님의 주권과 예정의 섭리에 대한 강조를 받아들이지만 그것을 철저히 예수 그리스도 안에 나타난 계시에 비추어 재해석할 것을 요구한다.[42]

바르트는 하나님의 섭리가 모든 피조물을 위한 하나님의 보존(conservatio)과 동행(concursus)과 통치(gubernatio)를 통해 실행된다고 주장한다. 하나님이 피조물과 동행한다는 생각은 주목할 만하다. 하나님의 동행이라는 생각에는 자유 안에서 사랑하는 하나님이 피조물의 자유로운 행동을 인정하고 존중한다는 뜻이 담겨 있다. 피조물은 하나님의 손에 기계적으로 응답하는 꼭두각시가 아니라는 것이다. "하나님은 피조물의 활동에 현존하되 주권과 전능으로 현존한다. 그래서 하나님의 행동은 피조물의 활동 속에, 그 활동과 더불어, 그리고 그 활동 위에서 일어난다."[43] 하나님은 피조물의 자율성을 예수 그리스도 안에서 이룩된 단 한 번의 일치와 연합, 즉 그분의 활동과 인간 활동의 일치와 연합에 상응하는 방식으로 존중한다. 그러나 하나님의 동행의 가장 심오한 뜻은 예수 그리스도의 성육신과 십자가의 죽음에서 나타난 바와 같이 하나님이 생명의 고통에 연대하고 동참한다는 것이리라. 바르트는 하나님이 인간 생명과 교제하고 연대한다는 사실을 강조하기 위해 매우 역설적인 신인동형론의 표현을 사용한다. 인간은 "하나님 없이(godless) 있을 수 있으나 하나님은 인간 없이 있을 수는 없다."[44] 예수 그리스도를 통해 이루어진 선택과 섭리에 대한 바르트의 이해를 이보다 더 잘 드러내주는 표현이 있을까? 바르트의 역설적 표현은 후대의 하나님의 인간성이란 생각과 더불어 하나님의 인간 생명과의 사귐과 연대를 지극히 강조하려는 바르트의 열정을 보여준다.

바르트는 신정론의 주요한 문제인 악에 대해 해명하면서 그 실재에 적극적인 존재론적 지위를 부여하지 않는다. 그는 아우구스티누스나 칼뱅과 달리 하나님은 악을 뜻하지도 허락하지도 않는다고 분명하게 주장한다. 악은 하나님의 창조 행위에서 원하지 않았던 어떤 것으로부터 신비하게 발생한 무(nothingness)의 낯선 힘이다. 무는 형이상학적 악의 개념이 아니다. 무는 하나님의 비의지(non-willing)와 거부(rejecting) 아래 있는 부정의 현실이다. 그 것은 궁극적인 힘이나 현실이 아니라 단지 하나의 '메아리'나 '그림자'에 불 과하다. 그러나 이 무를 가볍게 생각해서는 안 된다. 그것은 가공할 만한 위 협적인 힘을 지니고 있다. 이 무는 예수 그리스도 안에 나타난 하나님의 의 지에 대적하는 힘이다. 이것은 하나님의 편에서는 지극히 보잘 것 없는 힘 에 불과하지만 인간의 편에서 보면 대단히 엄청난 파괴적인 힘이다.[45] 바르 트는 전통적인 신정론이 애초부터 치명적인 오류에 빠져 있다고 생각하면 서 그에 대한 하나의 대안을 제시한다. 신정론의 문제인 악의 현실은 예수 그리스도의 십자가에서 거부되었고, 이 거부는 재림 때에 드러날 것을 회상 하면서 접근해야 한다는 것이다.[46] 바르트의 접근은 악과 고통을 변증적으 로 정당화하지 않는 장점을 지닌다. 적어도 고통을 당해 탄식하는 생명에게 악과 고통의 현실에서 하나님의 정의를 변증하지 않고 예수 그리스도의 내 러티브를 서술하는 것이 좀 더 나은 접근으로 보인다.

바르트는 예수 그리스도 안에서 이루어진 화해를 해설하면서 인간 생명 과 하나님의 연대를 더욱 강조하는 방향으로 나아간다. 바르트에게 있어서 화해란 단적으로 말해서 "하나님이 우리와 함께 하신다(Emmanuel)"라는 것 을 뜻한다. 그것은 하나님의 행동이요 하나님의 인간 생명과의 연대를 표 현하는 인격의 동일화다.[47] 인간의 새 생명을 위한 속죄와 화해 이전에 이미 하나님과 인간 생명 사이에 언약을 통한 사귐의 연대가 이루어져 있다. 이 언약을 통한 사귐의 연대가 속죄의 전제가 된다.[48] 하나님의 되어감이 언약함에 참여할 수 없다는 형이상학적 사유는 예수 그리스도 안에서의 하나님의 행동에 비추어볼 때 지탱될 수 없다.[49]

3) 하나님의 인간성에 나타난 생명과의 연대감

하나님의 인간성(humanity of God)에 대한 사유에서도 자유 안에서 사랑을 베푸시는 하나님의 인간 생명과의 동행과 연대와 하나님의 주권 개념에 대한 바르트의 복음적 해설이 잘 드러난다. 바르트는 하나님의 본성과 주권 개념을 추상적인 일반적 섭리의 관점에서만 보는 것이 아니라 그리스도론의 입장에서 완전히 재해석한다. 하나님의 신성이 인간성을 포용한다는 본성의 진리는 하나님의 존재의 가시적인 비유요 창인 예수 그리스도를 통해 드러난다. 예수 그리스도의 인간성 안에 반영된 하나님의 인간성 개념은 하나님의 본성과 주권을 이해할 수 있는 근거가 된다. 생명이신 하나님의 신성과 주권의 의미와 능력은 오직 인간과의 '대화'와 '동반(togetherness)'에서 발견된다. 하나님의 신성 안에는 '인간 생명과의 교제 또는 연합(communion)을 위한 넉넉한 공간'이 있다. 하나님의 주권은 인간과의 만남과 대화와 동반의 방식으로 행사된다. 예수 그리스도 안에서 '하나님과 인간이 함께 만나고 연대하는 사건이 일어나고, '대화'가 일어난다.' 예수 그리스도는 '인간의 참 하나님과 하나님의 참 인간으로서 신실한 동반자'가 된다.[50] 예수 그리스도 안에서 밝히 계시된 바와 같이 하나님의 신성이 인간성을 배제하지 않고 포용한다는 복음의 진리를 망각하는 경직된 교리는 개인의 삶뿐만 아니라 공동체와 사회의 공적인 삶에 매우 경직된 결과를 야기할 수도 있을 것이다.

하나님의 인간성은 하나님이 철저하게 긍휼의 하나님임을 밝혀준다.

바르트는 하나님이 인간 생명을 '위할(for)' 뿐만 아니라 인간 생명과 '함께 (with)' 함을 지극히 강조한다.[51] 하나님은 자신의 자유 안에서 실로 인간 없이 존재하기를 원하지 않고 인간과 '함께' 존재하기를 원한다. 예수 그리스도 안에서 계시된 하나님의 능력은 "자신을 낮추는 능력이요, 자신을 타인에게 결속시키고…타인을 자신에게 결속시키는 능력이요, 타인과 힘께 하는 능력이다." 예수 그리스도 안에서 하나님과 인간의 사귐이 이루어진다. 복음서의 하나님나라의 비유에서 드러나는 기꺼이 긍휼을 베푸시는 하나님은 '인간의 약함과 무기력, 곤경을 자신의 가슴에 받아들이는' 분이다. 하나님은 고통에 신음하는 생명들을 "가슴에 받아들이고, 친히 그들의 자리를 대신한다." 예수 그리스도의 이 인간성의 거울에 비친 하나님의 신성 안에 포용된 인간성이 그대로 계시된다. 바르트는 기독교의 모든 교리를 철저히 예수 그리스도 안에 계시된 하나님의 자유로운 사랑에서 비롯된 생명과의 동행과 연대의 경륜—비록 인간 생명에 지나치게 집중하는 한계를 지니고 있지만—에 비추어 재조명함으로써 인간 생명의 고통과 죽음까지도 포용하는 하나님의 참여와 연대의 복음적 전망을 매우 인상 깊게 제시했다고 할 수 있다.

11장 | 생명의 고통에 연대하는 하나님의 긍휼과 정의

하나님의 창조적 사랑의 고통

하나님의 존재가 고통에 참여한다는 생각은 신인동형론에 기반을 둔 성서의 증언에 깊이 뿌리를 내리고 있음에도 불구하고 특별히 그리스-로마의 합리적 형이상학에 바탕을 둔 서구의 신학 전통에서는 금기시되었다. 그리 된 것은 서구의 고전 형이상학의 관점에 볼 때 육신을 지니지 않은 하나님이 고통을 느낀다는 것은 논리적으로 맞지 않을뿐더러 성서 증언의 부정할 수 없는 하나님의 열정이 자칫 감정의 조변석개에 휘둘릴 위험에 빠지기를 원하지 않은 고전 신학자들의 노고에 기인하지 않았을까 추론해 볼 수 있다. 그러나 하나님이 생명의 구원과 살림을 위해 기꺼이 고통을 감수할 수 있다는 생각은 생명의 고통과 관련한 성서의 가장 심오한 가르침에 속한다는 점을 부인할 수 없다. 성서가 증언하는 하나님의 능력은 철저히 긍휼과 사랑의 능력이다. 그것은 생명을 위해 자기를 제한하는 능력이고, 타자 생명을 긍정하는 능력이며, 미래 희망을 열어 내는 능력이다. 그것은 생명의 고통을 포용하여 고통의 현실을 변혁하는 창조적인 능력이다.[1]

앞서 잠시 언급했듯이, 그리스도의 십자가 수난과 죽음에 깊이 몰두했던 종교개혁자 루터는 서방의 고전신학 전통이 고수한 무변화(無變化)와 무감정(無感情)의 하나님 개념으로부터 벗어나려는 노력을 보여주었다. 그는 때때로 그리스도론의 맥락에서 그리스도의 신성과 인성의 속성교류를 거의 단성론적으로 이해하면서 '십자가에 달린 하나님(deus crucifixus)'의 수난과 죽음에 대해 대담하게 말했다.[2] 루터의 대담한 생각과 주장은 그의 신학의 후예들을 통해 면면히 계승되었다. 아마도 19세기의 헤겔이 그 중심에 서고 20세기의 본회퍼가 그의 곁에 서 있다고 볼 수 있을 것이다. 20세기 후반의 독일 신학은 그 세기의 전반기의 끔찍한 악과 고통의 경험으로부터 '하나님의 고통'에 대한 심오한 신학적 성찰을 이루어냈다. '하나님의 죽음'이라는 이 대담한 사유가 악과 고통의 현실에 직면해서 고전 유신론(theism)에 반대하는 근대 무신론(atheism)의 반석과 같은 구어가 되었을 뿐만 아니라 20세기 후반의 십자가의 신학과 삼위일체 신학의 자양분이 되었다는 것은 매우 흥미로운 사실이다.[3]

20세기 후반에 고통의 현실과 신정론의 물음과 씨름하면서 악과 고통의 현실에 대한 가장 진지하고 결실 있는 신학적 성찰을 이루어낸 신학자로 몰트만(Jürgen Moltmann, 1926-)을 들 수 있을 것이다. 몰트만은 직접 고백한 대로 고통을 자신의 신학의 맥락으로 삼아 하나님의 본성과 주권에 대한 대담하고 창조적인 신학을 제시했다. 몰트만은 자신도 직접 참여하면서 경험한 제2차 세계대전의 악과 고통의 현실을 전통적인 신학적 개념들을 가지고 이해하는 데 어려움을 느꼈다. 그래서 그는 끔찍한 악과 고통이 희생자들과 가해자들에게만 영향을 미친 것이 아니라 하나님의 본성 깊이까지 침투한 것으로 생각하게 되었다.[4] 생명이 겪는 고통이 하나님의 존재나 본성의 깊이까지 영향을 준다는 신학적 통찰은 생명공동체의 비전을 위해 어떤 의미가 있는 것인가?

생명의 고통 속의 씨앗인 희망

하나님이 생명의 고통에 동참하고 연대한다는 주제는 몰트만의 신학 여정에 있어서 시종일관 매우 중요하다. 그 맹아가 이미 『희망의 신학』에서 뿌려졌다.[5] 그는 20세기의 파국적인 대재앙이 낳은 고통의 현실에서 고통에 저항하는 생명의 희망을 추구하면서 변증법적인 전망을 제시한다. 부활 생명은 창조적인 사랑의 고통을 통해 죽음을 극복하는 것으로 이해된다. 고통은 사랑의 본질에 속한다. 생명을 기대하는 것과 죽음을 인정하는 것은 사랑 안에서 서로 직접 연결되어 있다. 예수 그리스도의 죽음에 '하나님의 죽음'도 포함되어 있다는 이후의 삼위일체적인 하나님의 고통과 죽음에 대한 이해의 맹아도 엿보인다. 예수의 부활은 '보편적인 고난의 극복의 시작과 원천'이다. 그리스도의 부활을 신앙하는 것은 성령의 활동 속에서 '고난과 죽음의 변증법' 안으로 들어가는 것이다. 성령은 생명의 미래의 능력이다. 성령은 '그리스도의 고난의 사귐'으로, 그의 죽음을 본받는 삶으로 인도한다. 성령은 '예수 그리스도의 사명과 사랑에 참여하면서 고난을 지는 능력'이다. 영원한 생명은 '시련과 고난, 죽음과 애통' 안에 숨겨져 있다. 그의 신학적 사유가 지극히 변증법적임을 알 수 있다. 그의 초기의 희망에 대한 신학적 성찰에는 상처를 입고 고통을 당하는 생명에 대한 심오한 관심이 포함되어 있다. 그가 희망에 대한 신학적 성찰을 통해 길어 올린 통찰은 미래 희망의 씨앗이 고통당하는 생명의 희생 속에 들어 있다는 십자가의 수난의 진리였다.

죽음에 대한 위험한 기억

몰트만은 고난과 죽음의 권세로부터의 해방에 대한 희망의 추구에서 미래 생명의 희망의 씨앗을 품고 있는 바로 그 고통의 현실로 발걸음을 옮겼다. 왜 고통과 죽음에 대해 변증법적으로 성찰해야 하는가? 기독교의 참된 희망은 고통과 죽음에 대한 기억을 통해 오기 때문이다. 세상에 버젓이 존재하는 고통을 심리적 · 사회적으로 억압하고 고통의 현실을 부정하고 배제하면서 맹목적인 낙관을 추구하는 사회에서 진정한 자유와 해방을 추구하기 위해 십자가의 고통과 죽음을 신학적으로 성찰해야한다. 20세기의 파국적인 대재앙과 끔찍한 고통의 현실로 이끈 근대 서구문화가 지닌 생명에 대한 심리적인 무감각은 바로 변증법적 사유를 결핍한 단선적인 낙관주의에서 기인한다. 십자가의 신학은 생명의 미래를 위한 변증법의 원리를 담고 있다. 『십자가에 달리신 하나님』은 바로 생명의 상실과 파괴에 무감각한 단선적인 낙관주의를 추구하는 사회에 대한 신학적인 비판이다.[6] 고통과 죽음에 대한 성찰이 서구의 근대 낙관주의를 지양하고 진정한 희망의 창을 열기 위해 필요하다. 근대 서구문화는 고통과 죽음의 담론을 망각했다. 몰트만은 근대 서구문화의 자기 성찰을 위한 내적인 비판적 기준으로 십자가에 달린 그리스도를 제시한다. 몰트만은 다시 희망의 미래를 열기 위해 그리스도의 죽음을 성찰할 것을 권유하고 있는 것이다. 몰트만은 자신의 삶을 회고하는 자서전에서 "오직 십자가 신학의 기독교 전통을 철저히 고수함으로써 현대의 재난 경험에 대해 응답할 수 있다"[7]고 주장한다.

몰트만은 예수의 십자가 수난과 죽음에 대한 신학적 성찰을 통해 생명의 원천인 하나님에 대한 이해를 온전히 기독교적으로 갱신할 요청을 인식하게 된다. 하나님의 존재에 대한 사유는 '세계의 현실에서 인간을 위한 하나님의 존재의 가시적인 계시[8]인 십자가에 달린 그리스도에 비추어 철저하게 새롭게 이해되어야 한다. 하나님은 그리스도 안에서 또 그리스도와 함께, 그리고 그리스도의 수난에서 이해되어야 한다. 십자가의 고통과 죽음을 통해 하나님을 안다는 것은 하나님이 피조 생명의 고통에 참여하고 연대하는 하나님임을 아는 것이다.

몰트만이 예수 그리스도의 수난과 죽음에 비추어 하나님의 존재 또는 본성을 새롭게 이해해야 한다고 주장한 것은 그리스도인들의 삶과 생명공동체에 대한 비전을 위해 매우 중요한 의미를 지닌다. 예수 그리스도의 십자가 수난과 죽음은 부활과 뗄 수 없는 쌍으로 기독교 복음의 중심을 이룬다. 그런데 신약성서 이후 기독교 신학은 예수의 십자가의 수난과 죽음을 우리의 죄로부터의 구원을 위한 기능적인 경륜으로 이해했다. 그리스도론이 구원론의 기능으로 이해되어 버린 것이다. 예수의 수난과 죽음이 우리 구원의 토대라는 것이다. 즉 예수의 수난과 죽음은 우리의 구원의 확신을 위한 신앙의 근거가 된다. 이렇게 예수의 십자가 수난과 죽음을 단지 생명의 구원을 위한 기능으로 이해하는 것은 성서의 증언이 전해주는 생명에 대한 하나님의 깊은 긍휼을 온전히 이해하지 못하게 한다. 말하자면 그것은 생명이 겪는 고통과 죽음의 현실에 대한 하나님의 존재론적 동참과 연대의 깊이를 온전히 전달해주지 못한다. 여기서 우리는 죄, 희생, 은혜에 대한 전통적인 신학의 해석이 20세기의 끔찍한 악과 고통과 죽음의 심연을 비추기에는 적실성이 떨어진다는 사실을 알게 된다.

몰트만은 생명의 고통과 죽음의 현실에 하나님의 존재론적인 동참과 연대의 깊이를 결하고 있는 신학이 부조리하고 모순적인 악과 고통의 현실에 대한 무신론의 저항에 직면해서 얼마나 허약한지를 보여준다. 그는 도스토예프스키가 『악령』에서 비꼰 고통받을 수 없는 하나님의 빈곤함을 상기시킨다. 생명이 당하는 고통을 느끼지 못하는 하나님은 그 어떤 인간보다도 더 빈곤하다.

> 고통을 받을 수 없는 하나님은 참여할 수 없는 존재이다. 고통과 부정의가 하나님에게 영향을 주지 못한다. 그 하나님은 철저히 무감각하기에 그 어떤 것에도 영향을 받거나 흔들릴 수 없다. 그는 눈물이 없기에 울 수도 없다. 고통을 받을 수 없는 존재는 사랑도 할 수 없다. 그래서 그는 사랑 없는 존재이다.[9]

우리가 성서가 증언하는 생명에 대한 긍휼을 베푸시는 하나님을 생각한다면, 그런 하나님이 생명들에게 가해지는 끔찍한 악과 고통의 현실에 전혀 영향을 받지 않는다는 사실을 받아들이기는 어려울 것이다. 형이상학의 개념들을 차용해서 하나님의 설명하는 추상적인 자연신학의 문제가 바로 여기에 있는 것이다. 우리가 성서의 증언, 특별히 예수 그리스도의 수난과 죽음을 통해 계시된 생명의 하나님을 생각한다면, 하나님이 생명이 겪는 부조리하고 모순적인 고통과 죽음에 어떤 식으로든지 동참하고 연대한다는 생각이 성서적이고 복음적이지 않다고 판단하기 어렵다.

그래서 몰트만은 예수의 수난과 죽음이 우리의 구원을 위해 의미하는 바를 추구하기 이전에 하나님의 존재 자체를 위해 의미하는 바를 신학적으로 숙고할 것을 제안한다.[10] 하나님에 대한 물음과 지식을 그리스도의 죽음에 집중해야 하고 하나님의 존재를 예수의 죽음으로부터 이해해야 한다. 기독교 신학이 '하나님'에 대해 말해야 하는 모든 것의 핵은 바로 이 그리스도의 십자가의 수난과 죽음의 사건에서 찾아야 한다. "십자가 위의 그리스도 사건이 바로 하나님 사건이다."[11] 몰트만에게 "예수의 십자가의 죽음은 하나님의 본성을 통찰하는 가장 최선의 시각을 제공한다."[12] 그리스도의 수난과 죽음 사건은 삼위일체 하나님의 본성을 계시해 주는 창이다.

> 우리가 십자가의 전 사건을 더욱 더 하나님의 사건으로 이해하면 하나님에
> 대한 어떤 단순한 관념도 더욱 더 무너져 내린다. 인식론의 방식으로 그것은
> 말하자면 삼위일체의 형식을 취한다. 우리는 '하나님'이라 불리는 신비의 외
> 연에서 삼위일체의 내연으로 움직여 간다. 이것이 십자가에 달린 그리스도에
> 의해 계시된 '하나님 개념의 혁명'이다.[13]

하나님에 의해 버림을 받은 그리스도의 십자가에서 함께 수난에 참여하는 삼위일체 하나님은 어떤 분이란 말인가?[14] 예수 그리스도의 십자가의 수난과 죽음에서 계시하신 하나님은 생명이 겪는 고통과 죽음의 현실에 들어와서 생명과 연대하는 긍휼의 하나님이다. 몰트만은 하나님과 고통 또는 죽음을 존재론적으로 서로 낯선 것이 아니라 밀접하게 결합시킨다. 고난과 죽음의 개념은 하나님의 본성을 설명하는 데 있어서 낯선 것이 아니라 필수적인 구성요소다. "하나님과 고통은 더 이상 모순이 아니다; 하나님의 존재는 고통 안에 있고, 고통은 하나님의 존재 자체 안에 있다."[15] 하나님은 사랑이라는 성서의 말씀이 바로 이것을 의미한다. "하나님은 고통의 사건이요 해

방하는 사랑이다."[16]

성삼위 하나님은 사랑의 공동체와 연대 가운데 생명이 겪는 고통을 나누시고 포용한다. 성부와 성자와 성령은 공동체와 연대 가운데 고통을 나누지만 서로 다른 고통을 경험한다. 즉 성자는 세상을 향한 사랑으로 인해 자신의 수난과 죽음 속에서 고통과 죽음을 경험한다. 희생적 사명을 감당하도록 성자를 파송한 성부 또한 사랑하는 성자를 상실하는 슬픔을 경험한다. 성부와 성자가 고통을 공유하는 이 사랑의 사건으로부터 새로운 생명을 주고 세상을 변혁하는 성령이 출현한다. 세상의 모든 고통은 성자의 고통과 성부의 슬픔과 성령의 위로와 회복 속에 포용된다. 성령은 만물의 갱신을 위해 기도하고 활동할 용기와 소망을 주신다.[17]

하나님이 본성적으로 생명이 겪는 고통과 죽음을 포용한다는 생각은 매우 성서적이고 복음적이다. 이런 생각을 배제하고 성서가 증언하는 생명의 복음을 도대체 어떻게 해설할 수 있겠는가? 고난당할 능력과 사랑할 능력은 동일한 것이다. 물론 하나님의 고통은 피조 생명들이 당하는 고통과 다르다. 그것은 "능동적인 고통, 사랑의 고통, 즉 그 안에서 자발적으로 자신을 타자에 의해 감정적으로 영향을 받는 가능성에 연다."[18] 기꺼이 당하는 고통을 통해 하나님은 타자 생명을 향한 교제의 공간을 마련한다. 고통을 당할 능력은 타자 생명을 수용할 능력이라 할 수 있다.

몰트만은 삼위일체 하나님의 역사에서 계시되는 하나님이 피조물의 고통에 함께 참여하고 연대하면서 피조물을 생명으로 이끄는 생명력 있는 역사를 묘사해 준다.

그리스도인들의 신앙을 삼위일체의 방식으로 생각한다면, 그것은 버림을 받은 인간들이 그리스도의 버려짐에 의해 하나님의 역사 속으로 이미 들려진다는 사실을 말한다. 왜냐하면 우리는 그리스도의 죽음 덕분에 하나님의 종말론적인 생명에 참여하기 때문이다. 하나님은 존재하고, 하나님은 우리 안에 존재하며, 하나님은 우리 안에서 고통을 겪는다. 거기서 사랑이 고통을 겪는다. 우리는 하나님의 역사의 삼위일체의 과정에 참여한다.[19]

피조 생명이 당하는 부정의의 고통과 죽음을 대리하는 예수의 수난과 죽음은 피조 생명의 고통과 죽음과 함께 분명히 하나님의 심정에 영향을 주었다고 이해해야 한다. 하나님이 예수의 수난과 죽음, 그리고 피조생명의 고통과 죽음에 참여한다는 생각은 형이상학의 무감정의 하나님보다 성서가 증언하는 긍휼의 하나님의 본성에 더욱 더 합당하다.

죽음의 심층 문법과 생명의 미래

몰트만은 『삼위일체와 하나님나라』에서 생명을 사랑하는 하나님이 생명이 겪는 고통과 심지어 죽음의 현실까지도 포용하고 연대를 보여준다는 신학적인 성찰을 삼위일체 하나님의 경륜의 전망에서 더욱 더 거시적으로 펼쳐낸다. 삼위일체 하나님 이해는 생명이 당하는 고통의 현실에 더욱 적절한 대답을 제공한다. 그것은 생명의 고통과 관계하고 고통을 겪는 사람들과의 연대를 보여주는 하나님의 본성과 주권에 대한 이해를 제공한다. 고통을 존재의 차원에서 포용하는 하나님의 본성과 주권에 대한 이해가 고통의 세계화-지역화의 현실에 적합한 신학이라 할 수 있다. 몰트만은 "고통의 문제가 현대 무신론의 반석"[20]이라는 점을 인식하면서 이렇게 주장한다. "하나님과 고통은 함께 속해 있다…하나님에 대한 물음과 고통에 대한 물음은 결합되어 있는 공통의 물음이다."[21]

앞서 『십자가에 달리신 하나님』에서 이미 제기한 물음을 다시 제기한다. 하나님도 고통을 받을 수 있는가? 하나님의 본성은 고난을 받을 수 없는가? 몰트만은 하나님의 본성을 설명하는 서구의 고전 형이상학의 무감정과 무변화 개념을 문제 삼는다. 피조 생명의 고통과 죽음의 현실에 무감각한 무감정과 무변화의 하나님 개념은 생명이 당하는 고통과 죽음의 현실에 대한 무관심을 부채질할 수 있다. 몰트만은 실제 서구 근대사회에서 고통과 죽음의 성찰의 부재가 냉담의 문화(culture of apathy)를 낳았다고 본다. 냉담은 '우리 시대의 질병, 즉 인간과 체계의 질병, 죽음, 곧 개인의 죽음뿐만 아니라 보편적인 죽음에 이르는 질병'이다.[22]

하나님의 본성을 추상적으로 형이상학의 무감정과 무변화의 개념을 가지고 이해하는 것은 '하나님은 사랑'이라는 성서의 증언과 배치된다. 몰트만은 신성이 고통을 당할 수 없다면 그리스도의 수난과 죽음을 하나님의 계시로 이해할 수 없다고 본다.[23] 삼위일체 하나님은 생명의 고통을 포용하는 사랑의 하나님이다. 삼위일체 하나님 존재의 중심에 십자가가 있다. 십자가의 고통과 죽음은 영원한 삼위일체의 심장을 계시한다.[24] 몰트만은 성삼위 하나님의 본성에서 고통과의 존재론적인 연대를 해석해 내려 한다.[25] 성서의 하나님은 고통 속에서 계시된다. 하나님은 하나님이 버린 그리스도의 십자가에서 계시된다. 하나님의 정념(passion)은 사랑에 기초를 둔 능동적인 수난으로 세계의 고통과 동일시된다. 성부 하나님은 성자의 고통을 받아들인다. 성부의 슬픔은 성자의 수난과 죽음만큼 중요하다.[26] 성자는 성부의 생명으로부터 잘려지는 고통을 당하고 성부 하나님은 성자를 내어주는 고통을 당한다. 그렇게 함으로써 하나님은 "고통을 자신의 영원한 생명의 일부로 삼으면서 그것을 자신 안에 받아들이고 채택한다."[27] 몰트만에게 십자가 수난과 죽음은 하나님과 인간 사이의 사건일 뿐만 아니라 하나님 안의 분리와 일치의 사건이기도 하다.[28] "하나님의 존재는 고통 안에 있고 고통은 하나님의 존재 자체 안에 있다."[29] 왜냐하면 하나님은 사랑이기 때문이다. 십자가의 수난과 죽음이 하나님의 내적 생명의 사랑의 발로라는 것이다.

몰트만은 또한 하나님의 본성과 주권에 대한 좀 더 복음적이고도 시의적절한 이해를 제기한다.[30] 그는 먼저 서구에서의 형이상학적 하나님 이해들을 비판적으로 검토한다. 최고 실체로서의 하나님과 절대 주체로서의 하나님에서 삼위일체 하나님 이해로 이행해야 할 것을 역설한다. 그는 하나님의 섭리와 주권을 성삼위 하나님의 경륜에 비추어 이해해야 한다고 주장한다. 칼 바르트와 칼 라너는 하나님의 주권을 삼위일체의 관계와 교제의 경륜에 비추어 온전히 이해하지 못했다. 하나님의 주권은 삼위일체 하나님의 경륜에 비추어 이해되어야 한다. 삼위일체 하나님 이해는 예수 그리스도의 역사에 대한 신약성서의 증언을 이해하기 위해 전개되었다. 몰트만은 사회적 삼위일체론을 통해 하나님의 본성과 주권을 이해한다. 몰트만의 사회적 삼위일체 이해에 따르면 하나님은 상호 내주와 수용(perichoresis)으로 이루어진 일치의 공동체이다.[31] 성서는 삼위일체의 친교 관계의 역사에 대해 증언한다. 이 친교 관계의 역사는 남녀 인간들을 포함한 생명 세계에 열려져 있다. 삼위일체의 해석학은 친교들과 공동체들의 방식으로 생각하도록 우리를 이끈다.[32] 교제와 공동체의 관계는 인간을 넘어 창조세계 전체에 열려져 있다. 관계와 교제는 하나님의 본성에 속하고 삼위 사이에 이루어질 뿐만 아니라 성삼위 하나님과 피조세계 사이에서도 이루어진다.

몰트만이 삼위일체론의 십자가 신학에서 보여준 하나님의 본성에 대한 해석은 성서가 증언하는 생명의 복음이 지닌 어떤 본질적인 힘을 강력하게 드러내준다고 할 수 있다. 삼위일체 하나님의 고통에의 참여와 연대에 대한 신학적 이해는 하나님에 대한 감상적 존재론이 아니다. 그것은 모든 악을 이기고 고통을 치유하는 하나님 사랑의 종말론적 회복에 대한 믿음과 소망, 즉 하나님 새 창조의 영원한 기쁨의 회복에 대한 믿음과 소망을 불러일으킨다. 하나님이 예수의 십자가 수난과 죽음에서 존재론적으로 참여한다는 삼위일체 하나님 본성에 대한 이해는 희생자의 생명을 위해서도 매우 중요하다. 그것은 고난과 죽음이 기독교의 현실 해석과 이해를 위해 본질적인 범주가 되어야 함을 직시하게 하면서도 긍휼의 하나님이 고통과 죽음의 현실 가운데서도 우리와 함께 하신다는 복음의 선포를 적절하게 담아낸다. 삼위일체의 십자가의 신학은 고통과 죽음이 결코 고독한 개인의 경험일 수 없음을 가르쳐준다. 이는 생명이 겪는 고통과 죽음을 이해하는 데 있어서 공동체적이고 관계적인 시각을 제공한다. 오늘날 악과 고통의 현실에서 생명신학은 고통과 죽음, 그리고 새 생명에 대한 변증법적 이해에 기초하여 생명 연대와 살림을 위한 온전한 비전을 제시해야 할 것이다.

생명을 위한 신학의 과제

1) 성찰과 긍휼의 변증법

세월호 참사는 가히 끔찍한 생명의 파괴와 상실이었다. 그것은 고통의 현실을 총체적으로 생각할 계기를 마련해 주었다. 그것에서 드러난 악과 고통의 현실을 어떻게 접근해야 할 것인가? 우리는 개인의 신체적 고통, 윤리적 고통, 그리고 사회적 고통을 생각하지 않을 수 없게 되었다. 오늘날 폭력과 고통의 구조화 문제는 매우 심각하다. 21세기 세계화의 맥락에서 고통은 국지적 차원에서 일어날 뿐만 아니라 동시에 지구적 차원에서도 일어난다. 사회적 고통은 주로 사회의 약자들에게 더욱 집중되어 나타나지만 빈부를 초월해서 보편적으로 나타난다. 사회적 고통은 종교, 정치운동, 그리고 사회 정책 등의 근본적인 문제 가운데 하나가 되었다. 세월호 참사에서 사회 구성원들 일부가 사회의 가치와 구조의 부조리와 모순의 결과로 인해 희생을 당하고 고통을 당했다.

우리는 세월호 참사를 통해서 지난 반세기 동안 우리 사회가 추진해 온 근대화 과정을 되돌아보지 않을 수 없다. 거기에 우리의 자화상이 새겨져 있다. 한국 사회의 돌진적 근대화와 위험사회에 대한 사회과학자들의 테제를 생명신학의 전망에서 다시 생각해 보아야 한다. 우리는 좀 더 깊은 호흡을 통해 지난 시기 한국 사회가 걸어온 길을 반추해 보아야 한다. 20세기 후반기 한국 사회는 산업화와 민주화 과정을 그야말로 압축적이고 돌진적으로 경유해 왔다. 흔히 말하듯이 유례가 없을 정도로 매우 짧은 기간에 놀라운 진척을 이루어 냈다. 그러나 압축적이고 돌진적인 근대화는 사회에 많은 어두운 그늘을 만들어 냈다. 20세기 후반 돌진적 근대화의 경제적 측면을 주도한 이른바 산업화의 주축 세력들은 강력한 경성사회의 비전을 품고 있었다는 사실을 상기할 필요가 있다. 산업화의 주축 세력들은 한국 사회의 빈곤과 후진성을 극복하기 위해 매우 강력하고 단선적인 성장과 발전의 이념을 추구했다. 그곳에서 고통의 현실은 포용될 수 없었고 고통을 당하는 생명들과의 연대감은 금기시되었다. 고통은 동참하고 연대할 대상이 아니라 생각하기도 싫은 망각과 배제의 대상이 되어 버렸다.

세월호 참사는 우리 사회가 그동안 추구한 단선적인 성장 일변도의 산업화가 야기한 어두운 그늘에 속한다 할 수 있다. 세월호 참사의 현장에서, 또 참사를 수습하는 과정에서 우리 사회의 깊은 상처와 질병이 여과 없이 드러났다. 세월호 참사는 우리 사회의 생명 경시 풍조가 얼마나 심각한 수준인지, 또 도덕과 안전 불감증이 얼마나 심각한지를 드러냈다. 그러나 그것은 좀 더 심층적인 차원에서 더욱 깊은 문제를 드러냈다. 그동안 쌓여온 우리 사회 구성원들의 갈등의 반목이 얼마나 깊이 주름져 있는지를 깨닫게 해 주었다. 그리고 우리 사회의 진정한 화해와 치유가 얼마나 어려운지, 또 화해와 치유를 이루어 내기 위한 정신과 사유의 빈곤이 얼마나 심각한지를 깊이 숙고하게 했다. 단선적인 성장 일변도의 산업화가 성장 지상주의와 물신주의를 부추긴 결과 인간성의 심각한 왜곡과 사회 전반에 걸쳐 이른바 무감각의 문화가 조성되어 있음도 확인되었다. 그럼에도 불구하고 다수의 사회 구성원들은 여전히 유례없는 성장을 이루었던 산업화에 대한 과거 지향적 향수를 지니고 있다. 그리고 이런 과거 지향적 동경은 압축적이고 돌진적인 근대화의 어두운 그늘을 지양하고 생명의 공동체사회로 나아가는 것을 가로막는 커다란 요인들 가운데 하나라고 하지 않을 수 없다.

다수의 생명이 고통을 당하는 현실에서 생명신학은 무엇을 해야 할까? 생명신학은 근대화 이후의 생명 파괴와 상실이 극에 달하고 있는 고통의 현실에서 생명의 존엄성과 생명살림의 비전을 신학적으로 제시할 수 있어야 할 것이다. 필자는 성찰과 긍휼의 변증법을 생명신학의 비전으로 제시한다. 왜 성찰과 긍휼인가? 먼저 성찰의 필요를 생각해 보자. 지난 반세기의 우리 사회의 돌진적 근대화가 야기한 궁경을 지양하고 생명이 존중되기 위해 고통과 죽음과 같은 부정의 현실에 대한 성찰을 다시 수행해야 한다. 고통의 현실에 대한 성찰은 탈근대 세계화의 맥락에서 한국 사회의 생명 문화를 형성하고 생명의 존엄을 추구하는 공동체의 구현을 위해 반드시 필요하다. 고통과 죽음에 대한 신학적 숙고를 통해 근대화 이후의 한국 사회의 궁경, 즉 폐쇄적이고 정신분열적인 불안을 치유할 수 있는 길을 모색해야 한다. 고통당하는 생명의 정의에 대한 성찰을 수행해야 한다. 고통의 현실에 대한 참된 사유와 성찰은 고통의 형이상학에 머물러서는 안 된다. 지나온 한국 사회의 부조리하고 모순적인 궤적을 고통의 신학과 생명의 희망에 비추어 신학적으로 또 윤리적으로 비판하면서 나아가야 할 전망을 모색해야 한다.

왜 긍휼인가? 참사 이후 우리 사회 일각에서 보여준 도덕적 권태와 동정심의 고갈은 우리 사회가 적어도 20세기 이후의 많은 고통의 경험에도 불구하고 아직 고통의 사회적 경험을 포용할 정신적 여력이 매우 부족함을 여실히 보여주었다. 강퍅하고 냉소적이며 때로는 적대적인 분열의 정신을 확인할 수 있었다. 우리 사회를 그처럼 삭막한 사회로 만들어야 하는가? 이미지의 은폐나 억압을 통해 고통의 사회적 경험을 지우려 해서는 안 된다. 오직 전체주의 사회만이 집단적 망각에 의해 고통의 사회적 경험을 거부하는 방식으로 통치하고 공포의 문화를 조성할 것이다. 타자 생명의 고통에 대한 참여와 연대를 북돋는 공감과 포용의 정신을 고양해야 한다. 생명의 고통에 민감한 감수성과 공감과 동정을 발휘하는 긍휼의 정신과 타인에 대한 겸손과 타인을 배려하는 생명공동체사회로 나아가는 길을 모색해야 한다.

성찰과 긍휼의 변증법의 비전은 탈근대 세계화 시대의 한국 사회가 생명 존엄의 공동체 사회로 나아가는 데 기여할 수 있다. 한국 사회의 근대화 이후의 생명 사회 또는 생명공동체의 비전을 현실화하기 위해서는 고통과 죽음에 대한 성찰과 고통받는 생명에 대한 긍휼의 연대를 창조적으로 결합하는 실천의 상상력이 요구된다고 생각한다. 세월호 참사에서 그 민낯을 드러낸 부조리한 악과 고통은 해석과 반성과 긍휼의 실천을 통해 화해되고 치유되어야 한다. 반성하고 해석하며 긍휼을 실천함으로써 부조리한 재앙과 고통의 현실 속에서 화해와 일치를 이루어낼 수 있는 넉넉한 정신과 사유의 공동체로 나아가야 한다. 개인과 사회 안에 공감과 연대를 위한 해석과 실천의 능력을 구비해야 한다.

2) 고통받는 생명의 정의에 대한 성찰

생명 존중과 살림의 공동체를 구현하기 위해서 고통받는 생명의 정의가 중요하다. 20세기 전반기의 유럽의 파국적인 대재앙의 폐허에서 복음의 정치적·공적 해설을 요청한 메츠는 폭력과 고통에 희생된 생명들의 정의에 대한 매우 도전적인 질문을 제기한다. 그는 스스로에게 묻는다. "현재 고통을 당하는 사람들뿐만 아니라 이미 죽은 자들에게 가해진 부당한 폭력과 고통에 대해서는 어떻게 해야 하는가?" 그는 이 물음에 이렇게 대답한다. "세상에서 자유의 조건을 개선하는 것이 이미 부당하게 죽은 자의 정의를 회복시켜 주거나 과거의 고통의 부정의와 무의미를 결코 변형해 줄 수 없다."[33] 메츠의 대답은 커다란 도전을 준다. 그 어떤 현 세계에서의 개선의 노력도 이미 무고하게 죽은 자들에게 가해진 부정의를 해소하는 데에는 충분하지 않다는 뜻이다. 그러면 어떻게 해야 한단 말인가?

메츠는 예수 그리스도 안에서 이루어진 구속사를 매개로 삼아 인간의 고통의 역사를 순수하게 개념적으로 화해시키는 접근에 대해서도 비판을 제기한다. 왜 그럴까? 그는 고통의 현실에 대한 개념적인 화해가 오직 하나님 안에서 고통의 이원적인 영지주의의 영속화로 이끌든지 아니면 고통을 개넘의 수준으로의 환원으로 이끌 수 있기 때문이라고 한다. 이런 딜레마는 좀 더 은밀한 사변적 이성에 의해 해소될 수 없다. 그 딜레마는 고통의 역사의 비동일성, 즉 부정성으로부터의 구원과 구속이 다른 방식으로 접근될 때 비로소 해소될 것이라고 한다.[34] 고통으로부터의 회피는 말할 것도 없고 고통의 현실에 대한 개념적인 화해나 그로 인한 고통의 영지주의적인 영속화를 추구해서는 안 된다는 메츠의 주장은 경청할 가치가 크다.

메츠는 형이상학적 정당화의 길 대신에 두 가지의 다른 방식을 제시한다. 그것들은 고통을 받는 생명의 연대와 화해를 위한 길들이다. 하나는 내러티브(narrative)의 길이다. 그리스도인들은 고통의 문제를 사변적으로 해결하지 않는다. 그리스도인들이 극심한 고통의 현실에서 지니고 있는 것은 바로 관계된 하나의 이야기, 즉 하나님이 고통에서 우리에게 어떻게 오셨는지에 대한 복음이다. "내러티브는 그 효과에 대해 거만을 떨지 않는다. 그것은 모든 문을 열 수 있는 변증법의 열쇠가 아니다. 그것은 심지어 역사의 어두운 경로를 밟아보기도 전에 그 경로에 빛을 비춰줄 하나님으로부터 주어지는 변증법의 열쇠가 아니다. 그렇다고 그것이 빛 자체가 없는 것은 아니다."[35] 메츠가 제안하는 내러티브의 길은 고통을 충분히 담금질하기 위해서는 문화적, 역사적, 정치·경제적 구조의 해결이 개인의 고통의 이야기를 밀어내서는 안 된다는 뜻일 것이다. 둘은 함께 가야 한다.

다른 하나는 실천(praxis)의 길이다. 대답되지 못한 고통의 부르짖음의 문제는 우리가 앞서 많은 역사적인 선례들을 살펴보았듯이 사변적인 해결이 아니라 실천적인 해결을 요청한다는 것이다. 다시 말하면 고통의 기억과 실천의 제자도와 같은 것이 요청된다는 것이다. 메츠의 주장을 더 들어 보자. "그리스도 안에서 계시된 '모든 인간들을 위해' 주어진 구원은 관념을 통해 보편적으로 전유되는 것이 아니라 지성적인 실천의 능력을 통해, 즉 그리스도를 따르는 실천을 통해 보편적으로 전유된다."[36] 악과 고통의 현실에 직면해서 성서가 증언하는 하나님에 대한 변증법적 경험은 바로 그런 실천으로 인도하는 것이다.

메츠의 제안은 오늘 우리의 불의한 고통의 현실을 헤쳐 나가는 데에도 혜안을 제시해준다고 하지 않을 수 없다. 우리에게도 풍부한 고통에 대한 내러티브의 전통이 있다. 고통의 현실을 한탄하는 한의 이야기나 창이나 굿과 같은 것이 이런 전통에 속한다고 할 것이다. 그러나 우리의 정신과 문화에는 부당한 고통과 죽음의 현실에 대한 변증법적 사유와 성찰을 통해 고통의 현실을 극복하고 지양하는 실천의 노력과 같은 것이 부재한 것이 아닌가 하는 생각을 해 본다. 고통의 현실에 대한 내러티브는 오히려 고통을 내적으로 삭히거나 풀어내거나, 초연하게 대처하는 길을 장려하는 경향이 강하다.

현실에서 무고하게 고통과 죽임을 당한 희생자들의 정의가 어떻게 되는지 묻고 성찰하고 정의의 회복을 위한 실천에 힘써야 할 것이다. 우리가 생명의 복음을 듣고 긍휼의 하나님의 섭리에 순종하여 생명 연대의 실천을 수행한다면 생명의 고통과 부정의의 직접적 근원들을 폭로하고 그것들에 맞서 저항하면서 생명살림의 공동체를 만들어 가야 할 것이다.

3) 고통받는 생명과의 긍휼의 연대

생명이 고통을 당하는 현실에서 생명의 정의를 성찰하고 실천하는 노력은 반드시 필요하다. 그러나 그것이 필요충분조건이 될 수는 없다. 생명이 엄연한 한계성과 상처받을 가능성은 하나님이 창조한 생명의 선한 질서에 속한 것이기도 하다. 유한한 생명은 고통과 병, 슬픔, 실패, 무능력, 노화와 죽음을 피할 수 없다. 하나님은 태어남과 죽음, 합리와 우연, 질서와 자유, 위험과 상처받을 가능성을 지닌 세상을 창조했다. 어느 정도의 갈등과 고통은 하나님의 창조 세계에서도 근본적 구조에 속한다고 할 수 있다. 세상에 어떤 형태의 갈등과 모순과 고통도 없는 것을 바라는 것은 창조 자체를 바라지 않는 것과 같을 것이다.[37] 그렇다면 생명이 항시적으로 고통을 당하는 현실을 어떻게 접근해야 할까? 고통받는 생명을 포용하고 그 생명과 연대하는 긍휼을 실천하는 것이다.

이를 위해서는 고통받는 생명을 포용하고 또 그 생명과 연대하는 긍휼의 원천인 성삼위 하나님에 대한 이해를 깊고 넓게 가져가야 한다. 긍휼의 하나님을 고통과 전혀 상관없는 초연한 존재로 만들어서는 안 된다. 생명의 복음을 통해 드러나는 하나님에 대한 이해는 십자가의 죽음 사건으로 축소될 수 없지만 그 사건의 심장을 들여다볼 때만이 가능하다. 삼위일체의 신앙과 신학의 문법으로 이해되는 하나님은 공감과 공동체의 하나님, 곧 긍휼로 포용하는 하나님이다. 성삼위 하나님은 고통당하는 생명과 함께 현존하면서 생명의 고통에 참여하고 연대한다. 부조리하고 모순적인 세계와 생명의 고통의 현실에 참여하고 연대하는 하나님은 스스로 자신을 내어주는 자유로운 사랑을 통해 정의와 평화가 가득한 생명의 새 창조를 이룩하신다.

악과 고통의 현실을 예수 그리스도의 십자가와 삼위일체 하나님의 긍휼의 창을 통해 이해한다는 것은 무엇을 뜻하는가? 예수 그리스도의 십자가 고통은 가난하고 연약한 생명들, 특별히 희생당한 생명들의 고통과의 결속이요 연대이다. 그의 수난을 통해 예수 그리스도는 이 세상의 생명의 고통의 역사 속으로 생명을 창출하는 하나님의 영원한 교제와 정의와 공의를 가져온다.[38] 그러나 동시에 십자가의 수난은 가해 생명의 죄악과 부정의와 폭력을 구속하기 위한 긍휼의 고통이기도 하다. 이 긍휼이 바로 삼위 하나님의 심장에서 발원하는 아가페의 사랑(요한1서 4:8)이다.[39] 그것은 세상의 창조자와 구원자와 완성자의 자기 내어줌의 사랑의 능력이다. 삼위일체 하나님의 권능은 단순히 통제의 권능이 아니라 고통에 참여하고 연대하면서 고통으로부터 해방하고 화해시키는 긍휼의 권능이다. 생명이 부당한 고통을 당하는 현실에서 교회는 생명살림의 모태로서 하나님의 긍휼의 정의, 참여, 그리고 연대를 위한 생명신학을 더 깊고 넓게 전개해야 한다.

그리스도인들은 생명의 복음을 그 어떤 세상의 이념보다 못한 실재로 만들어 버리는 어리석음을 범해서는 안 될 것이다. 고통당하는 생명과 연대하는 긍휼의 하나님을 그 어떤 이데올로그보다 더 천박한 존재로 만드는 어리석음을 범해서는 안 될 것이다. 긍휼의 하나님은 창조의 아름다움과 죄악의 비극이 공존하는 세상의 부조리와 모순 속에서 생명의 고통을 늘 공유하신다는 사실을 늘 기억해야 할 것이다.

세월호 참사와 같은 부조리한 악과 고통의 현실에서 성찰과 긍휼을 변증법적으로 사유하면서 교회는 생명의 복음에 대한 좀 더 깊고 무르익은 이해를 퍼올릴 수 있어야 한다. 생명의 복음에 귀를 기울이고 겸허하고도 성숙한 태도로 하나님의 뜻을 순종하는 교회라면 하나님의 긍휼의 헤아릴 수 없는 그 깊이와 높이와 너비에 상응하는 생각과 판단과 행동을 보여주어야 할 것이다. 이것이 교회가 세상에서 희망이 되는 가장 근본적인 방식이다. 교회는 생명의 존엄성이 실현되는 하나님나라의 비전을 가슴에 품고 이 사회 속에서 제자도를 실천해야 할 것이다.

마지막으로 예수 그리스도의 십자가의 수난과 죽음을 통해 계시된 생명의 고통에 연대하는 삼위일체 하나님의 긍휼은 좁게는 20세기 후반의 한국의 근대화와 넓게는 21세기 세계화 시대에 생명의 존엄성이 경시되고 폭력적인 죽음이 다반사인 현실에서 하나님나라에 대한 사회적 · 정치적 · 경제적 유비의 상상력을 일깨우고 또 구현해가는 데 커다란 도움이 된다. 악과 고통의 세계화-지역화의 현실에서 교회는 생명의 고통에 동참하고 연대하는 긍휼의 하나님에 대한 믿음을 통해 생명공동체로서의 비전과 실천을 추구해야 할 것이다. 생명이 경시되고 파괴되는 고통의 현실에서 생명의 영인 성령의 능력으로 이루어져 가는 생명공동체의 비전이 절실히 요청된다. 하나님의 성령은 죽음과 분리와 절망의 한 가운데서도 새로운 생명과 생명공동체를 형성하기 위한 희망을 통해 지금 여기에서 역사한다.

죽음에 대한 성찰과 생명을 위한 긍휼

21세기 지구촌은 탈근대 세계화(postmodern globalization) 시대로 진입하고 있다. 지구촌 도처에 고통의 세계화-지역화의 증후들이 두드러지게 나타나고 있다. 오늘도 중동과 아프리카에서는 여전히 국지적인 전쟁이 계속해서 끊이지 않고 생명을 파괴하고 있다. 아시아와 아프리카 지역에 사는 많은 사람들은 여전히 기아와 빈곤의 고질적인 고통을 당하고 있다. 기아와 빈곤의 고통은 심지어 선진 사회 안의 주변부에서 사는 사람들에게도 현실이다. 기후 변화와 상관없다고 볼 수 없는 조류 독감이나 에볼라와 같은 전염병이 시시때때로 창궐하고 있고, 발전된 선진사회의 병동들에는 당뇨나 암과 같은 온갖 질병으로 고통당하는 생명들이 넘쳐난다. 최근 들어 환경의 대재앙들은 더욱 자주 일어나고 있다.

이뿐만이 아니다. 전 세계에서 매해 80만 명을 훨씬 넘는 생명들이 자살로 스러져가고 있다.[1] 이 정도의 생명 상실은 거의 전쟁 상황에 비견될 수 있는 수준이라 하겠다. 총소리 없는 전쟁이 사적인 영역에서 매일 벌어지고 있는 것이다. 온갖 재앙과 고통으로 인해 지구촌 도처에서 생명의 탄식소리가 들린다. 정신을 차릴 수 없을 정도로 하루가 멀다 하고 폭력과 죽음이 다반사로 일어나고 있는 것이다. 그야 말로 지구촌 전체에 죽음의 어두운 그림자가 드리워져 있다는 표현이 적절한 것 같다. 어린아이들부터 노인들까지 폭력과 죽음의 위협으로부터 자유롭지 못하다. 또한 태어나지 못한 죽음에서부터 때 이른 죽음까지 생명의 존엄성이 심각한 위기를 맞이하고 있다.

우리 사회는 어떤가? 최근 우리 사회에서도 세월호 참사로 인해 엄청난 생명 상실의 아픔을 경험했다. 현재 생명의 파괴와 상실이 심각한 사회의 문제로 부상하고 있다. 현재 사회적으로 심각한 자살문제를 생각해 보자. 우리 사회에서 자살로만 한 해에 거의 1만 5천의 생명이 스러져 가고 있다. 그러나 그렇게 많은 수의 생명이 자살로 스러지는데도 사회는 죽음과 생명 파괴의 심각성을 여전히 크게 느끼지 못하는 듯하다. 아니 이미 무감각해진 것일까? 반드시 그런 것만 같지는 않다. 다른 이유도 있다고 생각한다. 우리 사회와 문화가 여전히 고통과 죽음에 대해 쉬쉬하기 때문이다. 고통과 죽음의 주제를 공론화해야 할 필요가 점점 커지고 있다.

전 세계 차원에서도 재난과 고통이나 죽음이 과거 종교와 철학의 울타리를 벗어나 학제적인 연구의 관심 대상으로, 또 사회의 공적인 주제로 부상하고 있다는 생각을 하게 된다. 과거에는 재난과 고통이 정치와 경제의 질서권의 국외자들에게 해당하는 주변부 담론 주제로 취급을 받았다면 21세기 탈근대 세계화 시대에서는 보편적인 공적 관심의 주제로 떠오른다는 인상을 받는다. 신학자나 종교학자나 철학자들뿐만이 아니라 의학자와 사회과학자들도 고통과 죽음의 문제에 관심을 가지기 시작하는 듯하다. 생명의 미래를 위해 고무적인 징표라고 하지 않을 수 없다. 재앙과 그것이 야기하는 고통과 죽음에 대한 학제적 연구가 요청된다. 아울러 이제는 생명이 당하는 고통에 대한 포용적인 연대감을 이야기할 수 있는 상황이 아닌가 생각해 본다. 생명을 위한 보편적인 연대를 위한 방향 전환이 필요하다.

생명의 존엄성, 생명의 회복, 그리고 생명살림을 위한 공동의 비전과 사명에 대해 성찰하고 실천해야 한다. 생명의 미래를 열어 내기 위한 희망을 호흡할 수 있는 정신과 사유의 공간을 넓혀야 한다. 그러나 아직도 고통과 죽음으로부터의 해방이라는 단선적인 낙관주의가 여전히 현대사회의 정신을 지배하고 있다는 생각이 든다. 고통과 죽음과 같은 부정의 현실을 애써 망각하고 배제하려고 한다. 좀 더 나은 생명의 미래를 준비하기 위해 고통과 죽음에 대한 변증법적 성찰과 실천이 요청된다. 생명의 미래를 단선적으로 낙관해서는 안 된다. 생명의 미래를 진화론적으로나 단순 목적론적으로 그려서도 안 될 것이다. 전반적으로 고통과 죽음을 통해 생명의 존엄성과 생명에 대한 사랑과 연대를 고무할 수 있는 성찰과 긍휼의 변증법의 비전을 품고 사유하고 실천하는 것이 필요하지 않을까 생각해 본다.

무엇을 해야 할까? 모든 생명이 존엄을 누리기 위해서는 고통과 죽음의 현실에 대한 진지한 성찰이 요청된다. 먼저 죽음의 폭력성에 대한 성찰이 요청된다. 우리 사회를 들여다보자. 사회 안에 폭력적이고 의미를 결핍한 죽음이 넘쳐나고 있다. 생명에게 가해지는 부정의에 대한 민감한 성찰이 이루어져야 한다. 부정의하고 부당한 죽음은 죽음의 존엄성을 파괴한다. 생명의 존엄과 죽음의 존엄은 한 수레의 두 바퀴처럼 함께 굴러가야 한다. 죽음의 존엄 없이 생명의 존엄을 논할 수 없다. 존엄한 죽음과 생명살림은 거저 주어지지 않는다. 우리 사회는 근대 이후에만도 무수한 죽음을 경험했다. 일제 식민지의 압제, 한국 전쟁, 그리고 산업화와 민주화의 과정에서 얼마나 많은 폭력적인 죽음과 죽임을 경험했는가? 멀리 볼 것도 없고 최근의 소리 없는 자살 행렬과 천안함과 세월호 참사만을 보아도 우리 사회에 얼마나 죽음이 넘쳐나는지를 금방 알 수 있다. 부당하고 폭력적인 고통과 죽음에 대한 성찰을 통해 참다운 생명 사회를 만들어 가야 하겠다.

　다음으로 고통과 죽음을 사회적으로 기억하는 것이 중요하다. 우리 사회에는 고통과 죽음의 기억에 대한 관심이 부족하다. 그래서 죽음을 금방 잊어버린다. 아마 이런 죽음의 망각은 우리의 심층에 자리하고 있는 죽음에 대한 금기와 부정 의식의 결과일 수도 있다. 우리는 진정한 죽음의 기억술을 모르고 살기에 죽어감·죽음의 의미를 진정으로 체험하지 못하는 빈곤한 현실을 살아가고 있다. 삶의 최종적인 의미를 발견하지 못한 채 초라한 죽어감·죽음을 맞이하는 것이 우리 사회의 죽음의 현주소이다. 죽음이 모든 삶의 가치에 최종적인 의미를 부여해 주는 삶의 완성의 사건으로 자리매김되어야 하건만 죽음은 폭력적으로 마무리되기 일쑤다. 그래서 우리 사회에 최종적인 의미가 초라한 몰골을 드러내는 부조리하고 불의한 죽어감·죽음이 넘쳐나고 있는 것으로 볼 수 있다. 고통과 죽음의 기억술을 적절하게 복원하는 지혜가 필요하다. 가장 기본적인 차원에서 보자면 우리 사회의 죽어감·죽음의 문화에서 문제를 찾을 수 있다. 우리는 고통과 죽음을 부정하고 망각하는 시대정신을 호흡하며 살고 있다. 이런 단선적인 고통과 죽음에 대한 시대정신을 갱신해야 한다. 고통과 죽음은 단지 부정되고 배제되어야 하는 실재가 아니라 생명 의미의 완성을 위해 성찰하고 포용해서 다스려야 하는 실재이다.

　또한 고통과 죽음의 현실에서 생명공동체를 향한 포용적인 긍휼의 정신을 함양해야 한다. 현대 사회에 점점 더 두드러지고 있는 생명의 고통에 대한 무관심과 무감각의 정신과 문화에 대해 비판적으로 반성해 보아야 한다. 생명의 고통과 죽음에 대한 무감각은 개인주의가 팽배해지고 사회정의에 대한 무관심이 심화되는 오늘날의 빈곤한 시대정신이 야기하는 사회적 관계성에 대한 비전의 상실에서 생겨난다. 사람은 사회적 죽음을 경험하며 죽어 가는 존재다. 타인의 죽음에 대한 경험은 개인의 고통을 넘어 사회적 고통이요 나아가 사회적 죽음에 대한 경험이다. 생명의 고통에 대한 긍휼의 연대감을 키워야 한다. 고통당하는 생명에 대한 연대감은 벌거벗은 생명 자체에 대한 긍휼에서 나온다. 모든 생명은 고통을 피할 수 없고 반드시 죽는다. 생명의 고통에 적극 공감하고 동참할 때 생명은 더욱 더 풍성한 생기와 의미를 누릴 수 있을 것이다. 생명의 희망찬 미래는 고통과 죽음의 현실에서 고통과 죽음을 망각하고 부정하며 배제하지 않고 포용하고 고통당하고 죽어 가는 생명과의 긍휼의 연대를 실천할 때 열릴 수 있을 것이다.

| 참고문헌 |

■ 성서원전

대한성서공회, 1993, 성경전서 표준새번역.

대한성서공회, 1998, 성경전서 개역개정판.

■ 국내 저서 및 논문

강영안, 2005, 『타인의 얼굴: 레비나스의 철학』, 문학과지성사.

기든스, 앤소니, 1991, 『포스트모더니티』, 이윤희 · 이현희 역, 민영사.

기든스, 앤소니 · 울리히 벡 · 스콧 래쉬, 1998, 『성찰적 근대화』, 임현진 · 정일준 옮김,
  한울.

김균진, 2002, 『죽음의 신학』, 대한기독교서회.

김대환, 1998, 「돌진적 성장이 낳은 이중 위험사회」, 『계간 사상』.

김명용, 2007, 『칼 바르트의 신학』, 이레서원.

김성일, 2012, 「고위험사회가 초래한 한국형 재난의 발생과 기원」, 『문화/과학』 72호.

김철규, 2003, 『한국의 자본주의 발전과 사회변동』, 고려대학교 출판부.

눌랜드, 셔윈. 2003. 『사람은 어떻게 죽음을 맞이하는가』. 명희진 옮김. 세종서적.

니젤, 빌헬름. 1973. 『칼빈의 신학』. 이종성 역. 대한기독교서회.

니체, 프리드리히, 2002, 『선악의 저편 · 도덕의 계보』, 김정현 역, 책세상.

_____. 2013, 『안티크리스트』, 박찬국 역, 아카넷.

레비나스, 임마누엘, 2000, 『윤리와 무한』, 양명수 옮김, 다산글방.

로핑크, 게르하르트, 2012, 『오늘날의 무신론은 무엇을 주장하는가?』, 이영덕 옮김, 가톨
  릭대학교출판부.

리쾨르, 폴, 1994, 『악의 상징』, 양명수 옮김, 문학과지성사.

모랭, 에드가, 2000, 『인간과 죽음』, 김명숙 옮김, 동문선.

몰트만, 위르겐, 1997, 『오시는 하나님』, 김균진 옮김, 대한기독교서회.

_____, 2002, 『희망의 신학』, 이신건 옮김, 대한기독교서회.

_____, 2009, 『세계 속에 있는 하나님—하나님나라를 위한 공적인 신학의 정립
  을 위하여』, 곽미숙 옮김, 동연.

_____, 2011, 『몰트만 자서전』, 이신건 · 이석규 · 박영식 옮김, 대한기독교서회.

무디, 레이먼드, 1995, 『삶 이후의 삶』, 서민수 옮김, 시공사.

밀리오리, 다니엘, 2012, 『기독교 조직신학 개론』, 신옥수 · 백충현 옮김, 새물결플러스.

바르트, 칼, 1997, 『사도신경해설』, 신경수 옮김, 크리스챤다이제스트.

박완서, 1994, 『한 말씀만 하소서』, 솔.

박원빈, 2010, 『레비나스와 기독교』, 북코리아.

박정호, 2011, 「고통의 의미—레비나스를 중심으로」, 『시대와 철학』 제22권 4호.

박형국, 2013, 「죽음의 망각과 기억, 그리고 삶의 완성」, 『종교연구』 제72집.

_____, 2013, 「예수 그리스도의 죽음에서 '생명의 부정'으로서의 죽음에 대한 이해」, 『한국조직신학논총』 제36집.

방델, 프랑수아, 1999, 『칼빈: 그의 신학사상의 근원과 발전』, 김재성 옮김, 크리스챤다이제스트.

베커, 어네스트, 2008, 『죽음의 부정』, 김재영 옮김, 인간사랑.

베버, 오토, 2008, 『칼빈의 교회관』, 김영재 옮김, 합신대학원출판부.

베커, 칼/한림대 생사학연구소 편, 2013, "Why Redefining Death Requires Higher Education." Re-Defining Death—Toward a More Integrative Definition of Death. 한림대생사학연구소 제1회 국제학술대회 자료집, 강원도민일보출판국.

벡, 울리히, 1997, 『위험사회』, 홍성태 역, 새물결.

_____. 2010, 『글로벌 위험사회』, 박미애 · 이진우 옮김, 길.

보그, 마커스 · 존 도미닉 크로산. 2012. 『마지막 일주일』. 오희천 옮김. 다산초당.

볼프, 한스 발터, 1976, 『구약성서의 인간학』, 문희석 옮김, 분도출판사.

부위훈, 2001, 『죽음, 그 마지막 성장』, 전병술 옮김, 청계.

손봉호, 1995, 『고통받는 인간』, 서울대출판부.

싱어, 피터, 2003, 『삶과 죽음』, 장동익 옮김, 철학과현실사.

아도르노, 테오도르, 1999, 『부정변증법』, 홍승용 옮김, 한길사.

아리에스, 필리프, 1998, 『죽음의 역사』, 이종민 옮김, 동문선.

아우구스티누스, 1990, 『고백록』, 선한용 역, 대한기독교서회.

알트하우스, 파울, 1994, 『루터의 신학』, 이형기 옮김, 크리스챤다이제스트.

엘리아스, 노베르트, 1996, 『죽어 가는 자의 고독』, 김수정 옮김, 문학동네.

오진탁, 2004, 『죽음, 삶이 존재하는 방식』, 청림출판.

_____, 2013, 『죽음 이해가 삶을 바꾼다—자살예방 해법은 있다』, 교보문고.

_____, 2014, 「죽음, 어떻게 정의할 것인가」, 오진탁 편, 『죽음 어떻게 이해할 것인가』, 한림대학교출판부.

요세푸스, 플라비우스, 2008, 『유대전쟁사』 2권, 박정수 · 박찬웅 옮김, 나남.

월쉬, W. H, 1990, 『형이상학』, 이한우 역, 문예출판사.

위젤, 엘리, 2007, 『나이트』, 김하락 옮김, 예담.

유종호 외, 1995, 『한국현대문학 50년』, 민음사.

윤철호, 2013, 『너희는 나를 누구라 하느냐—통전적 예수 그리스도론』, 대한기독교서회.

_____, 2003, 『현대 신학과 현대 개혁신학』, 장로회신학대학교.

이병천 · 김균, 1998, 『위기, 그리고 대전환: 새로운 한국경제의 패러다임을 찾아서』, 당대.

이형기 편저, 1991, 『세계개혁교회의 신앙고백서』, 대한예수교장로회총회출판국.

임철규, 2012, 『죽음』, 한길사.

임현진 · 이세용 · 장경섭 편, 1998, 『한국인의 삶의 질: 신체적, 심리적 안전』, 서울대출판부.

임현진 · 정일준, 1999, 「한국의 발전경험과 '성찰적 근대화'—근대화의 방식과 근대성의 성격」, 『경제와 사회』 제41호.

정진홍, 2003, 『만남, 죽음과의 만남』, 궁리.

정현채, 2012, 「의사가 보는 삶과 죽음」, 정현채 외 7인 공저. 『삶과 죽음의 인문학』, 석탑출판.

차정식, 2006, 『예수는 어떻게 죽었는가』, 한들출판사.

최준식, 2006, 『죽음, 또 하나의 세계』, 동아시아.

칼뱅, 장, 1986, 『기독교강요』, 김종흡 외 3인 공역, 생명의말씀사.

케이건, 셸리, 2012, 『죽음이란 무엇인가』, 박세연 옮김, 엘도라도.

퀴블러-로스, 엘리자베스, 1996/2008, 『사후생』, 최준식 옮김, 대화출판사.

_____, 2001, 『삶과 죽음에 대한 기억』, 박충구 옮김, 가치창조.

_____, 2008, 『죽음과 죽어감』, 이진 역, 이레.

쿨만, 오스카, 1965, 『영혼불멸과 죽은 자의 부활』, 전경연 편, 대한기독교서회.

클라인만, 아서 · 비나 다스 외, 2002, 『사회적 고통』, 안종설 옮김, 그린비.

톨스토이, 레오, 2005, 『이반 일리치의 죽음』, 고일 옮김, 작가정신.

판넨베르크, 볼파르트, 1973/2000, 『사도신경해설』, 정용섭 옮김, 한들출판사.

프랑크, 존, 2012, 『쉽게 읽는 바르트 이야기』, 박형국 옮김, 한국장로교출판사.

하이데거, 마틴, 1998, 『존재와 시간』, 이기상 옮김, 까치.

한상진, 1998, 「위험사회에 대한 동서양의 성찰: 유교의 잠재력은 남아 있는가?」, 『계간 사상』.

_____, 1998, 「왜 위험사회인가?: 한국 사회의 자기반성」, 『계간 사상』.

_____, 2008, 「위험사회 분석과 비판이론」, 『사회와 이론』 제12집.

한순미, 2009, 「고통, 말할 수 없는 것: 역사적 기억에 대해 문학은 말할 수 있는가」, 『호남문화연구』 45.

홉스봄, 에릭, 1997, 『극단의 시대: 20세기 역사』, 이용우 옮김, 까치.

_____, 2008, 『폭력의 시대』, 이원기 옮김, 민음사.

황혜진, 2012, 「고통에 대한 감수성의 윤리학」, 『씨네포럼』 제 15호.

■ 영문 저서 및 논문

Adams, Marilyn McCord, 1999, *Horrendous Evils and the Goodness of God*, Ithaca: Cornell Univ. Press.

Baillie, Donald M, 1956, *God Was in Christ,* London: Faber and Faber.

Barth, Karl, 1975, *Church Dogmatics 1/1*, Trans, G. W. Bromiley, Edinburgh: T. & T. Clark.

_____, 1957, *Church Dogmatics 2/1*, Trans, T. H. L. Parker et al, Edinburgh: T. & T. Clark.

_____, 1957, *Church Dogmatics 2/2*, Trans, T. H. L. Parker et al, Edinburgh: T. & T.

Clark.

_____, 1960, *Church Dogmatics 3/3*, Trans, Geoffrey Bromiley & R. J, Ehrlich, Edinburgh: T & T. Clark.

_____, 1961, *Church Dogmatics 3/4*, Trans, A. T. Mackey et al, Edinburgh: T. & T. Clark.

_____, 1956, *Church Dogmatics 4/1*, Trans, Geoffrey Bromiley, Edinburgh: T & T Clark.

_____, 1960, *Humanity of God*, Trans, John N. Thomas, Louisville/London: Westminster John Knox Press.

Bonhoeffer, Dietrich, 1972, *Letters and Papers from Prison*, New York: Macmillan.

Brown, Peter, 2000, *Augustine of Hippo: A Biography*, A New Ed, with an Epilogue. Berkeley & Los Angeles: Univ. of California Press.

Brunner, Emil. 1947, *The Mediator*, Trans. Oliver Wyon, Philadelphia: Westminster Press.

Burnaby, John, 1938, *Amor Dei: A Study of the Religion of St, Augustine*. London: Hodder & Stoughton.

Chopp, Rebecca, 1989, *The Power to Speak: Feminism, Language*, God, New York: Crossroad.

Cobb, John B, 1969, *God and the World*, Philadelphia: Westminster Press.

Cochrane, Charles N, 1939, *Christianity and Classical Culture*, Oxford: Clarendon.

Dostoevsky, Fyodor M, 2006, *The Brothers Karamazov*, Trans. Ignat Avsey, Oxford: Oxford Univ, Press.

Fiddes, Paul F, 1988, *The Creative Suffering of God*, Oxford: Clarendon.

Freud, Sigmund, 1959, "Thoughts for the Times on War and Death." *Collected Paper*, Vol. 4, New York: Basic Books.

Giddens, Anthony, 1994, *Beyond Left and Right: The Future of Radical Politics,* Cambridge: Polity.

Gilkey, Langdon, 1981, *Reaping the Whirlwind: A Christian Interpretation of History*, New York: The Seabury Press.

Gorer, Geoffrey, 1965, *Death Grief and Mourning in Contemporary Britain*, New York: Doubleday.

Griffin, David, 1976, *God, Power and Evil: A Process Theodicy*, Philadelphia: Westminster Press.

Gunton, Colin, 1978, *Being and Becoming: The Doctrine of God in Charles Hartshorne and Karl Barth*, Oxford: Oxford Univ, Press.

_____, 1997, *Yesterday and Today: Study of Continuities in Christology*, 2nd ed, London: SPCK.

Hick, John, 1978, *Evil and the God of Love*, New York: Harper & Row.

_____, 2001, "An Irenaean Theodicy." *Encountering Evil: Live Options in Theodicy*, Ed. Stephen T, Davis, Louisville: Westminster John Knox Press.

Johnson, Elizabeth A, 1992, *She Who Is: The Mystery of God in Feminist Theological Discourse*,. New York: Crossroad.

_____, 2008, *Quest for the Living God: Mapping Frontiers in the Theology of God*, New York · London: Continuum.

Jüngel, Eberhard, 1975, *Death: The Riddle and the Mystery*, Trans, Iain and Ute Nicol, Edinburgh: The Saint Andrew Press.

_____, 1976, *The Doctrine of the Trinity: God's Being Is in Becoming*, Trans, H. Harris, Edinburgh: Scottish Academic Press.

_____, 2009, *God as the Mystery of the World: On the Foundation of the Theology of the Crucified One in the Dispute Between Theism and Atheism*, Trans, Darrell Guder, Wipf & Stock Publishers.

Kasper, Walter, 1976, *Jesus the Christ*, Trans, V. Green, London: Burns and Oates.

Leibniz, Gottfried W, 1952, *Theodicy: Essays on the Goodness of God, the Freedom of Man and the Origin of Evil*. Ed. Austin Farrer and trans, E. M. Huggard, New Haven: Yale Univ. Press.

Levinas, Emmanuel, 1969, *Totality and Infinity—An Essay on Exteriority*, Trans,Alphonso Lingis, Pittsburgh: Duquesne Univ. Press.

_____, 1988, "Useless Suffering." *Trans, Richard Cohen, The Provocation of Levinas—Rethinking Others*, Eds. R. Bernasconi and D. Wood, London and New York: Routledge.

Lewis, Alan E, 2001, *Between Cross & Resurrection: A Theology of Holy Saturday*, Grand Rapids: Eerdmans.

Lowe, Walter, 1983, *Evil and the Unconscious*, Chico, CA.: Scholars Press.

Macquarrie, John, 1978, *The Humility of God*, London: SCM Press.

McFague, Sallie, 1987, *Models of God: Theology for an Ecological, Nuclear Age*, Philadelphia: Fortress Press.

McGrath, Alister, 1986, *Luther's Theology of the Cross: Martin Luther's Theological Breakthrough*, Oxford: Basil Blackwell.

McWilliams, W, 1985, *The Passion of God*, Atlanta, G.A.: Mercer University Press.

Metz, Johannes B, 1980, *Faith in History and Society: Towards a Practical Fundamental Theology*, Trans, David Smith. New York: Seabury Press.

_____, 1989(1973), "A Short Apology of Narrative." Stanley Hauerwas and L.Gregory Jones eds, *Why Narrative?* Grand Rapids: Eerdmans.

Migliore, Daniel L, 1983, *The Power of God*, Philadelphia: The Westminster Press.

Moltmann, Jürgen, 1974, *The Crucified God: The Cross of Christ as the Foundation and*

Criticism of Christian Theology, Trans, R. A. Wilson and John Bowden, New York: Harper & Row.

_____, 1979, *The Future of Creation*, Trans, Margaret Kohl. London: SCM Press.

_____, 1980, *The Trinity and the Kingdom: The Doctrine of God*, Trans, Margaret Kohl. London: SCM Press.

_____, 1992, *The Spirit of Life: A Universal Affirmation*, Trans, Margaret Kohl. Minneapolis: Fortress.

Mozley, J. K, 1926, *The Impassibility of God*, Cambridge: Cambridge Univ. Press.

O'Donnell, S. J., John J, 1983, *Trinity and Temporality*, Oxford: Oxford Univ, Press.

Olson, Robert, 1967, "The Fear of Death." Paul Edwards ed, *The Encyclopedia of Philosophy*, Vols. 2, New York & London: Macmillan & The Free Press.

Pelikan, Jaroslav, 1971, *The Christian Tradition: Emergence of the Catholic Tradition*, Vol. 1, Chicago: The Univ, of Chicago Press.

Plantinga, Alvin C, 1974, *God, Freedom, and Evil*, Michigan: Eerdmans.

Pojman, Louis P, 1987, *Philosophy of Religion: An Anthology*, Belmont: Wadsworth.

Polkinghorne, John ed, 2001, *The Work of Love: Creation as Kenosis*, Michigan/Cambridge: Eerdmans.

Roth, John, 2001, "A Theodicy of Protest." *Encountering Evil: Live Options in Theodicy*, Ed. Stephen T. Davis, Louisville: Westminster John Knox Press.

Schillebeeckx, Edward, 1979, *Jesus: An Experiment in Christology*, Trans, H. Hoskins. New York: Seabury & London: Collins.

Siggins, Ian D. K, 1970, *Martin Luther's Doctrine of Christ*, New Haven: Yale Univ, Press.

Van Inwagen, Peter, 2006, *The Problem of Evil*, Oxford: Oxford Univ. Press.

Von Balthasar, Hans U, 1990, *Mysterium Paschale*, Trans, A. Nichols. Edinburgh: T. & T. Clark.

_____, 1991, *The Theology of Karl Barth: Exposition and Interpretation*, Trans. Edward T. Oakes, S. J., San Francisco: Communio Books-Ignatius Press.

Von Löwenich, Walter, 1976, *Luther's Theology of Cross*, Minneapolis: Augsburg.

Whitehead, Alfred N, 1929, *Process and Reality: An Essay in Cosmology*, New York: Macmillan.

Wolterstorff, Nicholas, 1987, *Lament for a Son*, Grand Rapids: Eerdmans.

Wyschogrod, Edith, 1974, *Emmanuel Levinas: The Problem of Ethical Metaphysics*, The Hague: Martinus Nijhoff.

■ 인터넷 사이트

http://ko.wikipedia.org/wiki/세월호

http://www.who.int/mental_health/prevention/suicide/suicideprevent/en/

| 주석 |

서론

1 아서 클라인만 · 비나 다스 외, 『사회적 고통』, 안종설 옮김, 그린비, 2002, 192쪽.

1장 오늘날의 축소지향의 죽음 이해와 실천에 대한 비판적 성찰

1 엘리자베스 퀴블러-로스, 『삶과 죽음에 대한 기억』, 박충구 옮김, 가치창조, 2001, 201쪽.
2 셸리 케이건, 『죽음이란 무엇인가』, 박세연 옮김, 엘도라도, 2012, 246-266쪽 참조.
3 오진탁, 『죽음, 삶이 존재하는 방식』, 청림출판, 2004, 181-203쪽; 정현채, 「의사가 보는 삶과 죽음」, 정진홍 외 7인 공저, 『삶과 죽음의 인문학』, 석탑출판, 2012, 7-40쪽 참조.
4 피터 싱어, 『삶과 죽음』, 장동익 옮김, 철학과현실사, 2003, 43쪽에서 재인용.
5 P.M. H. Atwater, *The Complete Idiot's Guide to Near-Death Experiences*, Alpha Books, 2000, p.156; 최준식, 『죽음, 또 하나의 세계』, 동아시아, 2006, 60쪽에서 재인용.
6 오진탁, 『죽음 이해가 삶을 바꾼다―자살예방 해법은 있다』, 교보문고, 2013, 185쪽.
7 오진탁, 「죽음, 어떻게 정의할 것인가」, 오진탁 편, 『죽음 어떻게 이해할 것인가』, 한림대학교출판부, 2014, 99-106쪽 참조.
8 오진탁, 「우리 사회에 죽음 이해가 크게 부족하다」, 오진탁 편, 위의 책, 11-23쪽; 위의 논자, 「죽음, 어떻게 정의할 것인가」, 위의 책, 100-101쪽 참조.
9 엘리자베스 퀴블러-로스, 앞의 책, 225-226쪽 참조.
10 위의 책, 186쪽.
11 엘리자베스 퀴블러-로스, 『사후생』, 최준식 옮김, 대화출판사, 1996/2008 참조.
12 레이먼드 무디, 『삶 이후의 삶』, 서민수 옮김, 시공사, 1995, 15쪽.
13 정진홍, 『만남, 죽음과의 만남』, 궁리, 2003, 17쪽, 132쪽 참조.
14 졸고, 「죽음의 망각과 기억, 그리고 삶의 완성」, 『종교연구』 제72집, 2013, 20쪽 참조.
15 위의 글, 20-21쪽 참조.

2장 죽음의 부정과 불안에 대한 성찰

1 퀴블러-로스는 죽음에 직면한 200명의 환자들의 죽어 가는 과정을 관찰한 후에 그것을 다섯 단계로 유형화했다. 즉 부정과 고립(denial and isolation), 분노(anger), 거래

(bargain), 우울(depression), 그리고 수용(acceptance)이다. 엘리자베스 퀴블러-로스,
『죽음과 죽어감』, 이진 역, 이레, 2008 참조.

2 부위훈, 『죽음, 그 마지막 성장』, 전병술 옮김, 청계, 2001, 96쪽.

3 레오 톨스토이, 『이반 일리치의 죽음』, 고일 옮김, 작가정신, 2005, 70쪽.

4 위의 책, 94쪽.

5 위의 책, 58쪽.

6 위의 책, 80쪽.

7 위의 책, 61, 96, 74쪽 참조.

8 위의 책, 96쪽.

9 위의 책, 103쪽.

10 위의 책, 82쪽.

11 저자는 현대 죽음 문화를 비판적으로 성찰하는 논문에서 아리에스의 죽음 부정에 대
한 역사적 연구를 부분적으로 다룬 적이 있다. 여기에 실린 내용은 기존의 소개를 좀
더 체계적으로 수정하고 보충하고 있다. 졸고, 「죽음의 망각과 기억, 그리고 삶의 완
성」, 『종교연구』 제72집, 2013, 4-7쪽 참조.

12 노베르트 엘리아스, 『죽어 가는 자의 고독』, 김수정 옮김, 문학동네, 1996, 21쪽 이하
참조.

13 필리프 아리에스, 앞의 책, 247쪽.

14 위의 책, 89, 130쪽 이하 참조.

15 Geoffrey Gorer, *Death Grief and Mourning in Contemporary Britain*, New York:
Doubleday, 1965.

16 필리프 아리에스, 앞의 책, 259쪽.

17 에릭 홉스봄(Eric Hobsbawm, 1917-2012)은 20세기의 세계 대전을 통해 드러난 폭력
의 실상에 대한 역사적인 조망을 제공해준다. 에릭 홉스봄, 『폭력의 시대』, 이원기 옮
김, 민음사, 2008 참조.

18 실존주의 철학의 죽음 담론에 대한 모랭의 비판적 분석을 위해서는 에드가 모랭, 『인
간과 죽음』, 김명숙 옮김, 동문선, 2000, 315-342쪽 참조; 모랭의 비판적 분석에 대한
소개를 위해서는 졸고, 「죽음의 망각과 기억, 그리고 삶의 완성」, 8-10쪽 참조.

19 에드가 모랭, 위의 책, 328-329쪽.

20 위의 책, 375쪽.

21 J.-P.Satre, *l'Etre et le Néant*, Gallimard, p.631; 위의 책, 338쪽에서 재인용.

22 마틴 하이데거, 『존재와 시간』, 이기상 옮김, 까치, 1998, 317-357쪽 참조.

23 위의 책, 319-324쪽 참조.

24 위의 책, 328쪽.

25 위의 책, 329쪽.

26 John Buren, *The Young Heidegger: Rumour of the Hidden King*, Bloomington:
Indiana Univ. Press, 1994, p.175; 임철규, 『죽음』, 한길사, 2012, 253쪽에서 재인용.

27 마틴 하이데거, 앞의 책, 333쪽, 318쪽 참조.

28 위의 책, 50절-52절 334-347쪽 참조.

29 위의 책, 335쪽, 336쪽.

30 위의 책, 336쪽.

31 위의 책, 338쪽.

32 위의 책, 339쪽.

33 위의 책, 347쪽.

34 위의 책, 351쪽.

35 위의 책, 347-348쪽 참조.

3장 죽음의 공포와 격리에 대한 성찰

1 어네스트 베커, 『죽음의 부정』, 김재영 옮김, 인간사랑, 2008, 58쪽 이하 참조.

2 Sigmund Freud, "Thoughts for the Times on War and Death," *Collected Papers*, vol. 4, New York: Basic Books, 1959, p.316.

3 Zilboorg, "Fear of Death," *Psychoanalytic Quarterly* (1943/12): pp.465-67; 어네스트 베커, 앞의 책, 62쪽에서 재인용.

4 위의 책, 32쪽.

5 위의 책, 84-90쪽 참조.

6 Norman Brown, *Life Against Death*, p.118; 위의 책, 93쪽 재인용.

7 위의 책, 72쪽.

8 Zilboorg, *op.cit.*, pp.468-71; 위의 책, 64쪽에서 재인용.

9 위의 책, 70-71쪽 참조.

10 위의 책, 29-50쪽 참조.

11 위의 책, 45-46쪽.

12 위의 책, 74쪽.

13 노베르트 엘리아스, 앞의 책, 17-19쪽 참조.

14 위의 책, 20쪽, 35쪽 참조.

15 위의 책, 61-75쪽 참조.

16 Carl Becker, "Why Redefining Death Requires Higher Education," 한림대생사학연구소 편, *Re-Defining Death—Toward a More Integrative Definition of Death*, 강원도민일보출판국, 2013, pp.9-12 참조.

17 엘리아스, 앞의 책, 35쪽.

18 위의 책, 39쪽 이하 참조.

19 위의 책, 42쪽.

20 위의 책, 67쪽.

21 위의 책, 86쪽.

22 테오도르 아도르노, 『부정변증법』, 홍승용 옮김, 한길사, 1999, 475-481쪽 참조.

23 위르겐 몰트만, 『오시는 하나님』, 김균진 옮김, 대한기독교서회, 1997, 110쪽, 111쪽.

24 위의 책, 108-114쪽 참조.

25 김균진, 『죽음의 신학』, 대한기독교서회, 2002, 84-98쪽 참조.

26 테오도르 아도르노, 앞의 책, 477쪽.

4장 삶과 죽음의 변증법에 대한 성찰

1 마커스 보그 · 존 도미닉 크로산, 『마지막 일주일』, 오희천 옮김, 다산초당, 2012 참조.

2 지난 2000년 동안 예수의 죽음에 대한 '어떻게'(역사적 사실)의 물음을 등한시한 채 '왜'(특별히 대속의 의미)의 물음에만 줄기차게 집착한 전통적인 신학에 대한 성서학자의 물음을 경청할 가치가 있다. 차정식, 『예수는 어떻게 죽었는가-예수 수난 전승 탐구』, 한들출판사, 2006 참조.

3 장 칼뱅, 『기독교강요』(중), 김종흡 · 신복윤 · 이종성 · 한철하 공역, 생명의말씀사, 1986, 3.9.1-4, 229-234쪽 참조.

4 칼 바르트, 『사도신경 해설』, 신경수 옮김, 크리스챤다이제스트, 1997, 80쪽 참조.

5 이형기 편저, 『세계개혁교회의 신앙고백서』, 대한예수교장로회총회출판국, 1991, 82쪽.

6 칼 바르트, 앞의 책, 81쪽 참조.

7 게르하르트 로핑크, 『오늘날의 무신론은 무엇을 주장하는가?』, 이영덕 옮김, 가톨릭대학교출판부, 2012, 163-180쪽 참조.

8 존 스토트, 『그리스도의 십자가』, 황영철 · 정옥배 옮김, IVP, 1988, 39쪽.

9 루터는 1518년 〈하이델베르크 논쟁〉에서 십자가의 신학을 중세 로마 가톨릭교회의 교권의 교만과 타락을 표현하는 '영광의 신학'(theologia gloriae)의 반제로 대립시킨다. Martin Luther, WA 1, 362; LW 31, 52f.; 파울 알트하우스, 『루터의 신학』, 이형기 옮김, 크리스챤다이제스트, 1994, 41-51쪽 참조.

10 Emil Brunner, The Mediator, trans. Oliver Wyon, Philadelphia: Westminster Press, 1947, p.435.

11 Lucian, The Passing of Peregrinus, trans. A. M. Harman, The Works of Lucian, vol. 5, Heinemann, 1936, p.15; 존 스토트, 앞의 책, 35쪽에서 재인용.

12 프리드리히 니체, 『안티크리스트』, 박찬국 역, 아카넷, 2013 참조.

13 Tertullian, De Corona, Ch. III, The Ante-Nicene Fathers, trans. S. Thelwall, vol. III, ed. A. Roberts and J. Donaldson, Eerdmans, 1973, p.94.

14 존 스토트, 앞의 책, 35쪽에서 재인용.

15 칼 바르트, 앞의 책, 91쪽.

16 오늘날의 죽음 문화에 만연한 죽음의 망각과 배제의 문제에 대한 비판적 성찰을 위해서는 졸고, 「죽음의 망각과 기억, 그리고 삶의 완성」, 『종교연구』 제72집, 2013, 3-12

쪽 참조.

5장 죽음 부정과 수용의 변증법에 대한 성찰

1 서원 눌랜드, 『사람은 어떻게 죽음을 맞이하는가』, 명희진 옮김, 세종서적, 2003 참조.
2 퀴블러-로스, 『죽음과 죽어감』, 이진 역, 이레, 2008 참조.
3 예수의 수난과 죽음을 그리스의 고전 비극의 관점으로 조명하는 흥미로운 연구가 있다. 차정식, 『예수는 어떻게 죽었는가-예수 수난 전승 탐구』, 한들출판사, 2006, 25-46쪽 참조.
4 위의 책, 13쪽.
5 고대 이스라엘의 죽음 이해와 실천에 대해서는 한스 발터 볼프, 『구약성서의 인간학』, 문희석 옮김, 분도출판사, 1976, 178-209쪽 참조.
6 Diogenes Laertius, *Lives of Eminent Philosophers*, vol 2, Cambridge, MA: Harvard Univ. Press, 1925, X.12 참조.
7 Robert Olson, "The Fear of Death," Paul Edwards ed. *The Encyclopedia of Philosophy*, vols. 2, New York & London: Macmillan & The Free Press, 1967, pp.308-309 참조.
8 오스카 쿨만, 『영혼불멸과 죽은 자의 부활』, 전경연 편역, 대한기독교서회, 1965, 12-47쪽; Eberhard Jüngel, "The Death of Socrates," *Death: The Riddle and the Mystery*, trans. Iain and Ute Nicol, Edinburgh: The Saint Andrew Press, 1975, pp.41-55.
9 플라비우스 요세푸스, 『유대전쟁사』 2권, 박정수 · 박찬웅 옮김, 나남, 2008, V.xi.1 참조.
10 Cicero, *Against Verres*, trans. L. H. Greenwood, *The Verrine Orations*. 2 vols, Heinemann, 1928-35, II.v.64, 165절 참조.
11 Cicero, *In Defense of Rabirius*, trans. H. G. Hodge, *The Speeches of Cicero*, Heinemann, 1927, V.16, p.467.
12 졸고, 「예수 그리스도의 수난과 죽음에서 '생명의 부정'으로서의 죽음에 대한 이해」, 『한국조직신학논총』 제36집, 2013, 290쪽 참조.
13 삶의 완성으로서의 죽음에 대한 기독교의 포용적 이해를 위해서는 졸고, 「죽음의 망각과 기억, 그리고 삶의 완성」, 『종교연구』 제72집, 2013, 12-18쪽 참조.
14 윤철호, 『너희는 나를 누구라 하느냐-통전적 예수 그리스도론』, 대한기독교서회, 2013, 255-56쪽 참조.
15 위의 책, 266-67쪽.
16 Richard Momeyer, *Confronting Death*, Bloomington and Indianapolis: Indiana Univ. Press, 1988, p.48; 차정식, 앞의 책, 17-18쪽 참조.
17 전통적인 대속의 죽음에 대한 해설과 현대신학에서 이루어진 그것에 대한 비판적인

재조명에 대한 소개를 위해서는 졸고,「예수 그리스도의 죽음에서 '생명의 부정'으로 서의 죽음에 대한 이해」, 279-294쪽 참조.

18 대리의 의미에 대한 재해석은 볼파르트 판넨베르크,『사도신경해설』, 정용섭 옮김, 한들출판사, 2000, 108-129쪽, 특히 121쪽 참조.

19 졸고,「예수 그리스도의 죽음에서 '생명의 부정'으로서의 죽음에 대한 이해」, 292-294 쪽 참조.

6장 부조리하고 고통스러운 죽음의 정의에 대한 물음

1 필자는 세월호참사를 신학적으로 성찰하기 위해 인터넷 위키백과의 기록(http://ko.wikipedia.org/wiki/세월호)을 참조했다. 위의 기록에서 참조된 기사들을 일일이 언급하지 않을 것이다.

2 김성일,「고위험사회가 초래한 한국형 재난의 발생과 기원」,『문화/과학』 72호, 2012, 80-99쪽 참조.

3 Arthur A. Cohen, *The Tremendum: A Theological Interpretation of the Holocaust*, New York: Crossroad, 1981, p.36; 다니엘 밀리오리,『기독교 조직신학 개론』, 신옥 수·백충현 옮김, 새물결플러스, 2012, 214쪽에서 재인용.

4 지난 반세기 한국 사회가 국가의 주도로 추구해온 발전(성장)주의 패러다임에 대한 사회학적 성찰과 지속가능한 사회 발전에 대한 전망을 위해서는 김철규,『한국의 자 본주의 발전과 사회변동』, 고려대학교출판부, 2003 참조.

5 김대환,「돌진적 성장이 낳은 이중 위험사회」,『계간 사상』, 가을호, 1998, 26-45쪽; 이병천·김균,『위기, 그리고 대전환: 새로운 한국경제의 패러다임을 찾아서』, 당대, 1998; 임현진·이세용·장경섭 편,『한국인의 삶의 질: 신체적, 심리적 안전』, 서울 대출판부, 1998; 한상진,「위험사회에 대한 동서양의 성찰: 유교의 잠재력은 남아 있 는가?」,『계간 사상』, 가을호, 1998, 94-119쪽; 같은 저자,「왜 위험사회인가?: 한국 사 회의 자기반성」,『계간 사상』 가을호, 1998, 3-25쪽; 같은 저자,「위험사회 분석과 비 판이론」,『사회와 이론』 제12집, 2008, 37-72쪽; 임현진·정일준,「한국의 발전경험 과 '성찰적 근대화'—근대화의 방식과 근대성의 성격」,『경제와 사회』, 제41호, 1999, 123-151쪽 참조.

6 한상진,「왜 위험사회인가?: 한국 사회의 자기반성」, 3-25쪽 참조.

7 김대환, 앞의 글, 28쪽.

8 에릭 홉스봄,『극단의 시대: 20세기 역사』, 이용우 옮김, 까치, 1997; 같은 저자,『폭력 의 시대』, 이원기 옮김, 민음사, 2008 참조.

9 앤소니 기든스,『포스트모더니티』, 이윤희·이현희 역, 민영사, 1991; 앤소니 기든 스·울리히 벡·스콧 래쉬,『성찰적 근대화』, 임현진·정일준 옮김, 한울, 1998 참조; 울리히 벡,『위험사회』, 홍성태 역, 새물결, 1997; 같은 저자,『글로벌 위험사회』, 박미 애·이진우 옮김, 길, 2010 참조.

10 Ulrich Beck, "Risk Society: Outline of an Argument," *Convention Paper*, 1994, p.1; 한 상진, 앞의 논문, 11쪽 참조.

11 Anthony Giddens, *Beyond Left and Right: The Future of Radical Politics*, Cambridge: Polity, 1994, p.78.

12 한순미, 「고통, 말할 수 없는 것: 역사적 기억에 대해 문학은 말할 수 있는가」, 『호남 문화연구』, 45집, 2009, 91-131쪽 참조. 이 글에서는 20세기 한국 사회의 고통과 역사 적인 기억을 이야기화한 김승옥, 서정인, 이청준 등의 소설을 조명하고 있다. 좀 더 거시적이고 광범위한 문학사적 조명을 위해서는 유종호 외, 『한국현대문학 50년』, 민음사, 1995 참조. 이 책에 포함된 글들에서 20세기 한국 사회의 고통에 대한 문학적 형상화를 산발적으로 파악할 수 있다.

13 박완서, 『한 말씀만 하소서』, 솔, 1994, 32쪽.

14 황혜진, 「고통에 대한 감수성의 윤리학」, 『씨네포럼』, 제15호, 2012, 135-70쪽 참조. 논자는 국제적으로 주목을 받았던 이창동의 영화 「밀양」과 「시」가 우리 사회의 고통 에 대한 새로운 감수성의 욕구를 잘 드러낸 것으로 분석하고 평가하는 맥락에서 최근 엄청난 관객들을 흡인하는 대중영화들에서 드러나는 문제점들도 함께 밝혀준다.

7장 부조리한 고통스러운 죽음에 대한 변신론/신정론의 성찰

1 필자는 theodicy의 한글 번역어 '변신론'과 '신정론'을 구별해서 사용하려고 한다. 즉 반드시 그런 것은 아니지만 대체로 종교철학자들은 전자를 신학자들은 후자를 선호 하는 경향이 있어서 종교철학의 논의 맥락에서는 '변신론'을 신학의 논의 맥락에서는 '신정론'을 구별해서 사용하려고 한다.

2 논란의 여지가 있음에도 불구하고 형이상학이란 용어는 단순한 현상과 지식을 넘어 실재와 지식의 포괄적이고 총체적 탐구를 가리키는 것으로 정의할 수 있다. 전체로서 의 신, 우주, 그리고 인간의 본성과 기원에 관한 탐구가 바로 형이상학의 영역이었다. 그래서 형이상학에 정통하는 것이야 말로 모든 지성인들이 추구하던 최고의 야망이 었다. 역사가 기억하는 위대한 사상가들, 플라톤, 아리스토텔레스, 토마스 아퀴나스, 데카르트, 그리고 헤겔 등이 그 시대를 대표하는 형이상학자들이라고 할 수 있다. 이 런 실재와 지식의 통일적인 체계를 지향하는 형이상학은 계몽주의 이후 칸트를 포함 한 현대의 많은 사상가들에 의해 해체의 대상이 되었다. W. H. 월시, 『형이상학』, 이 한우 역, 문예출판사, 1990, 9-22쪽 참조.

3 Louis P.Pojman, *Philosophy of Religion: An Anthology*, Belmont: Wadsworth, 1987, p.151.

4 강영안, 『타인의 얼굴: 레비나스의 철학』, 문학과지성사, 2005, 219쪽.

5 Peter van Inwagen, *The Problem of Evil*, Oxford: Oxford Univ. Press, 2006, pp.85-86; 한 세대 이전의 대표적인 자유의지 옹호론으로는 Alvin C. Plantinga, *God, Freedom, and Evil*, Michigan: Eerdmans, 1974 참조.

6 Peter van Inwagen, *Ibid.*, p.87.

7 *Ibid.*, p.88.

8 *Ibid.*, p.89.

9 John Hick, *Evil and the God of Love*, New York: Harper & Row, 1978, pp.255-56; "An Irenaean Theodicy," *Encountering Evil: Live Options in Theodicy*, ed. Stephen T. Davis, Louisville: Westminster John Knox Press, 2001, pp.38-71 참조.

10 Nicholas Wolterstorff, *Lament for a Son*, Grand Rapids: Eerdmans, 1987, p.97.

11 Marilyn McCord Adams, *Horrendous Evils and the Goodness of God*, Ithaca: Cornell Univ. Press, 1999 참조.

12 Gottfried Wilhelm Leibniz, *Theodicy: Essays on the Goodness of God, the Freedom of Man and the Origin of Evil*, ed. Austin Farrer and trans. E. M. Huggard, New Haven: Yale Univ. Press, 1952, p.364.

13 *Ibid.*, pp.118-119 참조.

14 *Ibid.*, pp.211-214.

15 *Ibid.*, pp.19, 124 참조.

16 손봉호, 『고통받는 인간』, 서울대출판부, 1995, 124-125쪽 참조.

17 창세기의 아담 사화에 나오는 악의 문제에 대한 심오한 현상학적 탐구로는 폴 리쾨르, 『악의 상징』, 양명수 옮김, 문학과지성사, 1994 참조.

18 Walter Kasper, *Jesus the Christ,* trans. V. Green, London, Burns and Oates, 1976, p.118; Edward Schillebeeckx, *Jesus: An Experiment in Christology*, trans. H. Hoskins, New York: Seabury & London: Collins, 1979, pp.289ff.; cf. Hans U. von Balthasar, *Mysterium Paschale*, trans. A. Nichols, Edinburgh: T. & T. Clark, 1990, p.125.

19 Eberhard Jüngel, *God as the Mystery of the World: On the Foundation of the Theology of the Crucified One in the Dispute between Theism and Atheism*, trans. Darrell Guder, Grand Rapids, Mich.: Eerdmans, 1983, p.50.

20 *Ibid.*, p.51.

21 다니엘 밀리오리, 『기독교 조직신학 개론』, 218쪽; Kathleen D. Billman & Daniel L. Migliore, *Rachel's Cry: Prayer of Lament and Rebirth of Hope*, Cleveland: Pilgrim, 1999 참조.

22 다니엘 밀리오리, 위의 책, 150-151쪽 참조.

23 Langdon Gilkey, *Reaping the Whirlwind: A Christian Interpretation of History*, New York: The Seabury Press, 1981, p.412 no. 17 참조.

8장 부조리한 고통스러운 죽음에 대한 반(反)변신론의 성찰

1 Fyodor M. Dostoevsky, *The Brothers Karamazov*, trans. Ignat Avsey, Oxford: Oxford Univ. Press, 2006, pp.296-309 참조.

2 Albert Camus, *The Rebel*, trans. Anthony Bower, London: Hamish Hamilton, 1953, p.27; John J. O'Donnell, S. J., *Trinity and Temporality*, Oxford: Oxford Univ. Press, 1983, pp.12-13에서 재인용.

3 John O'Donnell, S. J. *Ibid.*, p.13 참조.

4 *Ibid.*, pp.13-14 참조.

5 Richard L. Rubenstein, *After Auschwitz, Radical Theology and Contemporary Judaism*, Indianapolis: Bobbs-Merrill, 1966, 204; John O'Donnell, S. J. *ibid.*, p.15에서 재인용.

6 엘리 위젤,『나이트』, 김하락 옮김, 예담, 2007, 122-123쪽.

7 John Roth, "A Theodicy of Protest," *Encountering Evil*, pp.1-37 참조.

8 에디스 위셔그로드는 레비나스의 철학을 윤리형이상학이라고 부른다. Edith Wyschogrod, *Emmanuel Levinas: The Problem of Ethical Metaphysics*, The Hague: Martinus Nijhoff, 1974.

9 Emmanuel Levinas, *Totality and Infinity—An Essay on Exteriority*, trans. Alphonso Lingis, Pittsburgh, Duquesne Univ. Press, 1969, pp.21-30 참조.

10 *Ibid.*, pp.33-35; Edith Wyschogrod, *op.cit.*, p.218 참조.

11 임마누엘 레비나스,『윤리와 무한』, 양명수 옮김, 다산글방, 2000, 11쪽.

12 레비나스의 고통의 윤리학에 대한 국내의 연구들로는 손봉호, 강영안 두 교수의 앞의 책들 외에 박원빈,『레비나스와 기독교』, 북코리아, 2010, 특별히 6장; 박정호,「고통의 의미—레비나스를 중심으로」,『시대와 철학』제22권 4호, 2011, 131-159쪽 참조.

13 레비나스의 고통의 담론은 일종의 '고통의 윤리학'이라 불리기도 한다. 강영안, 앞의 책, 212쪽. 그러나 이 명칭은 일반적인 의미의 윤리학과 혼동을 초래하는 것 같다. 레비나스에게 있어서 윤리학은 제1 철학이라는 의미가 있다. 그래서 고통의 윤리형이상학이라는 명칭이 더 적절할 수 있다.

14 테오도르 아도르노,『부정변증법』, 홍승용 옮김, 한길사, 1996, 495쪽 참조.

15 Emmanuel Levinas, "Useless Suffering," trans. Richard Cohen, *The Provocation of Levinas—Rethinking Others*, eds. R. Bernasconi and D. Wood, London and New York, Routledge, 1988, p.156.

16 *Ibid.*, p.157.

17 *Ibid.*

18 *Ibid.*

19 프리드리히 니체,『선악의 저편·도덕의 계보』, 김정현 역, 책세상, 2002, 540쪽; 박정호, 앞의 글, 136쪽에서 재인용.

20 Emmanuel Levinas, *op.cit.*, pp.157-158.

21 강영안, 앞의 책, 218쪽.

22 Emmanuel Levinas, *op.cit.*, p.156.

23 *Ibid.*, pp.159-61 참조.

24 *Ibid.*, p.161.

25 *Ibid.*, pp.161-64 참조.

26 *Ibid.*, p.163.

27 테로도르 아도르노, 앞의 책, 286쪽.

28 위의 책, 468쪽 참조.

29 Emmanuel Levinas, *op. cit.*, p.164 참조.

30 *Ibid.*, p.159.

31 *Ibid.*, p.164.

32 타인을 위한 대리 고통의 의미에 대한 보다 상세한 해설을 위해서는 강영안, 앞의 책, 224-234쪽 참조.

33 Emmanuel Levinas, *op. cit.*, p.164 참조.

9장 고통과 죽음에 대한 섭리 이해

1 Johannes Baptist Metz, *Faith in History and Society: Towards a Practical Fundamental Theology*, 1980 참조.

2 아우구스티누스의 시편 번역은 불가타 역을 따르고 있어서 오늘 한국 개신교회가 사용하는 개역개정판의 번역과 다르다. 개역개정판의 번역은 이렇다. "여호와께서 사람의 걸음을 정하시고 그의 길을 기뻐하시나니."

3 아우구스티누스, 『고백록』, 선한용 역, 대한기독교서회, 1990, 5.7.13.

4 Langdon Gilkey, *Reaping the Whirlwind.*, pp.161, 163 참조.

5 아우구스티누스, 앞의 책, 7.7.11 참조.

6 Augustine, *On the Spirit and the Letter*, ch. 54; Langdon Gilkey, *op. cit.*, p.384 no. 35 참조.

7 위의 책, 7.3.4; 7.3.5 참조.

8 아우구스티누스의 초기의 의지의 자유에 대한 견해와 회심 이후의 견해의 변화를 위해서는 Peter Brown, *Augustine of Hippo: A Biography*, A New Ed. with an Epilogue, Berkeley & Los Angeles: Univ. of California Press, 2000, "The Lost Future," pp.139-150 참조.

9 아우구스티누스, 『고백록』, 7.12.18 참조.

10 위의 책, 7.16.22 참조.

11 위의 책, 8.8-10 참조.

12 Augustine, *On Free Will*, 1.1.1; 2.53-54; 3.1-14; Langdon Gilkey, *op. cit.*, pp.166-167 참조.

13 아우구스티누스, 『고백록』, 7.3 참조.

14 John Burnaby, *Amor Dei: A Study of the Religion of St. Augustine*, London: Hodder & Stoughton, 1938, p.187.

15 하나님의 예지에 관한 설명을 위해서는 Augustine, *The City of God*, London: Penguin Books, 1980, 5.9-10; *Predestination of Saints*, 18장; *On Free Will*, 3.3-11 참조; 하나님의 허용에 대한 설명을 위해서는 *On Continence*, 15장; *On the Trinity*, 3.9; *The City of God*, 5.9-11 참조; Langdon Gilkey, *op.cit.*, p.384 no. 37 참조.

16 Langdon Gilkey, *ibid.*, p.168 참조.

17 Jaroslav Pelikan, *The Christian Tradition: Emergence of the Catholic Tradition*, vol. 1, Chicago: The Univ. of Chicago Press, 1971, pp.288-89 참조.

18 *Ibid.*, pp.296-99 참조.

19 Langdon Gilkey, *op.cit.*, p.169.

20 Augustine, *The City of God*, 21.24; *On the Predestination of the Saints*, 14-16장 참조.

21 Augustine, *The City of God*, 11.22 참조.

22 Langdon Gilkey, *op.cit.*, p.164.

23 빌헬름 니젤, 『칼빈의 신학』, 이종성 역, 대한기독교서회, 1973, 139쪽 이하 참조.

24 프랑수아 방델, 『칼빈: 그의 신학사상의 근원과 발전』, 김재성 옮김, 크리스챤다이제스트, 1999, 175쪽 참조.

25 장 칼뱅, 『기독교강요』(상), 김종흡·신복윤·이종성·한철하 공역, 생명의말씀사, 1986, 1.5.1; 1.6.2; 1.11.3; 1.13.1; 2.8.17 외 여러 곳 참조.

26 위의 책, 1.13.

27 위의 책, 1.14.3.

28 위의 책, 1.16.2; 1.16.4; 1.16.6-9 참조.

29 위의 책, 1.16.3-5; 1.16.8; 1.17.6; 1.18.1-3 참조.

30 위의 책, 3.23.6.

31 위의 책, 1.17.11; 프랑수아 방델, 앞의 책, 215쪽에서 재인용.

32 위의 책, 3.23.8.

33 위의 책, 1.17.3.

34 위의 책, 1.17.5.

35 프랑수아 방델, 앞의 책, 217쪽 참조.

36 장 칼뱅, 위의 책, 1.17.6; Langdon Gilkey, *op.cit.*, p.180 참조.

37 위의 책, 1.17.8; 1.18.2 참조; Gilkey의 해석과는 달리 칼뱅은 하나님의 허용이라는 생각을 전적으로 부정하지 않는다. Langdon Gilkey, *ibid.* 비교.

38 위의 책, 1.18.1; 1.18.2.

39 위의 책, 1.16.4.

40 위의 책, 1.16.2; 1.16.8 참조.

41 위의 책, 1.16.7

42 위의 책, 1.16.8.

43 아우구스티누스와 칼뱅의 섭리 이해의 특징에 나타나는 차이에 대한 설명을 위해서는 Langdon Gilkey, *op.cit.*, pp.176ff. 참조.

44 John R. Franke, *Barth for Armchair Theologians*, Louisville: Westminster John Knox Press, 2006; 『쉽게 읽는 바르트 이야기』, 박형국 옮김, 한국장로교출판사, 2012, 77쪽 참조. 인용구의 본래의 번역을 약간 수정했다.

45 장 칼뱅, 앞의 책, 1.6.1.; 1.6.2; 1.6.4; 1.17.6 참조.

46 위의 책, 1.5.10; 3.9.1 참조.

47 위의 책, 1.17.7.

48 이형기 편저, 『세계개혁교회의 신앙고백서』, 대한예수교장로회총회출판국, 1991, 79쪽.

49 위의 책, 80쪽.

50 다니엘 밀리오리, 『기독교 조직신학 개론』, 218쪽, 220쪽 참조.

51 장 칼뱅, 앞의 책, 2.15 참조; Langdon Gikey, *op. cit.*, p.419.

10장 생명의 고통에 참여하는 긍휼의 하나님

1 아우슈비츠 이후의 서구 신학의 근본적인 방향 전환에 대한 설명을 위해서는 다음의 책들을 참조하라. 위르겐 몰트만, 『세계 속에 있는 하나님-하나님나라를 위한 공적인 신학의 정립을 위하여』, 곽미숙 옮김, 동연, 2009, 239-268쪽; Elizabeth A. Johnson, *Quest for the Living God: Mapping Frontiers in the Theology of God*, New York · London: Continuum, 2008, pp.49-53 참조.

2 Johannes B. Metz, *Faith in History and Society: Towards a Practical Fundamental Theology*, 1980, p.128.

3 20세기 들어 서방신학이 오랜 동안 견지한 하나님의 무감정(divine impassibility)의 공리를 갱신하려는 신학적인 노력들이 이루어졌다. Alan E. Lewis, *Between Cross & Resurrection: A Theology of Holy Saturday*, Grand Rapids: Eerdmans, 2001, pp.167f.; 국내의 연구로는 윤철호, "하나님의 고통, 하나님의 능력," 『현대 신학과 현대 개혁신학』, 장로회신학대학교, 2003, 299-322쪽 참조.

4 Walter Lowe, *Evil and the Unconscious*, Chico, CA.: Scholars Press, 1983, pp.117f 참조.

5 J. K. Mozley, *The Impassibility of God*, Cambridge: Cambridge Univ. Press, 1926, pp.104-206; Ian D. K. Siggins, *Martin Luther's Doctrine of Christ*, New Haven: Yale Univ. Press, 1970; Walter von Löwenich, *Luther's Theology of Cross*, Minneapolis: Augsburg, 1976; Alister McGrath, *Luther's Theology of the Cross: Martin Luther's Theological Breakthrough*, Oxford: Basil Blackwell, 1986 참조.

6 Dietrich Bonhoeffer, *Letters and Papers from Prison*, New York: Macmillan, 1972, p.361.

7 Sallie McFague, *Models of God: Theology for an Ecological, Nuclear Age*, Philadelphia: Fortress Press, 1987; Rebecca Chopp, *The Power to Speak: Feminism,*

Language, God, New York: Crossroad, 1989; Elizabeth A. Johnson, *She Who Is: The Mystery of God in Feminist Theological Discourse*, New York: Crossroad, 1992 참조.

8 Alfred North Whitehead, *Process and Reality: An Essay in Cosmology*, New York: Macmillan, 1929, p.521.

9 *Ibid.*, p.532.

10 John B. Cobb, *God and the World*, Philadelphia: Westminster Press, 1969, pp.24-5, 87-102; David Griffin, *God, Power and Evil: A Process Theodicy*, Philadelphia: Westminster Press, 1976 참조.

11 Schubert Ogden, 'Love Unbounded: The Doctrine of God,' *The Perkins School of Theology Journal* 19.3, 1966, p.16; John O'Donnell, S. J. *op.cit.*, p.20에서 재인용.

12 Walter Kasper, *Jesus the Christ*, trans. V. Green, London: Burns and Oates, 1977, p.82.

13 장 칼뱅, 앞의 책, 2.12.1; 2.12.3 참조.

14 Alan E. Lewis, *op.cit.*, p.168 참조.

15 *Ibid.*, pp.163ff.

16 John Macquarrie, *The Humility of God*, London: SCM Press, 1978, p.60.

17 Alan E. Lewis, *op.cit.*, p.40.

18 루터교의 자기 비움의 신학에 대한 개혁교회신학의 전형적인 비판을 보기 위해서는 Donald M. Baillie, *God Was in Christ*, London: Faber and Faber, 1956, pp.94-98 참조; Alan E. Lewis, *ibid.*, pp.169ff.

19 P.T. Forsyth, *The Person and Place of Jesus Christ*, London: Independent Press, 1909; H. R. Mackintosh, *The Doctrine of the Person of Jesus Christ*, Edinburgh: T. & T. Clark, 1912 참조.

20 Alan E. Lewis, *op.cit.*, pp.172ff.

21 Colin Gunton, *Yesterday and Today: Study of Continuities in Christology* (2nd ed.), London: SPCK, 1997, p.172.

22 Otto Weber, *Foundations of Dogmatics*, vol. 2, trans. Darell L. Guder, Edinburgh: T. & T. Clark, 1983, p.140; Alan E. Lewis, *op.cit.*, p.175에서 재인용.

23 Donald M. McKinnon, "Kenosis and Establishment," in *The Stripping of the Altars*, London: Collins, 1969, p.37. Alan E. Lewis, *ibid.*, p.32 no. 34 참조.

24 John Polkinghorne ed., *The Work of Love: Creation as Kenosis*, Michigan/Cambridge: Eerdmans, 2001; Paul F. Fiddes, *The Creative Suffering of God*, Oxford: Clarendon, 1988 참조.

25 김명용, 『칼 바르트의 신학』, 이레서원, 2007 참조.

26 Hans Urs von Balthasar, *The Theology of Karl Barth: Exposition and Interpretation*, trans. Edward T. Oakes, S. J., San Francisco: Communio Books-Ignatius Press, 1991, p.170.

27 Thomas F. Torrance, *Karl Barth: Biblical and Evangelical Theologian*, Edinburgh: T. & T. Clark, 1990 참조.

28 Karl Barth, *Church Dogmatics 1/1*, trans. G. W. Bromiley, Edinburgh: T. & T. Clark, 1975, p.304.

29 Colin Gunton, *Being and Becoming: The Doctrine of God in Charles Hartshorne and Karl Barth*, Oxford: Oxford Univ. Press, 1978; Eberhard Jüngel, *The Doctrine of the Trinity: God's Being Is in Becoming*, trans. H. Harris, Edinburgh: Scottish Academic Press, 1976 참조.

30 Eberhard Jüngel, *ibid.*, p.vii.

31 *Ibid.*, p.xiv.

32 Karl Barth, *Church Dogmatics 1/1*, pp.304-33 참조.

33 Karl Barth, *Church Dogmatics 2/1*, trans. T. H. L. Parker et al., Edinburgh: T & T Clark, 1957, p.441.

34 *Ibid.*, p.406.

35 Eberhard Jüngel, *op. cit.*, pp.3, 69.

36 Karl Barth, *Church Dogmatics 2/2*, trans. T. H. L. Parker et al. Edinburgh: T. & T. Clark, 1957, pp.60-67 참조; cf. pp.14-18. 칼뱅 연구가인 오토 베버(Otto Weber, 1902-1966)에 의하면 칼뱅은 예정을 추상적으로 이해하지 않고 바르트가 강조하듯이 그리스도론적으로 이해한다고 한다. 『칼빈의 교회관』, 김영재 옮김, 합신대학원출판부, 2008, 57쪽 참조.

37 *Ibid.*, p.7.

38 *Ibid.*, pp.53ff. 참조.

39 *Ibid.*, pp.3, 13-14, 34.

40 *Ibid.*, p.167.

41 *Ibid.*, p.162.

42 Karl Barth, *Church Dogmatics 3/3*, trans. Geoffrey Bromiley & R. J. Ehrlich, Edinburgh: T & T Clark, 1960, pp.131, 118 참조.

43 *Ibid.*, p.132.

44 Karl Barth, *Church Dogmatics 3/4*, trans. A.T.Mackey et al., Edinburgh: T. & T. Clark, 1961, pp.650-54.

45 *Ibid.*, p.295.

46 *Ibid.*, pp.365-368 참조.

47 Karl Barth, *Church Dogmatics 4/1*, trans. Geoffrey Bromiley, Edinburgh: T & T Clark, 1956, pp.12-14 참조.

48 *Ibid.*, p.22.

49 *Ibid.*, p.186.

50 Karl Barth, *Humanity of God*, trans. John N. Thomas, Louisville/London: Westminster

John Knox Press, 1960, pp.45-50.
51 이하의 여러 인용은 *ibid.*, p.51 참조.

11장 생명의 고통에 연대하는 하나님의 긍휼과 정의

1 Daniel L. Migliore, *The Power of God*, Philadelphia: The Westminster Press, 1983 참조.

2 J. K. Mozley, *The Impassibility of God*, Cambridge: Cambridge Univ. Press, 1926, pp.104-206; Ian D. K. Siggins, *Martin Luther's Doctrine of Christ*, New Haven: Yale Univ. Press, 1970; Walter von Löwenich, *Luther's Theology of Cross*, Minneapolis: Augsburg, 1976; Alister McGrath, *Luther's Theology of the Cross: Martin Luther's Theological Breakthrough*, Oxford: Basil Blackwell, 1986 참조.

3 Eberhard Jüngel, *God as the Mystery of the World*, 1983 참조.

4 위르겐 몰트만, 『몰트만 자서전』, 이신건·이석규·박영식 옮김, 대한기독교서회, 2011, 265-284쪽 참조.

5 위르겐 몰트만, 『희망의 신학』, 이신건 옮김, 대한기독교서회, 2002, 229-237쪽 참조.

6 Jürgen Moltmann, *The Crucified God: The Cross of Christ as the Foundation and Criticism of Christian Theology*, trans. R. A. Wilson and John Bowden, New York : Harper & Row, 1974, p.4.

7 위르겐 몰트만, 『몰트만 자서전』, 275쪽 참조.

8 Jürgen Moltmann, *The Crucified God*, p.7.

9 *Ibid.*, p.222.

10 *Ibid.*, pp.200-290; idem, *The Future of Creation*, trans. Margaret Kohl, London: SCM Press, 1979, pp.62-67 참조.

11 Jürgen Moltmann, *The Crucified God*, p.205.

12 W. McWilliams, *The Passion of God*, Atlanta, G.A.: Mercer University Press, 1985, p.36.

13 Jürgen Moltmann, *The Crucified God*, p.204.

14 *Ibid.*, pp.4, 201.

15 *Ibid.*, p.227.

16 *Ibid.*, p.252.

17 *Ibid.*, pp.235-49.

18 *Ibid.*, p.230.

19 *Ibid.*, p.255; cf. pp.263-64, 274-78.

20 Jürgen Moltmann, *The Trinity and the Kingdom: The Doctrine of God*, trans. Margaret Kohl, London: SCM Press, 1980, pp.48-49.

21 *Ibid.*, p.49.

22 *Ibid.*, p.253.

23 *Ibid.*, p.21.

24 *Ibid.*, pp.xvi, 31, 78.

25 *Ibid.*, pp.21-60 참조.

26 *Ibid.*, p.243.

27 *Ibid.*, p.119.

28 *Ibid.*, pp.244, 249.

29 *Ibid.*, p.72.

30 *Ibid.*, pp.10-20.

31 *Ibid.*, p.viii.

32 *Ibid.*, p.19.

33 Johannes B. Metz, *Faith in History and Society*, 1980, p.128.

34 Johannes B. Metz, 'A Short Apology of Narrative,' Stanley Hauerwas and L. Gregory Jones eds., *Why Narrative?*, Grand Rapids: Eerdmans, 1989, p.258.

35 *Ibid.*

36 Johannes B. Metz, *Faith in History and Society*, 1980, p.165.

37 Douglas John Hall, *God and Human Suffering*, Minneapolis: Augsburg, 1986, pp.49-71; 다니엘 밀리오리, 『기독교조직신학개론』, 211쪽 참조.

38 Jürgen Moltmann, *The Spirit of Life: A Universal Affirmation*, trans. Margaret Kohl, Minneapolis: Fortress, 1992, pp.129-131 참조.

39 *Ibid.*, pp.132-38 참조.

닫는말 : 죽음에 대한 성찰과 생명을 위한 긍휼

1 http://www.who.int/mental_health/prevention/suicide/suicideprevent/en/ 참조. 자살 은폐의 보편적인 경향에 비추어 볼 때 실제로는 통계보다 많은 생명들이 자살로 삶을 마감한다고 볼 수 있다.

| 찾아보기 |

타나토스총서04

죽음과 고통, 그리고 생명

등록 1994.7.1 제1-1071
1쇄 발행 2015년 5월 15일

지은이 박형국
펴낸이 박길수
편집인 소경희
편 집 조영준
관 리 위현정
디자인 이주향
펴낸곳 도서출판 모시는사람들
        110-775 서울시 종로구 삼일대로 457(경운동 88번지 수운회관) 1207호
전 화 02-735-7173, 02-737-7173 / 팩스 02-730-7173

인 쇄 상지사P&B(031-955-3636)
배 본 문화유통북스(031-937-6100)
홈페이지 http://modl.tistory.com/

값은 뒤표지에 있습니다.
ISBN 979-11-86502-02-0   94100
SET 978-89-97472-87-1   94100(세트)

이 도서의 국립중앙도서관 출판예정도서목록(CIP)은 서지정보유통지원시스템 홈페이지
(http://seoji.nl.go.kr)와 국가자료공동목록시스템(http://www.nl.go.kr/kolisnet)에서 이용하
실 수 있습니다.(CIP제어번호: 2015011719)